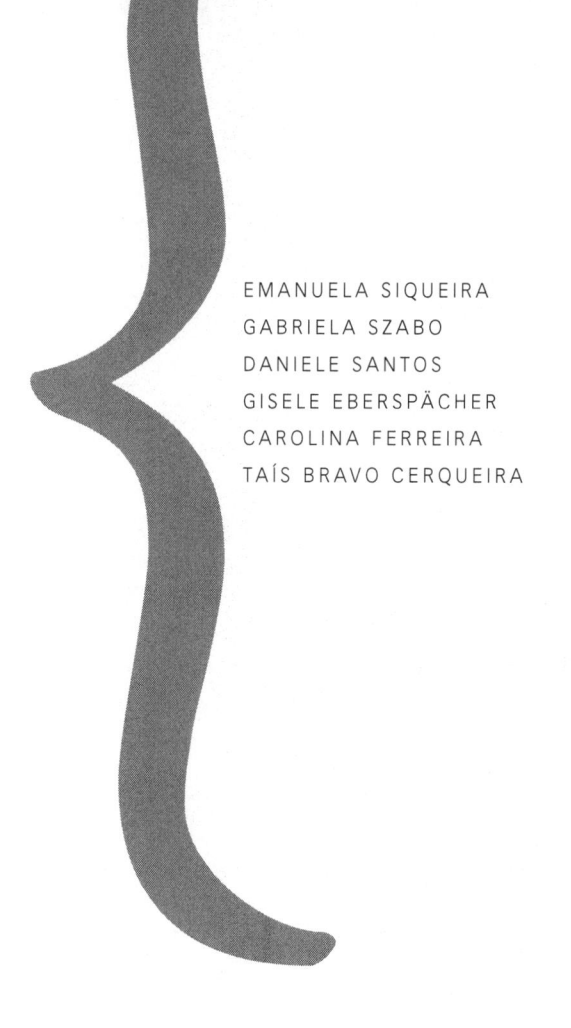

EMANUELA SIQUEIRA
GABRIELA SZABO
DANIELE SANTOS
GISELE EBERSPÄCHER
CAROLINA FERREIRA
TAÍS BRAVO CERQUEIRA

CB056125

SÉRIE LITERATURA EM FOCO

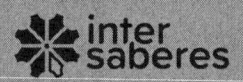

inter
saberes

LITERATURA ESCRITA POR MULHERES:
CONCEITOS E TRAJETÓRIAS

interSaberes

Rua Clara Vendramin, 58 • Mossunguê • CEP 81200-170 • Curitiba • PR • Brasil
Fone: (41) 2106-4170 • www.intersaberes.com • editora@intersaberes.com

Dr. Alexandre Coutinho Pagliarini;
Dr.ª Elena Godoy; Dr. Neri dos Santos;
M.ª Maria Lúcia Prado Sabatella • conselho editorial

Lindsay Azambuja • editora-chefe

Ariadne Nunes Wenger • gerente editorial

Daniela Viroli Pereira Pinto • assistente editorial

Palavra Arteira Edição e Revisão de Textos • prepaparação de originais

Arte e Texto Edição e Revisão de Textos; Caroline Rabelo Gomes • edição de texto

Luana Machado Amaro • design de capa

ArtKio/Shutterstock • imagem de capa

Raphael Bernadelli • projeto gráfico

Fabio Vinicius da Silva • diagramação

Charles L. da Silva • Designer responsável

Regina Claudia Cruz Prestes; Sandra Lopis da Silveira • iconografia

---

Dados Internacionais de Catalogação na Publicação (CIP)
(Câmara Brasileira do Livro, SP, Brasil)

Literatura escrita por mulheres : conceitos e trajetórias / Emanuela Carla Siqueira...[et al.]. -- Curitiba, PR : InterSaberes, 2024. -- (Série literatura em foco)

Outros autores: Gabriela Szabo, Daniele Santos, Gisele Jordana Eberspächer, Carolina dos Santos Ferreira, Taís Bravo.

Bibliografia.
ISBN 978-85-227-0728-7

1. Literatura – Escritoras 2. Literatura – História e crítica 3. Mulheres na literatura I. Siqueira, Emanuela Carla. II. Szabo, Gabriela. III. Santos, Daniele. IV. Eberspächer, Gisele Jordana. V. Ferreira, Carolina dos Santos. VI. Bravo, Taís. VII. Série.

23-177916   CDD-809.939287

Índices para catálogo sistemático:
1. Mulheres na literatura : História e crítica   809.939287

Eliane de Freitas Leite – Bibliotecária – CRB 8/8415

1ª edição, 2024.

Foi feito o depósito legal.

Informamos que é de inteira responsabilidade das autoras a emissão de conceitos.

Nenhuma parte desta publicação poderá ser reproduzida por qualquer meio ou forma sem a prévia autorização da Editora InterSaberes.

A violação dos direitos autorais é crime estabelecido na Lei n. 9.610/1998 e punido pelo art. 184 do Código Penal.

sumário

apresentação, vii

como aproveitar ao máximo este livro, xiv

um   O cânone e o polissistema: a literatura escrita por mulheres, 19

dois   A trajetória da literatura feminina no Brasil, 71

três   A literatura brasileira escrita por mulheres: prosa e poesia, 117

quatro   A crítica feminista e a literatura de autoria feminina, 181

cinco   A literatura feminina negra, 229

seis   Desafios contemporâneos, 275

considerações finais, 319

referências, 321

bibliografia comentada, 339

respostas, 343

sobre as autoras, 349

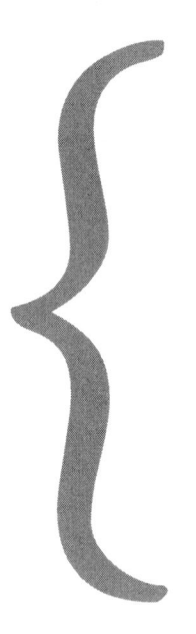

{

apresentação

No Brasil, a criação da Associação Nacional de Pós-graduação e Pesquisa em Letras e Linguística (Anpoll), em 1984, possibilitou, posteriormente, a formação do grupo de trabalho (GT) A Mulher na Literatura*, fornecendo um importante passo para os estudos feministas e o desenvolvimento de uma crítica literária feminista que pudesse articular as literaturas escritas por mulheres brasileiras e estrangeiras. Desde então, com esse grupo de pessoas oriundas de diversas instituições, a pesquisa brasileira tem produzido contribuições múltiplas e formado

---

* No início, o GT se chamava *Mulher e Literatura* e, segundo o *site* da associação, permitiu "que as/os pesquisadoras/es legitimassem seus estudos sobre o tema" (Anpoll, 2023), bem como constituíssem um fórum para a apresentação e a discussão de seus trabalhos. Vale destacar também que, mesmo antes da criação dessas importantes associações, grupos de professoras já haviam tomado a iniciativa de organizar, desde 1985, alguns encontros sob a denominação *Seminário Nacional Mulher*.

pessoas atentas aos cenários e às discussões, de modo a articular passado e presente.

A crítica literária feminista está associada a área dos estudos feministas, também conhecida com os nomes *estudos de gênero* e/ou *estudos da mulher*, e surgiu em meados da década de 1960 – com o aumento de mulheres acessando a universidade – em países europeus e nos Estados Unidos. No Brasil, ganhou força a partir da década seguinte, também com uma maior inserção de mulheres nas universidades do país em plena ditadura militar, vivendo o que Heloisa Buarque de Hollanda (2019, p. 16) chama de "práticas do cruzamento entre a militância e o empenho teórico".

Os estudos feministas são interdisciplinares e, em linhas gerais, ocupam-se de pensar a emblemática existência de mulheres na história. No caso da crítica literária feminista, interessa não apenas o que as mulheres produziram ao longo tempo, mas também como foram representadas na mais vasta multiplicidade de gêneros textuais e épocas. Essa especialidade dos estudos feministas se ocupa desde o mapeamento de escritoras – e espécie de exumação de autorias perdidas ao longo do tempo –, historicamente e na contemporaneidade, até a construção de sistematizações que pensem os projetos estéticos e os procedimentos de escrita de mulheres. Esses esforços colaboram para uma efetiva prática de crítica literária que surge não apenas na sala de aula, mas também nas pessoas que leem e compartilham suas leituras, fazendo o sistema literário girar.

Pensando justamente nessa possibilidade de articulação, neste livro, a pessoa leitora poderá construir, capítulo a capítulo, uma ideia consistente de como os estudos feministas e os estudos de gênero, aliados aos vários campos das humanidades, como a sociologia e a história, revisaram e moldaram novas moradas para escritoras relegadas ao esquecimento pela hegemonia do pensamento canônico. Sem esquecer, também, que foram elas que pavimentaram espaços para que outras escrevessem no presente e criassem futuros para as primas gerações.

Portanto, o objetivo deste livro é, da mesma forma, possibilitar futuros para pessoas interessadas em uma pesquisa mais aberta e dialógica nos estudos literários. Seja para quem está na sala de aula como estudante ou docente, seja para quem lê e se interessa pelo sistema literário, este livro não se fecha em si mesmo e pretende ser a abertura para uma conversa que está, permanentemente, em vias de ampliação. Isso se dá porque, como será possível ler no decorrer dos capítulos, os textos estão em sintonia com a interdisciplinaridade característica no cerne dos estudos feministas, praticando a transdisciplinaridade sempre que possível.

Cada capítulo foi escrito por uma pesquisadora diferente, partindo de objetos e práticas de pesquisa igualmente distintos. Porém, o que todas têm em comum é a crença na construção dialógica das diferenças, apostando no compartilhamento de conhecimento e acesso de práticas literárias críticas e atentas.

Desse modo, no Capítulo 1, são introduzidas as noções de cânone e de como ideias de valor e tradição, na intersecção dos campos da história e da estética, moldaram os estudos literários, excluindo a(s) diferença(s): no singular, em um sentido pós-estruturalista; mas também no plural, como a negação de tudo que é considerado outro em relação aos ideais canônicos. Por meio de uma construção que parte da linha francesa da sociologia da literatura – que faz um balanço das abordagens relacionais, como a teoria dos polissistemas, por exemplo –, é possível perceber, por meio de casos recentes, como a reinserção de determinadas autoras no sistema literário muda não apenas a forma como a história da literatura foi definida, mas também apresenta novos parâmetros estéticos e possibilita outras visões para a construção de ideias de identidade nacional, tanto a brasileira quanto a de outros países lidos em diálogo.

No Capítulo 2, é apresentado um completo panorama de mulheres brasileiras na sociedade, com representação e autoria no Brasil desde o século XIX até a contemporaneidade. O capítulo dialoga de perto com o Capítulo 3, que é focado na produção de prosa e poesia. Esse capítulo parte da historiografia literária canônica e apresenta casos de representação de mulheres em contos e romances para, então, construir um desenho das práticas de poesia escrita por mulheres.

O Capítulo 3 é composto da exposição sobre escritoras no Brasil. A metodologia está centrada em demonstrar como era o contexto de produção dessas mulheres e analisá-la no campo da prosa e da poesia. Um ponto importante do capítulo é o diálogo entre autores dos estudos literários, como Alfredo Bosi, e outros dos estudos historiográficos, como Eric Hobsbawn; a ideia é que quem acompanha a leitura dos capítulos possa refletir sobre as transformações que ocorrem nesse campo, buscando pensar em rupturas e permanências até chegar na atualidade. No caso desse capítulo, várias autorias são consultadas, desde artigos, dissertações e teses, no intuito de refletir de maneira dinâmica sobre esse cenário, assim que se fizer viável e necessário. A justificativa para a escolha de alguns nomes em detrimento de outros reflete uma progressão temática lógica, isto é, autores e autoras que pudessem demonstrar o rompimento ou a permanência de pressupostos anteriores. Nesse sentido, nosso destaque reflete essa lógica e compõe um panorama heterogêneo de nomes que perpassam do quinhentismo até os dias atuais.

No Capítulo 4, são abordadas as bases para o desenvolvimento da crítica literária feminista, prática de pesquisa importante que, inclusive, possibilita que um livro como este esteja sendo escrito, editado e circulado. Partindo da proposta de pensar gênero como categoria de análise em textos literários, o capítulo passa pelos principais nomes estrangeiros que servem como base para a área: a inglesa Virginia Woolf e a francesa Simone de Beauvoir. Para tanto, as obras das escritoras são apresentadas em seu contexto histórico, ressaltando-se o impacto que tiveram para o desenvolvimento da crítica literária feminista. O capítulo propõe ainda leituras contemporâneas a fim de mostrar como é a dinâmica nessa área de pesquisa.

O Capítulo 5 está alinhado com o anterior e vai além, abrindo uma frente ampla e trazendo a autoria e o pensamento de mulheres negras brasileiras e internacionais. Esse capítulo propõe aberturas de diálogo e de resistência para a autoria de mulheres, principalmente as racializadas, na urgência contemporânea.

Dada a atualidade do tema, para o desenvolvimento do Capítulo 6, foi importante realizar uma pesquisa em reportagens e entrevistas de diferentes plataformas de publicação, de modo a considerar a produção literária contemporânea em sua amplitude. Dessa forma, a primeira parte do capítulo usou premiações literárias – por exemplo, o Prêmio Jabuti – como parâmetro possível para identificar autoras que estão compondo a nova paisagem do cânone literário ao promover debates acerca de questões de raça, classe, sexualidade e gênero. A segunda parte investigou, com base na produção de poetas contemporâneas, quais procedimentos literários estão sendo criados para conceber novas imagens acerca do corpo e da sexualidade de mulheres. Já a terceira e última parte buscou apresentar como autoras contemporâneas estão desenvolvendo estratégias para enfrentar os desafios editoriais, fazendo uso de diferentes plataformas para divulgar seus trabalhos.

Apesar de contar com apenas seis capítulos, o livro não se encerra em si, ele é apenas um recorte das possibilidades que estão sendo construídas pela pesquisa brasileira no começo da segunda década do século XXI. Durante a leitura, surgirão outras possibilidades, dicas de aprofundamento e caminhos que aqui são apenas acenos e podem ser aprofundados.

Esperamos que, ao final da leitura deste livro, seja possível perceber a pluralidade de discursos de uma obra escrita por várias mãos justamente para dar sequência à prática do diálogo, da intersecção e da interdisciplinaridade que o tema exige.

Bons estudos e leitura!

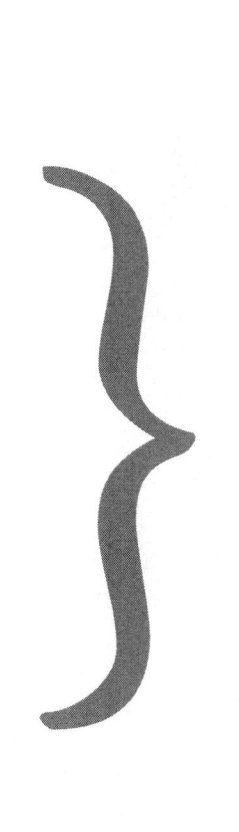

}

como aproveitar ao máximo este livro

Empregamos nesta obra recursos que visam enriquecer seu aprendizado, facilitar a compreensão dos conteúdos e tornar a leitura mais dinâmica. Conheça a seguir cada uma dessas ferramentas e saiba como estão distribuídas no decorrer deste livro para bem aproveitá-las.

Introdução do capítulo
Logo na abertura do capítulo, informamos os temas de estudo e os objetivos de aprendizagem que serão nele abrangidos, fazendo considerações preliminares sobre as temáticas em foco.

Para saber mais
Sugerimos a leitura de diferentes conteúdos digitais e impressos para que você aprofunde sua aprendizagem e siga buscando conhecimento.

Curiosidade

Nestes boxes, apresentamos informações complementares e interessantes relacionadas aos assuntos expostos no capítulo.

Importante!

Algumas das informações centrais para a compreensão da obra aparecem nesta seção. Aproveite para refletir sobre os conteúdos apresentados.

Preste atenção!

Apresentamos informações complementares a respeito do assunto que está sendo tratado.

Indicações culturais

Para ampliar seu repertório, indicamos conteúdos de diferentes naturezas que ensejam a reflexão sobre os assuntos estudados e contribuem para seu processo de aprendizagem.

Síntese

Ao final de cada capítulo, relacionamos as principais informações nele abordadas a fim de que você avalie as conclusões a que chegou, confirmando-as ou redefinindo-as.

Atividades de autoavaliação

Apresentamos estas questões objetivas para que você verifique o grau de assimilação dos conceitos examinados, motivando-se a progredir em seus estudos.

Atividades de aprendizagem
Aqui apresentamos questões que aproximam conhecimentos teóricos e práticos a fim de que você analise criticamente determinado assunto.

Bibliografia comentada
Nesta seção, comentamos algumas obras de referência para o estudo dos temas examinados ao longo do livro.

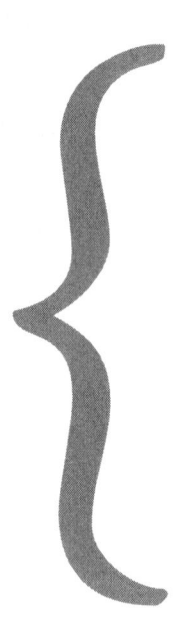

{

um	O cânone e o polissistema: a literatura escrita por mulheres
dois	A trajetória da literatura feminina no Brasil
três	A literatura brasileira escrita por mulheres: prosa e poesia
quatro	A crítica feminista e a literatura de autoria feminina
cinco	A literatura feminina negra
seis	Desafios contemporâneos

EMANUELA SIQUEIRA

Neste CAPÍTULO, COMEÇAREMOS A trajetória pelos estudos feministas em diálogo com os estudos literários. Aqui, articularemos conceitos, por exemplo de cânone e de sistema literário, que nos ajudam a pensar como mulheres foram excluídas e/ou negligenciadas da produção cultural. Também praticaremos o pensamento interdisciplinar e, sempre que possível, interseccional, pois a palavra *mulher* pode e deve abarcar discussões de classe, raça e gênero. Desse modo, verificaremos que o desenvolvimento dos estudos culturais também foi um passo importante para evitar "o perigo de uma história única", como disse a escritora nigeriana Chimamanda Ngozi Adichie (2009), em uma famosa palestra*.

---

* Esta palestra foi publicada e editada no Brasil. É possível assisti-la na íntegra, gratuitamente e com legendas no *site* da série de conferências TED, disponível em: <https://www.ted.com/talks/chimamanda_ngozi_adichie_the_danger_of_a_single_story?language=pt&subtitle=pt-br>. Acesso em: 3 out. 2023.

umpontoum
Cânones e o polissistema literário

Vamos começar fazendo referência a um texto que, apesar de estar separado de nós por quase um século, é um dos mais referenciados quando se trata de questionar a presença e a ausência de mulheres na história da literatura. O ensaio *Um quarto só seu* (1929), da escritora inglesa Virginia Woolf (2021), parte de uma proposta de palestra em uma faculdade para mulheres. Ao começar a preparar o conteúdo, a escritora percebeu que em sua biblioteca não havia nomes suficientes para organizar uma fala sistematizada sobre o assunto.

Esse texto vai aparecer outras vezes neste livro, inclusive neste capítulo, mas, por enquanto, vamos pensar sobre o que está ao redor do texto e de como ele ainda reverbera. Virginia Woolf, mesmo sem o acesso à educação formal, foi uma mulher que conviveu com intelectuais, artistas, pessoas que escreviam e eram publicadas, além de ter acesso à biblioteca da família – sendo seu pai, Leslie Stephen, um biógrafo importante da era vitoriana, na Inglaterra. Porém, não foi a única a se perguntar sobre onde estariam as escritoras, artistas e intelectuais que vieram antes dela. Essa pergunta foi feita por muitas mulheres ao longo dos tempos, em forma de ensaios, poesia, saindo da boca de personagens de romances, em cartas ou diários. A indagação é perene e ressurge de tempos em tempos, como se as escritoras simplesmente desaparecessem, de maneira sazonal, das vitrines de livrarias ou brincassem de se esconder nas prateleiras das bibliotecas.

1.1.1 O que é cânone?

Vamos pensar alguns pontos sobre como *Um quarto só seu* se tornou um texto de referência. O ensaio ficou conhecido principalmente porque foi traduzido do original inglês para várias línguas. Especialmente em português brasileiro, o livro ganhou mais traduções a partir dos anos de 2010, quando a obra da autora entrou em domínio público, o que permitiu maior alcance às pessoas, que puderam ter acesso a ele e às discussões que propõe.

Também, a autora é um nome conhecido e estabelecido no **sistema literário**, fazendo parte do **cânone**, principalmente quando se trata do que conhecemos como *literatura modernista europeia*. Esse texto, em especial, acabou se afirmando como basilar na pesquisa de **autoria feminina** – também conhecida como *autoria de mulheres*. Vale mencionar que algumas palavras foram aqui destacadas porque nos acompanharão daqui para a frente.

As especificidades das nomeações *autoria feminina* e/ou *autoria de mulheres* veremos mais adiante, na Seção 1.3, bem como no Capítulo 4. Aqui, vamos começar a pensar a ideia de *cânone* e o que essa palavra e sua definição têm a ver não só com o questionamento de Virginia Woolf, mas também com o reconhecimento dela (e de outras) como autora, tornando-a um nome importante na história da literatura.

Para começar, um exercício simples: Faça uma breve lista mental de seus dez livros favoritos. Quantos foram escritos por pessoas com nomes reconhecidos como masculinos e quantos com nomes femininos? Algum dos livros é assinado por um pseudônimo ou siglas seguidas por um sobrenome?

Observe que estamos articulando apenas com base em uma ideia binária de gênero (homem ou mulher) sobre os primeiros nomes das pessoas que escreveram os livros. Ainda, poderíamos pensar sobre a nacionalidade dessas pessoas, com qual etnia/raça se identificam ou, ainda, se são obras traduzidas e de que línguas são vertidas. Mas, por enquanto, vamos refletir sobre os fatores responsáveis pelo apagamento de escritoras ao longo da história dos estudos literários, assim como sua recepção em jornais e revistas, bem como em sua mediação em currículos do ensino básico nos cursos universitários e a disponibilidade de seus livros em bibliotecas e livrarias.

Começamos com o conceito de cânone e como sua definição colaborou com noções de valor que estão presentes em afirmações que preconizam a qualidade de um livro como **clássico** ou sobre padrões de **alta e baixa** literatura. O que define uma obra como clássica? De que maneira certas pessoas que escreveram (criaram composições ou pintaram quadros, por exemplo) são consideradas indispensáveis de se conhecer?

O cânone é formado por obras definidas por padrões próprios ou por um conjunto de critérios, que são aplicados como normas para distinguir produções não apenas literárias, mas também de outros campos, como a música e as artes plásticas. Segundo o *E-dicionário de Termos Literários*, coordenado por Carlos Ceia, o verbete *cânone*, escrito por João Ferreira Duarte (2009), tem sua origem na palavra grega *kanon* (κᾰνών), que designava um instrumento de medida. Até em seu uso como conhecemos hoje, referindo-se a um processo de validação das vidas – o processo de canonização – consideradas exemplares, de padres da Igreja católica, o cânone denota uma ideia de norma e poder em campos específicos. Os padrões que o definem obedecem a paradigmas pouco questionados até recentemente, como confirma a pesquisadora brasileira Rita Terezinha Schmidt (2018, p. 14, grifo nosso):

> Por cânone entende-se o elenco daquelas obras que, a partir de juízos de **valor** de parte de críticos e historiadores da literatura, ganham o estatuto de obras **representativas**, não só por virem ao encontro de um consenso em torno de certa definição da literatura, mas também por conterem representações de **identidade** associadas a um sentimento de pertencimento nacional.

Portanto, para quem pesquisa literatura, o cânone é formado por textos e pessoas que são consideradas – por especialistas que ocupam lugares específicos no sistema literário, em sua maioria, historicamente, homens – cumpridoras de características que representam ideias de valor estético e tradição, assim como de uma ideia de identidade hegemônica, muitas vezes, com pressupostos sustentados há séculos. Rita Terezinha Schmidt (2012, p. 61) também define que a ideia de *valor* "se situa, mais especificamente, no horizonte de posicionamentos teórico-críticos divergentes". Isso é confirmado pelo filósofo e crítico literário inglês Terry Eagleton (2010), que, em *Teoria da literatura: uma introdução*, de 1983, traz um panorama das correntes teóricas que conduziram os estudos literários ao longo, principalmente, do último século e mostra a disputa de definições e categorias de análise para a literatura.

> **Para saber mais**
>
> EAGLETON, T. *Teoria da literatura*: uma introdução. Tradução de Waltensir Dutra. 7. ed. São Paulo: Martins Fontes, 2010. (Coleção Biblioteca Universal).
>
> Obra importante para a ampla compreensão crítica e histórica das teorias da literatura ocidental. Apesar de publicada pela primeira vez em 1983, Eagleton revisou a obra em 1996 e adicionou um último capítulo e um posfácio dedicados à teoria política, não deixando de mencionar a importância do feminismo para os estudos literários. Além disso, a obra traz um panorama das principais pesquisas no campo, fazendo um levantamento singular de títulos para pessoas interessadas na pesquisa.

Em consonância com a construção que estamos fazendo, é importante ter em mente que a lógica do cânone não reconhece a existência de relações de poder e saber nas práticas de escrita e leitura que atravessam a publicação, a recepção e a mediação de um livro. Vamos entender isso um pouco melhor mais adiante, quando falarmos sobre as pesquisas no campo da sociologia da literatura e dos estudos culturais. Antes, porém, vamos pensar em um exemplo.

Na citação anterior, Rita Terezinha Schmidt propõe a definição de cânone na apresentação de uma edição contemporânea, do ano de 2018, do livro *Úrsula* (1859), da escritora maranhense Maria Firmina dos Reis. Tome nota porque você vai ler sobre essa obra mais vezes neste livro.

Atualmente, *Úrsula* é considerado um dos primeiros romances escritos por uma mulher nascida no Brasil, também tido como obra inaugural afro-brasileira e pioneira na temática do abolicionismo. Mesmo sendo publicado em 1859, foi apenas em 1962 que o livro foi encontrado, em um sebo, pelo pesquisador Horácio de Almeida, como informa a pesquisadora Vanessa Pessoa (2022), na publicação *Apagamento de mulheres na literatura: o caso de uma maranhense*.

> ### CURIOSIDADE
>
> Você sabia que até meados de 2017 só era possível ler *Úrsula* de duas maneiras? Em bibliotecas, nas poucas que tinham exemplares há muito esgotados, ou na edição fac-símile – um tipo de reedição que simula a versão original, incluindo fonte e diagramação, e pode ser feita por meio de fotografia ou escaneamento de alta qualidade –, disponível para *download* no *site* das Edições Câmara, da editora da Câmara dos Deputados do Brasil. Graças às práticas de cruzamento entre movimentos civis, como os clubes de leitura, e o empenho teórico de pessoas na pesquisa acadêmica preocupadas na recuperação de escritoras, hoje temos mais de seis edições diferentes do livro. Quantas escritoras ainda temos para redescobrir?

Úrsula teve uma edição fac-símile em 1975 e uma comum em 1988, mas foi apenas no começo dos anos 2000 que Maria Firmina dos Reis passou a figurar antologias de escritoras brasileiras organizadas por pesquisadoras do campo feminista, como Zahidé

Muzart, uma das fundadoras da Editora Mulheres. No entanto, foi mais recentemente, a partir de 2017, graças a movimentos como o projeto Leia Mulheres e ao aumento de pesquisadoras racializadas na universidade – juntamente com outras pessoas interessadas na pesquisa interseccional, que você irá conhecer melhor nos Capítulos 4 e 5 –, que a autora foi, de fato, reeditada e segue disponível nas livrarias. Além do mais, no ano de 2022, Maria Firmina dos Reis foi anunciada como escritora homenageada na Festa Literária Internacional de Paraty (Flip), um evento reconhecido e importante para a recepção e a mediação de obras literárias, assim como suas autoras (Flip, 2023).

Para saber mais

MUZART, Z. L. Histórias da Editora Mulheres. Estudos Feministas, Florianópolis, v. 12, n. 264, p. 103-105, set./dez. 2004. Disponível em: <https://www.scielo.br/j/ref/a/z5YsRMMh4gWkMztzC9DPLTR/?lang=pt>. Acesso em: 5 out. 2023.

A Editora Mulheres foi um marco na pesquisa feminista literária brasileira. Fundada em 1995 por três professoras aposentadas da Universidade Federal de Santa Catarina (UFSC), a editora foi responsável por reeditar obras escritas por mulheres, muitas delas totalmente esquecidas pela história da literatura brasileira. Também publicou importantes compêndios e pesquisas acadêmicas. A Editora Mulheres é um exemplo efetivo de questionamento do cânone.

O caso de Maria Firmina dos Reis e do livro *Úrsula* é interessante para pensar como o cânone opera, porque tanto a autora quanto o livro foram desconsiderados durante mais de um século como parte integrante da história da literatura brasileira. Por exemplo, uma obra importante como *Literatura e sociedade* (1965), do crítico literário e professor Antonio Candido (2000), que discute justamente as relações da história da literatura e da arte tensionadas com a formação da sociedade brasileira, menciona as mulheres apenas como leitoras, parte do público consumidor de uma literatura escrita, em sua maioria, por homens, figurando apenas como personagens, vozes poéticas e temáticas. Candido (2000, p. 77) afirma que "Poucas literaturas terão sofrido, tanto quanto a nossa, em seus melhores níveis, esta influência caseira e dengosa, que leva o escritor a prefigurar um público feminino e a ele se ajustar".

Essa afirmação de Antonio Candido não desqualifica a importância de sua pesquisa, principalmente na década de 1960, em um país com alta taxa de analfabetismo e a quase total ausência de mulheres na pesquisa acadêmica. Pelo contrário, a afirmação nos ajuda a articular respostas e observações sobre a demora no reconhecimento de escritoras como Maria Firmina dos Reis e outras que conheceremos nos próximos capítulos, considerando, ainda, que existem muitas que nem conhecemos.

Algumas dessas respostas e observações sobre a exclusão de autoras e obras podem ser pensadas por duas vias: (1) por meio da teoria e da crítica literária, que, como aponta Schmidt (2018), pressupõem valores que definem uma obra de arte como atemporal e portadora de características estéticas que correspondem a determinado período histórico de criação; ou (2) pelo mapeamento, ao longo do tempo, das construções históricas e sociais que ignoram produções fora do eixo do Sudeste brasileiro, ainda mais aquelas escritas por mulheres não brancas em um contexto de século XIX, em que ainda predominavam a escravidão e a falta de acesso à educação e à vida pública.

Nos próximos capítulos, vamos pensar com mais dedicação sobre esses tópicos e outros mais específicos relacionados à autoria de mulheres no Brasil. Nesse sentido, aparecerão, de maneira mais aprofundada, noções sobre a representação de mulheres na literatura, o desenvolvimento da crítica literária feminista, a importância de escritoras e pensadoras racializadas para a literatura de autoria negra e como as pesquisas no campo da autoria feminina vêm se desenvolvendo nas últimas décadas.

Contudo, por ora, vamos trabalhar com o dado de que, a partir do final da década de 1960, surgiram focos e grupos de pesquisas encabeçados por pesquisadoras e outras pessoas de fora do que chamamos de *norte global* (países europeus e Estados Unidos) questionando a ideia de cânone e de que obras de arte cumprem esse projeto canônico. Afinal, quem decidia esses padrões e que lugares essas pessoas ocupavam? Como levar em consideração tudo o que foi produzido em determinadas épocas e de que forma essa produção era acessada? As histórias das sociedades são iguais e podem ser acessadas da mesma maneira?

Todas essas questões apontam para a importância da pesquisa interdisciplinar, ou seja, em diálogo com outras disciplinas, como a história e as ciências sociais, por exemplo. Para os estudos feministas – campo que, na especificidade da literatura, é responsável por recuperar, sistematizar e encontrar formas de fazer a manutenção das literaturas escritas pelas mulheres –, a interdisciplinaridade é a base para compreender que as questões de gênero são culturais, sociológicas e atravessadas por corpos que carregam histórias complexas.

1.1.2 O polissistema literário

Vamos observar algumas das palavras usadas até aqui: *cânone, sistema* e *campo literário*. Todas elas são recorrentes em teorias que compõem a sociologia da literatura. Essas teorias nos ajudam a trabalhar com a ideia de interdisciplinaridade, ou seja, da convergência entre as disciplinas. Esse ato de "pensar junto" nos coloca em uma prática relacional, como se as disciplinas fossem sistemas, com suas próprias regras e definições, mas que não funcionam sozinhas e estão sempre operando umas **em relação** às outras.

A sociologia da literatura, que emergiu com mais força a partir da segunda metade do século XX, criou uma ponte entre os estudos literários e as ciências sociais, com o interesse de pensar a literatura como "uma atividade social que depende de condições de produção e circulação" (Sapiro, 2019, p. 17). Essa especialização da sociologia leva em consideração que a atividade literária carrega valores, assim como uma visão de mundo. Portanto, essa extensão das ciências sociais pensa o texto e o contexto das obras, as condições de autoria, as estruturas estéticas e a função social.

> ## Para saber mais
>
> SAPIRO, G. Sociologia da literatura. Tradução de Juçara Valentino. Belo Horizonte: Moinhos/Contafios, 2019. (Coleção Pensar Edição, v. 3).
>
> Esse livro fornece um panorama completo da complexidade dos espaços em que um livro é escrito, editado, traduzido e circulado. Para quem pesquisa, ele apresenta noções históricas e sociológicas para a compreensão de como operam os processos de canonização e exclusão de autorias e obras.

Com o desenvolvimento das pesquisas e suas extensões teóricas, a ideia de cânone, por exemplo, passou a ser apenas uma das maneiras de ler um período e suas estruturas de poder. Nesse sentido, um romance como *Úrsula* torna-se parte de uma renovação de espaços literários possíveis, mesmo que tardiamente. Ao trocar de lugar, antes à margem e agora ao centro – como já mencionado nas várias edições do romance que circulam na atualidade, por exemplo – do sistema literário contemporâneo, o livro de Maria Firmina dos Reis passa a contemplar várias discussões, da historiografia até a prática da crítica literária. Por exemplo, mais adiante, será possível ter uma ideia da importância do romance para a história da autoria de mulheres e para os padrões da literatura abolicionista do período.

Além de levar em consideração as condições de produção dos textos e o contexto de vida da pessoa que escreve, vamos pensar o mundo das letras como um espaço que funciona conforme suas próprias regras e que está em constante interação com outros.

Pessoas que escrevem se relacionam com pessoas que leem por meio de inúmeros mediadores, os quais são heterogêneos. Sapiro (2019), em decorrência de discussões a partir da década de 1980, defende que há uma complexa formação de redes que demonstram a interação entre obra e autoria. Atualmente, podemos pensar desde escolas literárias, oficinas de escrita e premiações até eventos que colocam autorias para dialogar com pessoas que leem e pesquisam; clubes de leitura que promovem a discussão e a articulação entre mediação e pesquisa; assim como o papel recente de *influencers* digitais – desde pessoas altamente especializadas em seus nichos até aquelas que apenas compartilham leituras nas redes sociais.

Quando considerados partes de um sistema, os elementos podem ser analisados separadamente ou como componentes que atuam juntos de maneira complexa e diversa. Várias teorias surgiram a partir da década de 1970 para pensar esse espaço literário, mas três abordagens são destacáveis (e podem, inclusive, ser pensadas juntas): (1) teoria dos campos; (2) instituição literária; e (3) teoria dos polissistemas. No quadro a seguir, vamos conhecer um panorama de cada uma delas.

Quadro 1.1 – D̲e̲f̲i̲n̲i̲ç̲õ̲e̲s̲ ̲d̲e̲ ̲t̲e̲o̲r̲i̲a̲s̲ ̲q̲u̲e̲ ̲e̲n̲t̲e̲n̲d̲e̲m̲ ̲o̲ mundo das letras como uma mediação entre as obras e suas condições de produção

Teoria dos campos	Elaborada pelo sociólogo francês Pierre Bourdieu, considera a literatura uma atividade com suas próprias leis; é o campo que define os espaços dos possíveis para as pessoas que escrevem, definidos como opções que dialogam com o tempo histórico. Por exemplo, as escolhas estéticas seriam resultados dos lugares que cada pessoa ocupa no sistema literário e na sociedade, sendo a autonomia sempre relativa.
Instituição literária	Elaborada ao longo do tempo por nomes como Harry Levin, Renée Balibar e Jacques Dubois, é definida como conjunto de práticas sociais que contribuem para instituir as práticas literárias, o que legitima a literatura. Compreende esferas de produção, funções sociais da literatura, instâncias de produção e legitimação, *status* de quem escreve e *status* do texto e da literatura.
Teoria dos polissistemas	Elaborada por Itamar Even-Zohar, define o sistema literário como uma rede de relações que se origina das atividades literárias relacionadas com outras redes, mantendo, assim, o sistema em funcionamento.

(Quadro 1.1 – conclusão)
(continua)

FONTE: Elaborado com base em Sapiro, 2019.

Para nos aprofundarmos no que estamos chamando de *autoria feminina*, é importante levar em conta essas teorias, os percursos intelectuais e as sistematizações que ampliaram os estudos literários, tornando possível o questionamento sobre cânone, valor e tradição. Neste momento, vamos pensar com base no desenvolvimento da **teoria dos polissistemas**, que, apesar de remontar suas bases à década de 1920, com os formalistas russos e o círculo linguístico de Praga, se desenvolveu com maior força a partir da década de 1970 com o sociólogo e linguista israelense Itamar Evan-Zohar.

Conforme a socióloga Gisèle Sapiro (2019, p. 40), Even-Zohar "define o sistema da literatura como a rede de relações que decorre das atividades designadas como literárias dessas próprias atividades", ou seja, ele pensa os sistemas como um tipo de funcionalismo em rede, adaptando o esquema de comunicação do linguista Roman Jakobson, que você pode verificar na figura a seguir: quem escreve está em constante relação com outras pessoas que escrevem, com quem edita, traduz, revisa, vende, compra, lê, ensina e escreve sobre os textos.

Figura 1.1 – O SISTEMA LITERÁRIO

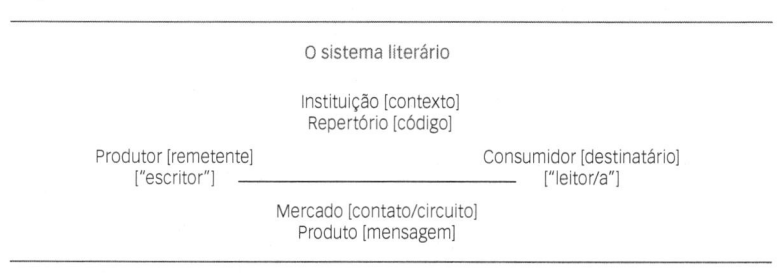

```
                        O sistema literário

                        Instituição [contexto]
                        Repertório [código]
  Produtor [remetente]                           Consumidor [destinatário]
      ["escritor"]   ─────────────────────              ["leitor/a"]
                        Mercado [contato/circuito]
                        Produto [mensagem]
```

FONTE: Elaborada com base em Sapiro, 2019.

Porém, como já foi comentado, o sistema literário não funciona sozinho e é possível perceber isso na figura anterior, que traz um esquema proposto por Gisèle Sapiro (2019). Podemos considerar como exemplo o que acontece com uma máquina que precisa de energia ou de uma pessoa humana ligando o botão de liga/desliga – ou mesmo a programação para que o equipamento opere –, sem contar as muitas vezes que um mecanismo deriva de outros equipamentos, tudo com seus próprios sistemas em ação.

Sapiro (2019, p. 40) define o pensamento de Even-Zohar sobre o sistema literário afirmando que este

> designa as relações entre produtores (escritores) e consumidores (leitores), que são midiatizadas de um lado pela "instituição", ou seja, a edição, as revistas, a crítica, os grupos de escritores, as instâncias estatais, o sistema escolar, as mídias etc., assim como pelo "repertório"; do outro, pelo "mercado", o qual inclui não somente os lugares de difusão/venda, como as livrarias, as bibliotecas, mas também o conjunto dos atores e das atividades implicadas na circulação do "produto", sobrepondo, em parte a "instituição".

Você lembra da lista mental que propomos no começo deste capítulo? Há uma probabilidade de que você ainda não tenha muitas autoras em mente porque alguns pontos do sistema literário acabam obliterando as obras escritas por mulheres. Por exemplo, o caso do currículo de ensino básico: na escola, quantas autoras você leu que faziam parte de determinadas escolas literárias – como o romantismo, o arcadismo ou o barroco – ou das chamadas *gerações* de escritores, como a *geração perdida*, a *geração beat*, a *geração marginal* ou a *geração de 1945*? E se, por acaso, você colocou mais autoras em sua lista, essas obras são tão comentadas quanto às de homens? Quando você as leu? Como elas chegaram até você?

Voltemos à *Úrsula*, de Maria Firmina dos Reis, partindo do princípio de que ela publicou esse livro na mesma época em que escritores como Machado de Assis publicaram e obtiveram reconhecimento. Vamos pensar sobre o que afasta e aproxima a autora daquele sistema literário.

Por exemplo, esse romance faz jus à estética ultrarromântica de sua época, na primeira metade do século XIX. Em uma primeira visada, o delineamento dos personagens e seus conflitos parecem ser ingênuos e açucarados (Mendes, 2016): a história descreve uma jovem mulher (branca) que sofre por amor e os infortúnios que esse relacionamento traz consigo. Porém, em vários momentos do romance, a autora vai deixando rastros de construções diferentes daqueles textos considerados parte do cânone do período e, por exemplo, dá voz às pessoas escravizadas, que se tornam narradoras-protagonistas.

Em um capítulo inteiro de *Úrsula*, por exemplo, a personagem da Mãe Susana conta, ela mesma, como foi arrancada de sua casa, na África, tornando-se escravizada no Brasil. O capítulo, inclusive, leva o nome da personagem: *A Preta Susana*. Ali, Susana e Túlio conversam sobre liberdade (ele acabou de ser alforriado) e os perigos que a jovem senhora Luiza B. (a protagonista branca) está correndo. Susana, mais velha, no começo do capítulo é descrita da seguinte maneira: "E aí havia uma mulher escrava, e negra como ele; mas boa, e compassiva, que lhe serviu de mãe enquanto lhe sorriu essa idade lisonjeira e feliz, única na vida do homem [...]" (Reis, 2018, p. 118). Nesse trecho, observamos que Susana corresponde a uma figura mais velha que, em certa medida, cumpre com uma construção característica de maternidade hegemônica.

A escritora aproveita essa abertura de diálogo sobre liberdade e gratidão para articular Susana, afirmando que Túlio não é livre, em uma troca sincera entre iguais. Em seguida, ele confirma ter realmente recebido a carta de alforria, salientando que "sou hoje livre, livre como o pássaro, como as águas; livre como o éreis na vossa pátria" (Reis, 2018, p. 120). Nessa afirmação, Túlio impulsiona para que Susana se enuncie como uma pessoa escravizada que tem memória de uma vida livre antes desta. Afinal, onde e como era essa pátria?

Nos parágrafos que se seguem do capítulo, podemos ver Susana diferente do que lemos até então. A personagem se expõe contando a violenta narrativa da saída da África. Um dos pontos altos do capítulo e do livro, do ponto de vista da escrita literária, é esse momento de virada, que você vai ler no trecho a seguir, em que Susana inaugura uma narrativa em primeira pessoa, relatando os horrores da escravidão. Tome nota como a personagem se insere em uma linha solitária, usando aspas, mostrando a mudança de cena no capítulo:

— Não matam, meu filho. Se matassem, há muito que morrera, pois vivem comigo todas as horas.

"Vou contar-te o meu cativeiro."

"Tinha chegado o tempo da colheita, e o milho e inhame e o amendoim eram em abundância nas nossas roças. Era um destes dias em que a natureza parece entregar-se toda a brandos folgares, era uma manhã risonha, e bela, como o rosto de um infante, entretanto eu tinha um peso enorme no coração. Sim, eu estava triste, e não sabia a que atribuir minha tristeza". (Reis, 2018, p. 121, grifo nosso)

Nenhum dos romances abolicionistas, daqueles que hoje são considerados parte do cânone, deu voz ficcional às pessoas escravizadas dessa maneira. Boa parte desses livros oferecia apenas uma representação hegemônica da escravidão, muitas vezes embranquecendo as personagens e descrevendo as situações que os envolvia dentro de lógicas binárias/maniqueístas de maldade e bondade.

> ## Para saber mais
>
> GONÇALVES, A. M. Um defeito de cor. 28. ed. Rio de Janeiro: Record, 2006.
>
> Se aventurar por esse romance da escritora mineira Ana Maria Gonçalves é um bom exercício. Nele, a autora constrói cenas de captura e sequestro de crianças na África, no começo do século XIX, por traficantes de escravizados. É possível perceber como Maria Firmina dos Reis estava construindo narrativas pioneiras que ressurgiram, pelo menos, um século depois.

Dito isso, verificamos como a ideia de sistema nos ajuda a perceber que muitos mecanismos operam desde a escrita da obra – escolha não apenas do tema, mas também da construção narrativa, da construção de personagens etc. – até a publicação e a circulação, e até mesmo na ausência desses dois últimos pontos. Gisèle Sapiro (2019, p. 41) confirma que "a dinâmica da mudança [no sistema literário] está na evolução das relações centro-periferia". Por efeito de fazer parte desse sistema, a historiografia da literatura pode também apostar na mudança contínua em virtude dos elementos desse mecanismo funcionarem continuamente. Sapiro (2019, p. 43) ainda reforça que "este sistema de relações é dinâmico e não estático [...]", nos permitindo pensar mais sobre como acontecem os processos de escolha de obras e autorias canônicas, assim como as regras da hierarquia de gêneros literários. Apenas muito tempo depois de sua publicação, *Úrsula* pôde ser lido de maneira a ser percebido como fora da curva do padrão dos romances abolicionistas.

umpontodois
Os estudos culturais de gênero

Até aqui, já constatamos a importância das várias discussões que ganharam maior espaço entre as décadas de 1960 e 1970, período em que a "cultura da ciência e das instituições acadêmicas caiu sob novo escrutínio acadêmico e político" (Barnes, citado por Adelman, 2016, p. 69), ou seja, foi um período em que conceitos e visões foram revistos e analisados profundamente. Isso possibilitou um momento de ruptura, fazendo surgir novos movimentos, novas perspectivas teóricas e, para nós, importante para discussão neste livro, a ampliação da noção de sujeito – essa figura emblemática que até então era tratada como uma identidade homogênea e, até mesmo, universal.

Do mesmo modo que já discorremos um pouco sobre a teoria dos polissistemas e as possibilidades que ela nos dá para lidar com as ideias de cânone e hierarquias no sistema literário, neste ponto, veremos, ainda que de maneira resumida, a importância do desenvolvimento dos estudos culturais. Esses estudos ganharam força como práticas de pesquisa que surgiram para interrogar as noções universalistas, sobretudo no que se refere às ideias de cultura, sociedade, identidade e diferença.

Se a ideia de "sujeito" já estava em disputa, pelo menos, desde a virada do século XIX para o XX, outras concepções produzidas a partir dessa figura também passaram a ser questionadas – basta lembrarmos que até hoje expressões como *o homem* são utilizadas para tratar de um coletivo de seres humanos, por exemplo. Nesse momento de mudança, surgiram indagações sobre as relações entre a produção de conhecimento e a política na sociedade – quem diz que um conhecimento é legítimo, quem decide as práticas políticas –, pois muitas pessoas que estavam, naquele momento, nos lugares da pesquisa não vinham mais de posições hegemônicas – como é o caso do sociólogo britânico-jamaicano Stuart Hall (1932-2014), um dos nomes reconhecidos da perspectiva teórica-metodológica dos estudos culturais.

Miriam Adelman (2016, p. 70-71) confirma a importância do surgimento dessas novas frentes críticas assegurando que:

Destes questionamentos, surgiram novas teorias críticas, como a teoria feminista, a *critical race theory* e a teoria pós-colonial, todas por sua vez relacionadas, de uma forma ou outra, a um novo movimento filosófico e epistemológico associado aos termos do pós-estruturalismo e pós-modernismo.

Ou seja, os novos questionamentos submetiam as pessoas na pesquisa a promoverem outros diálogos, mesmo que o objetivo disso não fosse que alguma voz tivesse primazia ou que alguém estivesse provido de verdades inquestionáveis, mas sim que fossem possíveis as existências de múltiplos sujeitos, além do homem branco, europeu, heterossexual e com acesso a determinado tipo de educação – pontos estes que o colocavam em uma classe social bem específica.

Esse campo de pesquisa que articula **cultura** e **sociedade** começou a ser sistematizado na Inglaterra, no espaço do Centro de Estudos Contemporâneos, da Universidade de Birmingham. Apesar de outros focos de discussão, fora da Europa e dos Estados Unidos, estarem acontecendo ao mesmo tempo, foi lá que nomes como o do historiador E. P. Thompson, do sociólogo Raymond Williams e do já citado Stuart Hall surgiram questionando a hegemonia do conhecimento. Em linhas gerais, esses pesquisadores e seus alunos apontavam que a história das classes (ou camadas) sociais era complexa, com regras próprias em cada campo; que as geografias onde as pessoas viviam eram variadas; e que a produção de bens culturais estava relacionada com todas essas variáveis.

No artigo "Estudos culturais e estudos de gênero: proposições e entrelaces às pesquisas educacionais", Beck e Guizzo

(2013, p. 174, grifos nosso e do original) dão uma definição para a ideia de **cultura** que passa a ser compreendida com essas novas articulações:

> Cultura passou a ser compreendida como campo conflituoso de lutas, contestação e significados sociais, formas variadas dos grupos por meio dos quais são produzidos e recompostos sentidos e sujeitos, através da manifestação de singularidades, peculiaridades e particularidades dos distintos grupos sociais. A cultura, nessa perspectiva, não é entendida como a manifestação orgânica e natural de toda uma comunidade, nem como domínio cultural isolado de um grupo social, demarcando o que seria o **bom** gosto da sociedade e assim caracterizando a cultura reconhecida e elitizada. A cultura destaca, nessa narrativa, seu caráter fundamentalmente produtivo e criativo, vista como ação, como atividade, como experiência que produz **identidades e diferenças**.

Vamos observar os seguintes grifos da citação apresentada: *cultura, identidades* e *diferenças*. Como essas palavras operam quando pensamos na produção cultural de mulheres?

A ideia de que as culturas produzem identidades que, em consequência, produzem diferenças está no cerne dos estudos culturais que se abrem para as pesquisas de gênero, raça e classe. Em vez de existir a ideia de uma cultura baseada em juízo de valor (boa ou ruim, feia ou bonita etc.), definida por valores arbitrários e estabelecidos por grupos específicos de pessoas, passa-se a considerar a variedade de produções e, na possibilidade de diferentes gradações de qualidade, de procedimentos e temporalidades.

As pessoas vivem em lugares diferentes, falando línguas diferentes, alimentando-se e vivendo de formas variadas, mesmo que tenham acesso a artefatos e bens culturais parecidos. Pensar que a cultura produz essas identidades e diferenças nos fazem avançar para pesquisas que culminam, como veremos no próximo ponto do capítulo, nas indagações das décadas de 1970 – as quais Miriam Adelman (2016) aponta como dialógicas com o pós-modernismo e o pós-estruturalismo – que nos ajudam a pensar o que se nomeia *autoria de mulheres*.

Você lembra que, quando começamos a definir a teoria dos polissistemas, atestamos que é importante "pensar junto" porque esta é uma prática relacional? A prática relacional é importante porque é necessário considerar todas as variáveis e todos os pontos de vista de cada pessoa envolvida ou grupo de pessoas, ou, ainda, os processos do sistema analisado.

Por exemplo, voltemos ao vídeo, mencionado no começo do capítulo, da escritora Chimamanda Ngozi Adichie (2009). Ele é importante porque promove o pensamento relacional. Ao nos contar a importância de, ainda na infância, passar a conhecer histórias de outras crianças negras, moradoras do mesmo continente, a autora nos convoca a pensar sobre as primeiras histórias que ouvimos e lemos. Também percebemos como é para uma criança negra ver e ouvir histórias com outras crianças que não se parecem com ela. Observe que a escritora não diz que não devemos ter acesso a todos os tipos de história. Ela confirma a importância da pluralidade e da diversidade das histórias para, justamente, não correr o perigo da ideia de uma história única ou oficial.

Por isso, por exemplo, poderemos, no Capítulo 5, observar com mais atenção a produção de pensadoras e escritoras negras, como já vimos brevemente com o caso de *Úrsula*, de Maria Firmina dos Reis. Esse capítulo não apenas vai ampliar nossa visão em relação a épocas específicas, de personagens reivindicando a enunciação – e que, costumeiramente são apenas coadjuvantes –, mas também vai nos levar a repensar definições canônicas de *literatura* e *linguagem*. Nesse tipo de leitura, fazemos o exercício de pensar as **identidades** por meio da **diferença**. Assim, como pessoas que leem e pesquisam, praticamos a transformação e o funcionamento do sistema literário.

Posto isso, vamos pensar com Kathryn Woodward (citada por Silva, 2009, p. 22), na introdução do livro *Identidade e diferença: a perspectiva dos estudos culturais*, atestando que a identidade é relacional e marcada pela diferença, pois as "identidades adquirem sentido por meio da linguagem e dos sistemas simbólicos pelos quais elas são representadas". A autora ainda menciona Stuart Hall, ao afirmar que a representação classifica o mundo e as relações que nele acontecem. Por exemplo, vamos fazer um exercício: pense em seu livro favorito ou em alguma ficção que você esteja lendo: Como são as personagens que aparecem nele? Como você as imagina fisicamente? Que roupas usam? Quando você lê personagens mulheres, crianças, pessoas racializadas ou de nacionalidades diferentes da sua, você as imagina usando alguma roupa em especial ou se comportando de alguma maneira que demarque a diferença?

Quando Stuart Hall (citado por Woodward, citada por Silva, 2009) diz que a representação faz uma classificação do mundo, quer dizer que nossa imaginação também é formada não somente pelos livros que lemos, mas também por filmes, séries, novelas, letras de música, propagandas, pessoas influenciadoras na internet e nas mídias em geral, bem como pelos discursos das pessoas com quem convivemos – familiares e outros grupos que frequentamos. Vamos pensar na seguinte situação corriqueira: Quando falamos que temos, ou não, uma "identificação" com determinadas personagens e histórias, o que isso quer dizer?

A já mencionada pesquisadora Kathryn Woodward (citada por Silva, 2009, p. 52) também diz que "a construção da identidade é tanto simbólica quanto social" e completa pedindo para observarmos com que frequência o gênero marca uma identidade nacional. Aqui, para nós, é importante ter em mente que a identidade pode ser pensada em várias dimensões, por exemplo: às vezes a ideia de identidade surge de conceitos essencialistas ou de ideias de natureza; a identidade se veicula tanto ao social quanto ao material; a identidade é relacional e a diferença surge de uma marcação simbólica que aparece em relação à outra identidade; a marcação simbólica de identidade não é algo bom nem ruim, ela acaba ajudando a pensar quem é incluído e excluído de discursos; por fim, não há unidade nas identidades.

Para nós, especificamente, essas reflexões sobre identidade importam porque estamos construindo ideias sobre a autoria de mulheres dentro do funcionamento do sistema literário, ou seja, estamos pensando nas identidades de mulheres escritoras partindo da diferença que elas representam na história da literatura canônica. No próximo ponto, ampliaremos essa discussão da especificidade da literatura escrita por mulheres.

Seguindo com Woodward (citada por Silva, 2009, p. 56), ela também constata que, se, em um campo simbólico como a literatura, as identidades são forjadas por outras pessoas (e não aquelas representadas), então "os homens tendem a construir posições-de-sujeito para as mulheres tomando a si próprios como ponto de referência". Desse modo, quando constroem narrativas pensando em mulheres – assim como as demais pessoas que não sejam seus pares –, tendem a posicioná-las como "outras", partindo de suas próprias experiências e eliminando a diferença. Você poderá ter uma ideia melhor sobre isso nos próximos capítulos, que discutirão a representação de mulheres na literatura brasileira e como elas mesmas passaram a se representar.

Esse tipo de reconhecimento com relação à representação de mulheres (assim como sua ausência como autoras) já tinha seu espaço, principalmente entre escritoras e filósofas na primeira metade do século XX – como Virginia Woolf e Simone de Beauvoir, que serão apresentadas com mais atenção no Capítulo 4. Porém, foi com a ampliação do acesso de mulheres às universidades que os estudos feministas, a teoria feminista e a crítica feminista – todas aplicadas aos vários campos das humanidades, reforçando a importância da interdisciplinaridade e da transdisciplinaridade – se desenvolveram com amplitude. Nesse sentido, Miriam Adelman (2016, p. 80-81, grifo do original) constata que,

> o que cabe enfatizar desde já é o desafio radical que a teorização feminista representa para a academia e como tal desafio traslada para o campo intelectual o que o movimento feminista representou para os movimentos sociais: um novo momento, com algumas

premissas que o caracterizaram como uma ruptura radical com toda a cultura herdada, de dominação masculina e invisibilização das diversas contribuições das mulheres à história, à cultura e à vida política e social.

Logo, quando os estudos culturais, na esteira das linhas de revisão do pensamento social, como diz Adelman (2016), promovem a abertura de questionar essas noções clássicas, acabam por abrir várias frentes de pesquisa que serão importantes, principalmente para estimular a inclusão de outras identidades além daquele homem com "H" maiúsculo que mencionamos. Adelman (2016) também elucida algumas das tarefas mais importantes para a crítica feminista ao longo do século XX e que aqui nos cabem, de modo acertado, para pensar a importância do desenvolvimento desse campo, resumindo nossa discussão de identidade e diferença, neste momento focando em mulheres e na discussão de gênero:

> 1) a desconstrução do discurso masculinista sobre "a Mulher"; 2) a desconstrução do discurso sobre o "Homem" universal, demonstrando como ele foi elaborado a partir do referencial da experiência de uma categoria particular de homens; e 3) o ato de repensar a sociedade também a partir das experiências das mulheres (e, portanto, igualmente dos homens, mas não mais como "norma" universal) em toda sua historicidade e especificidade, isto é, a partir das relações de poder entre os gêneros e sua interseção com outras formas de relações sociais, particularmente as de classe, raça/etnicidade e orientação sexual. (Adelman, 2016, p. 95)

Note como essas tarefas, dadas a todo tipo de pessoa que esteja na pesquisa feminista e de gênero, guiam, para a nossa especificidade aqui, a uma literatura escrita por mulheres, mas também nos conduzem para uma pesquisa interseccional entre gênero, classe e raça, pois, como confirma a historiadora estadunidense Joan Scott (2019, p. 73), a ênfase no gênero "não é explícita, mas constitui, no entanto, uma dimensão decisiva da organização, da igualdade e desigualdade".

Portanto, aqui é importante seguirmos com Scott (2019), porque estamos lidando, desde o começo do capítulo, com essas dimensões determinantes de organização de formas de poder: cânones, identidades e diferenças pensados nas perspectivas de inclusão e exclusão de mulheres, ainda mais se estas forem racializadas e de camadas sociais específicas. No Capítulo 4, vai ser possível ver com mais atenção a questão do gênero como categoria de análise na crítica literária feminista, assim como, no Capítulo 5, será possível perceber a dimensão da literatura de autoria de mulheres negras para pensarmos a pluralidade das autorias de pessoas que se reconhecem como mulheres ao longo da história.

Então, para adentrarmos na especificidade de uma **literatura feminina** ou de **autoria de mulheres**, precisamos deixar evidente que

> o gênero é um elemento constitutivo de relações sociais baseado nas diferenças percebidas entre os sexos; e o gênero é uma forma primeira de significar as relações de poder. As mudanças na organização das relações sociais correspondem sempre à mudança

nas representações de poder, mas a direção da mudança não segue necessariamente um sentido único. (Scott, 2019, p. 67)

Scott (2019) defende que o gênero é capaz de decodificar boa parte das diversas formas de interação humana e, de certa forma, é isso que estamos construindo ao longo deste livro. Priorizamos o gênero como categoria de análise, não para mostrarmos uma literatura específica, dentro de uma suposta grande literatura, mas no empenho de elaborar a complexidade do sistema literário e de saber como funcionam várias partes desse mecanismo.

umpontotrês
A especificidade da literatura feminina

Nos próximos capítulos, você vai verificar, com mais atenção, o desenvolvimento da amplitude que hoje observamos nos estudos feministas na literatura, percebendo o desdobramento histórico e a apresentação de projetos estéticos. Neste ponto, vamos seguir pensando nas identidades que se organizam a partir das diferenças, focando especificamente no **gênero** como categoria de análise. De maneira binária, vamos pensar brevemente a especificidade da **literatura feminina**, a princípio em contraste com uma ideia de literatura masculina.

Partindo da perspectiva dos estudos literários, em *Teoria da literatura: uma introdução*, livro já mencionado do crítico inglês

Terry Eagleton (2010), o último capítulo pensa a crítica política nesse campo. O autor aponta que a pesquisa na literatura não deve fugir das discussões contemporâneas nem se submeter ao texto de modo puramente estético, como se escrita e pessoa que escreve não estivessem imersos em um contexto. Perto do final, o crítico inglês aponta o feminismo como a área em que a literatura, como ação cultural, une-se à ação política. O autor reitera que, para o movimento feminista, "O discurso do corpo não é uma questão de gânglios lawrencianos e suavidades noturnas, mas uma *política* do corpo, uma redescoberta de sua sociabilidade por meio de uma consciência das forças que o controlam e subordinam" (Eagleton, 2010, p. 324-325, grifo do original). Portanto, para discutirmos controle e subordinação no que diz respeito à(s) literatura(s) escrita(s) por mulheres, primeiro precisamos pensar a ideia de *autoria*, que é, afinal, o que dá autoridade para que determinada literatura exista e seja considerada como tal.

Em linhas gerais, o século XX é marcado por duas noções de autoria construídas pelos filósofos franceses Roland Barthes e Michel Foucault. Barthes (2004), em um texto importante chamado "A morte do autor", presente no livro *O rumor da língua*, afirma que o autor está morto, formulando que a figura física da pessoa que escreve se desfaz na escrita. Já Foucault (2009a) acredita que não importa quem escreve, porque, para ele, as obras falam por si próprias por meio de práticas discursivas. Não vamos nos ater aqui em explanar e analisar esses dois conceitos críticos importantes de autoria, mas pensar a negação dela.

> **Para saber mais**
>
> BARTHES, R. O rumor da língua. Tradução de Mario Laranjeira. 2. ed. São Paulo: Martins Fontes, 2004.
>
> FOUCAULT, M. Estética: literatura e pintura, música e cinema. Tradução de Inês Autran Dourado Barbosa. 2. ed. Rio de Janeiro: Forense Universitária, 2009. (Coleção Ditos & Escritos, III).
>
> Para se aprofundar nessas noções de autoria, recomendamos a leitura das obras dos autores citados.

As escritoras, ao longo do tempo, foram atingidas, mas também beneficiadas por essas noções de autoria que optaram por descartar o personalismo da figura de quem escreve. Por exemplo, vamos pensar que, no século XIX, boa parte das escritoras usavam pseudônimos para serem publicadas. Ao mesmo tempo que isso causa certa indignação – de alguém não poder publicar com o próprio nome –, a situação também dava certo grau de liberdade de escrita. Pessoas que liam esses textos, seja por prazer, seja pelo trabalho na crítica literária, não faziam prejulgamento da obra pensando apenas no nome de quem escreveu; e foi assim que muitas escritoras, como as inglesas Jane Austen e George Eliot, foram publicadas, bem como, no Brasil, Maria Firmina dos Reis recebeu a alcunha de *Uma Maranhense* embaixo do título de *Úrsula*. Lembremos da historiadora Joan Scott (2019) afirmando que o gênero classifica tudo no mundo, por isso a importância de pesquisas feministas e das perspectivas construídas pela crítica literária feminista que você conhecerá com mais atenção adiante.

Em razão da negação de autoria, os textos escritos por mulheres não eram considerados literatura ou pertencentes aos gêneros textuais canônicos. Por não participarem da vida pública e, por essa razão, não tratarem de assuntos como política e guerra, escreviam sobre questões privadas, as quais os homens achavam triviais, e, quando escreviam poesia, parecia – ao crítico homem – que sempre deixavam de cumprir algum elemento métrico. Portanto, aqui fica mais evidente a importância de desconstruirmos as ideias de cânone, valor, tradição, identidades hegemônicas etc. para podermos ampliar o escopo, pois essas construções afetaram não apenas a produção de pessoas identificadas como mulheres, mas todas aquelas que estavam na intersecção de gênero, raça e classe. Como afirmou Eagleton (2010, p. 323): "É a essa altura que o cânone é usado para expulsar os transgressores da arena literária".

Um pouco antes dessa afirmação, ainda em *Teoria da literatura: uma introdução*, o crítico literário também fornece uma importante lição sobre um texto ser ou não literatura, afirmando que é mais sobre as "relações de poder entre instituição acadêmico-literária, onde tudo isto ocorre, e os interesses da sociedade em geral, cujas necessidades ideológicas serão servidas, e cujo pessoal será reproduzido pela preservação e ampliação controlada do discurso em questão" (Eagleton, 2010, p. 307).

A esta altura da leitura você deve estar se perguntando se, de fato, existe alguma especificidade na literatura escrita pelas mulheres. Vamos começar com um exercício de imaginação: Você chega em uma grande livraria, dá uma volta olhando primeiramente as capas dos livros expostos e avista uma seção com o seguinte título: "Literatura feminina". Que cor predomina na capa desses livros? Que tipo de imagens há nela? Apenas com essas informações você já consegue imaginar quais histórias esses livros contam?

Certamente, cores com tons de rosa e roxo passaram pela sua cabeça, talvez imagens com outras mulheres na capa, provavelmente algumas com um aspecto físico bastante padrão. Será que você pensou em histórias consideradas de amor ou temas como maternidade e relacionamentos? Não é incomum as pessoas terem ideias preconcebidas sobre qualquer substantivo que venha acompanhado do adjetivo *feminino*. Lembra que Scott (2019) disse que enfatizar o gênero é uma forma de consolidar o poder? Ela também vai atestar que "as linguagens conceituais empregam a diferenciação para estabelecer o sentido e que a diferença sexual é a forma principal de significar a diferenciação" (Scott, 2019, p. 70). Portanto, dizer que algo é *feminino* é carregar isso de sentidos culturais e de poder. Lembra que uma das tarefas, citadas por Miriam Adelman (2016), relacionava-se ao ato de desfazer o discurso clássico sobre a ideia de *mulher*? Por isso, atualmente, muitas pesquisadoras preferem usar variações como *autoria de mulheres* – pensando na autoridade do texto e/ou da obra de arte – ou apenas *literatura escrita por mulheres*.

Essa discussão será retomada no Capítulo 4, de modo que aqui, o que devemos levar em consideração é que é preciso ter cuidado com os termos que utilizamos para que eles não continuem fazendo a manutenção de estruturas de poder que vão contra, justamente, o que está em jogo na construção da investigação. A pesquisadora brasileira Susana Bornéo Funck (2016, p. 22) define, de maneira bastante interessante, que "o problema das mulheres é que elas têm tido que articular sua experiência especificamente feminina por meio de um sistema linguístico que é inerentemente masculino". A questão não reside no termo solitário *feminino*, mas em como ele e as ideias de *feminilidade* ressoam em um sistema, como o literário, que considera esse adjetivo uma exceção.

Sobre o uso da adjetivação *feminina*, há controvérsias dos dois lados do oceano. Aqui, no Brasil, acabamos operando pela via da tradução, por isso mesmo temos de ter muita atenção com o uso dos termos, pois também podem ter passado por escolhas próprias de quem traduziu e de quem editou. Em linhas gerais, teóricas estadunidenses tendem a evitar noções que demarquem a ideia de sexo biológico, como é o caso do uso do adjetivo *feminino*; do lado de lá, teóricas francesas afirmam o adjetivo no sentido de marcar a diferença.

Vamos ver brevemente um dos pontos de vista, pensado aqui no Brasil, com a professora e pesquisadora Lúcia Castello Branco (1991), em seu livro O *que é a escrita feminina*. A autora começa perguntando se a escrita tem sexo, já que "**feminino** é um adjetivo relacionado, direta ou indiretamente, à mulher" (Branco, 1991, p. 11, grifo do original). A pesquisadora acredita que não é possível escapar da conotação sexual, mas pensar além dela, procurar algum lugar limítrofe entre o sexual e o além-sexual, usar a diferença para pensar a identidade dessa escrita.

> O que quero dizer é que, quando me refiro à escrita feminina, não entendo feminina como sinônimo de relativo às mulheres, no sentido que a autoria de textos que revelam esse tipo de escrita só

> possa ser atribuída às mulheres. Fica claro, portanto, que a leitura sexualizante do termo feminino é restritiva, é redutora. Entretanto, tenho consciência de que, ao escolher o adjetivo feminino para caracterizar certa modalidade de escrita, estou admitindo algo de relativo às mulheres ocorrendo por aí, embora esse relativo às mulheres não deva ser entendido como produzido por mulheres. (Branco, 1991, p. 12, grifo do original)

A autora demarca que existe algo de específico no que ela chama de *escrita*. Observe que ela não diz *autoria*, e sim uma *escrita*, que, inclusive, pode ser praticada por homens, contanto que se trate de escolhas que não sejam do âmbito do que o senso comum enxergue como *masculino*. Como professora, Lúcia percebeu, lendo com seus alunos, que autoras como Clarice Lispector, Virginia Woolf, Hilda Hilst e outras tinham tom, respiração e dicção diferentes da literatura canônica, em sua maioria praticada e teorizada por homens.

Observemos que a autora acredita na diferença para que uma identidade de "escrita feminina" possa ser reivindicada. Inclusive, em determinado ponto, a autora traz as definições dicionarizadas de *mulher* e *feminino* e as articula de modo a deduzir que uma escrita feminina não é nem oposição nem complementaridade de uma masculina, ou seja, é apenas uma outra escrita que poderia fornecer novos paradigmas de discussão e possibilidades de leitura (Branco, 1991).

Ora, se as pesquisas histórico-sociológicas apontam que mulheres, em suas multiplicidades, sempre ocuparam funções diferentes dos homens nas mais variadas sociedades, como elas poderiam escrever sobre assuntos e abordagens iguais aos homens? Ou como contariam histórias pelos mesmos pontos de vista? Se o estudo sistematizado da linguagem é negado, não há por que usar essa mesma linguagem com todas as suas idiossincrasias.

Lúcia Castello Branco (1991) vai atentar, por exemplo, para a associação da escrita de mulheres com os gêneros textuais memorialístico e autobiográfico, tratados como menores pela crítica literária. Será que escrever sobre uma situação traumática, por exemplo, não exigiria uma elaboração estética ou uma sistematização ficcional? Será que mulheres só escrevem verdades sobre suas vidas? E, afinal, o que é a verdade? Inclusive, Branco (1991, p. 31) propõe que se pense uma outra noção de memória, uma que "tende mais para o futuro que para o passado, mais para o esquecimento que para a lembrança, mais para a inversão, a criação, que para o resgate da vivência original". E completa, de maneira definitiva, para seguirmos adiante:

> o processo de memória não deve ser entendido apenas enquanto preenchimento de lacunas, resgate do original, recomposição de sua imagem passada, mas também enquanto a própria lacuna, enquanto perda, rasura e decomposição da imagem. [...] É preciso não esquecer que Mnemosyne não é apenas uma guardiã do passado, mas é aquela que, segundo Hesíodo, conta "tudo o que foi, tudo o que é e tudo o que será". Além disso, sua proximidade de Lethe (o rio do esquecimento) nos permite pensar que o tudo o que será não é decorrência lógica e exclusiva do que é, mas algo de certa forma imprevisível, desconhecido, que se situa mais na área da criação, da invenção (da ficção, portanto) que no terreno dos

inquestionáveis resultados de uma operação matemática. (Branco, 1991, p. 32, grifo do original)

Pela proposta de outra definição para a memória, podemos usar como exemplo um texto já mencionado neste capítulo, que é muito importante para pensarmos como escritoras e críticas literárias feministas começaram a *re-visar* (logo saberemos mais sobre a variação dessa palavra) o cânone e questionar a ausência de mulheres partindo de outras propostas de escrita e olhares para a teoria literária. Em *Um quarto só seu* (1925), Virginia Woolf (2021) não tenta apenas elaborar de maneira sistemática a ausência de mulheres na literatura inglesa, mas também ficcionaliza a história literária propondo uma irmã para o dramaturgo e poeta inglês William Shakespeare. Essa mulher teria as mesmas chances do irmão caso fosse uma poeta ou uma dramaturga?

> ### Importante!
>
> O texto de *Um quarto só seu* traz um questionamento – e aponta soluções – que era recorrente nos textos de Virginia Woolf na época: Por que lemos menos mulheres? Por que elas são menos traduzidas, editadas e não fazem parte da história literária canônica? Além da importância do livro para os estudos feministas na literatura, ele também é um exemplo de circulação e mediação no sistema literário, pois, hoje, contamos, no Brasil, com, pelo menos, seis edições diferentes do texto.

Nos próximos capítulos, você vai acompanhar a trajetória de escritoras, pensadoras e pesquisadoras que nos ajudam a construir um panorama de como a literatura escrita por mulheres foi ganhando formas de legitimação e ampliando sua recepção, assim como a construção crítica, principalmente no último século. Mas, já considere que, mesmo com a insistência do sistema literário funcionando segundo a lógica de cânones, ou seja, da exclusão segundo valores arbitrários que dependem da norma vigente em dado momento, hoje é possível ler escritoras que compõem nos mais diversos gêneros literários: de romances a quadrinhos; de poesia a ficção científica.

umpontoquatro
Mulheres escritoras: exclusão e resistência

Se hoje é possível lermos escritoras trabalhando nos mais diversos gêneros textuais, é porque muitas dessas autoras, somadas a leitoras e, posteriormente, pesquisadoras, levantaram questões relativas à ausência de mulheres na história da literatura canônica. Já vimos até aqui que a literatura não é descolada da construção das narrativas históricas, por exemplo. A já citada pesquisadora brasileira Rita Terezinha Schmidt (2019, p. 65) afirma que "uma das formas mais contundentes do exercício desse poder simbólico é a invisibilidade da autoria feminina do século XIX, período formativo da identidade nacional durante o qual a literatura foi institucionalizada como instrumento pedagógico [...]". Nesse texto, a autora está falando especificamente de dois casos brasileiros, da escritora Júlia Lopes de Almeida e da jornalista Ana Cesar, na virada do século XIX para o XX. Porém, também encontramos esse tipo de apontamento nos textos de Virginia Woolf, principalmente os da segunda metade da década de 1920, o que, atualmente, podemos colocar em diálogo com as autoras brasileiras porque contamos com, pelo menos, 50 anos de pesquisas de recuperação e construção crítica sobre a autoria de mulheres.

Já mencionamos aqui a importância do texto *Um quarto só seu*, de Virginia Woolf (2021), não só por ela ter escrito em um momento histórico específico, mas também por saber que homens – que eram a maioria dos editores e críticos da época – iriam ler e ter de se confrontar com o assunto. Você vai conhecer melhor esse texto no Capítulo 4, mas, aqui, é importante percebermos três pontos levantados pela autora e que configuram um momento de passagem entre a exclusão e a resistência das escritoras: (1) a importância das mulheres acessarem a educação formal e, com isso, poderem escrever **sobre o que** e **como** lhes interessasse; (2) que a escrita fosse para as mulheres, como já era para os homens, uma forma de acesso básico aos bens materiais, como moradia e renda fixa, afinal, esse investimento daria liberdade de produção a elas, independentemente da classe social; e, por fim, (3) questionar o conhecimento preso dentro das bibliotecas, já que as mulheres não podiam nem acessar esse espaço, figurando apenas como tema de escrita de homens, nunca como autoras.

Observe como este último ponto, o do questionamento, dialoga com boa parte do que tratamos neste capítulo. Foi, e é, muito importante prestar atenção se a história – ou *as histórias*, no plural, se considerarmos além da disciplina de pesquisa – não é contada de uma perspectiva única. Foi justamente por conta desse interesse de investigação que muitas escritoras e obras vieram à tona e ganharam leituras atualizadas de seus livros, assim como possibilitaram outras leituras de momentos históricos específicos. Rita Terezinha Schmidt (2019, p. 66), no texto já mencionado, garante que "Os textos de autoria de mulheres levantam interrogações acerca de premissas críticas e formações canônicas, bem como tensionam as representações dominantes calcadas no discurso assimilacionista de um sujeito nacional não marcado pela diferença".

Desse modo, os textos de autoria de mulheres colaboram, inclusive, para que outras subjetividades e identidades não hegemônicas possam compor uma história que sempre foi contada pelas mesmas pessoas e que ocupavam posições de classe e raça similares entre si. Ainda, em *Na literatura, mulheres que reescrevem a nação*, Schmidt (2019) vai trazer o interessante exemplo do livro *A Silveirinha, de 1914*, da escritora carioca Júlia Lopes de Almeida, em que o enredo aponta para várias fraturas do discurso racista e higienista que predominava nas classes mais altas do Brasil na virada do século XIX para o século XX. Poucos, ou nenhum, livros escritos por homens do período traziam esses discursos emblemáticos, justamente por pensarem mais na vida pública e menos nas conversas da vida privada ou, ainda, fofocas de salão de bailes e eventos sociais que eram sinalizados como componentes da esfera *feminina*.

Nos próximos capítulos, será possível ter uma visão ampla de como a autoria de mulheres passou da exclusão para a resistência e, por isso, a importância do desenvolvimento da crítica literária feminista, campo que permitiu, por exemplo, a escrita deste livro que você está lendo.

umpontocinco
Literatura feminina e crítica literária

Você sabe o que são as teorias críticas? Elas são as abordagens teóricas que embasam a prática crítica, ou seja, o conjunto de ideias, discussões, metodologias, pontos de interesse e outras características que orientam vários trabalhos, por exemplo: usar a psicanálise para fazer a leitura de determinada obra ou situação. Para tanto, usam-se os conceitos e os termos específicos da teoria, assim como seu recorte e sua compreensão de mundo, a fim de explicar certo fenômeno.

As teorias críticas, muitas vezes, perpassam mais de uma área de estudo. O marxismo, por exemplo, já foi usado para fazer críticas sociais dentro da sociologia ou da economia, mas também pode ser usado para explicar relações de classes dentro de uma obra literária ou para analisar a distribuição das pessoas nos bairros de uma cidade. O ponto em comum, porém, é usar a base teórica e conceitual para traçar críticas de um objeto de estudo. Assim, quando falamos de teorias críticas dentro da literatura, estamos pensando no uso dessas teorias para falar sobre obras literárias.

Mas por que existem tantas teorias diferentes? Cada uma delas se debruça mais atentamente sobre aspectos e relações diferentes do campo literário. Confira o esquema a seguir.

Figura 1.2 – Esquema de foco de teoria literária

	Autor(a)	
Leitores	OBRA LITERÁRIA	Contextos

No centro, está o objeto de estudo – no caso da crítica literária, a obra literária em questão. Cada teoria vai se aprofundar na relação dessa obra com um dos outros pontos: teorias que têm como foco a produção ou a criatividade pesquisam a relação entre obra e autor/a; as que pensam na recepção ou na leitura estão focando na relação com quem lê; e as que pensam situações mais macro ou como a realidade tem impacto nas obras estão pensando na relação com os contextos. Além disso, cada uma das teorias, além de se aprofundar mais em uma dessas relações, também define o que entende por cada um dos termos, o que também se torna um recorte importante. Isso, claro, não quer dizer que uma teoria que aborde mais determinada relação ignore completamente as demais, apenas que seu foco está em outro tema.

Outro aspecto importante de se mencionar quando estamos pensando em teorias críticas é que esse é um campo em constante mutação. Aprender sua história, quais teorias existem e como foram aplicadas é importante, mas não podemos esquecer que a construção de conhecimento prevê um progresso constante.

Nesse sentido, sempre surgem novos trabalhos, novas ideias e novas teorias. Surgem, inclusive, as críticas às próprias teorias, que propõem melhorias e avanços para o campo de pesquisa.

Quando começamos a falar sobre o tema, normalmente começamos no período clássico. Sófocles, por exemplo, acreditava que a poesia não era capaz de representar a realidade e ensinar a moralidade, motivo pelo qual a considerava irracional. Teorias da Idade Média tinham em seu cerne a busca por significados ocultos nos textos, principalmente de cunho espiritual ou religioso; o romantismo trouxe para o centro a subjetividade do indivíduo; o marxismo trouxe o pensamento sobre as classes; a psicanálise aplicou a noção de inconsciente, e assim por diante.

Mas o que é, então, a crítica literária feminista? É, de maneira resumida, a teoria crítica que aplica o gênero como categoria de análise de obras literárias, como articulamos com Joan Scott (2019) anteriormente, ou seja, as abordagens teóricas que consideram o gênero, seja das personagens, seja da autora, seja da audiência etc., como seu tema principal e parte dele para fazer a crítica de determinadas obras.

Em síntese, até aqui nos preparamos para começar a levar em consideração o gênero como algo importante para compor o quadro de análise literária desde o texto impresso, sua capa e recepção, até as condições de trabalho de quem escreveu e de como essa pessoa pôde ser lida pelo sistema literário de cada época.

A crítica literária feminista é resultado das várias discussões que fizemos aqui e pode ser praticada com a leitura atenta de cada um dos capítulos deste livro. Vamos tentar não esquecer que a crítica é construída na trajetória, isto é, o pensamento crítico é feito de exercícios cotidianos de leitura e reflexão, levando em consideração que muitas construções levaram décadas para serem erigidas, e faz parte da prática respeitarmos quem veio antes e tentarmos articulá-las. Os próximos capítulos nos orientarão nesse caminho.

Síntese

Neste capítulo, introduzimos aspectos que envolvem a escrita de mulheres como uma prática existente no mundo e que faz parte de vários sistemas que operam de maneira conjunta e relacional. Começamos revendo o que é *cânone* e como ele afeta os livros que são lidos, assim como os que não são. Observamos como é complexo o sistema literário e que, como leitores, pesquisadores e professores, podemos fazer parte de várias frentes, de modo a construir um pensamento que não reflita uma história única, mas contemple as diferenças existentes. Também identificamos como o desenvolvimento dos estudos culturais colaborou para que a especificidade da autoria de mulheres fosse o tipo de diferença que oferece possibilidades de ampliação do repertório de estudos literários, mostrando que a história da literatura segue viva e movente, tanto no passado quanto no que ainda virá.

Atividades de autoavaliação

1. Sobre o conceito de cânone, marque V para as afirmativas verdadeiras e F para as falsas.

( ) O cânone é uma forma justa de definir o que devemos ler, afinal existem livros bons e ruins, e os clássicos são os clássicos.

( ) O cânone denota uma ideia de norma e poder em campos específicos, definindo, por exemplo, o que é um "clássico" na literatura.

( ) No livro *Um quarto só seu*, a escritora inglesa Virginia Woolf achou fácil encontrar mulheres na história da literatura inglesa, afinal, o cânone sempre as incluiu.

( ) Na escola, lemos poucas obras de mulheres e de pessoas não brancas, o que significa que o cânone acaba apagando pessoas que estão fora de uma ideia de padrão e lógica intelectual.

Agora, assinale a alternativa que apresenta a sequência correta:

a. F, F, F, V.
b. F, V, F, V.
c. V, V, F, V.
d. V, F, F, V.
e. V, V, F, F.

2. Sobre o sistema literário e a teoria dos polissistemas, é correto afirmar:

a. O sistema literário funciona de modo rígido e não se relaciona com nenhum outro campo ou área de pesquisa.

b. A teoria dos polissistemas, aplicada à literatura, confirma que qualquer pessoa publicada vai ser lida e reconhecida da mesma forma, independentemente de onde ela é e de como escreve.

c. *Influencers* digitais, pessoas que mediam rodas de leitura, professoras e pesquisadoras e pessoas que traduzem e editam são parte do sistema literário e o ajudam a se manter funcionando.
d. São um conjunto de teorias que surgiram no século XIX e praticamente não tem aplicação na atualidade.
e. Com o desenvolvimento das pesquisas sobre o campo literário e suas extensões teóricas, a ideia de cânone, por exemplo, passou a ser a maneira ideal de ler um período e as estruturas de poder de determinada época.

3. Sobre a especificidade da literatura feminina, marque V para as afirmativas verdadeiras e F para as falsas.
   ( ) As mulheres passaram a escrever recentemente, de modo que é difícil encontrar autoras antes do século XX.
   ( ) As escritoras, ao longo do tempo, foram atingidas, mas também beneficiadas pelas noções de autoria, pois esse pensamento descarta o personalismo da figura de quem escreve.
   ( ) O uso da adjetivação "feminina" para a literatura gera controvérsias nos dois lados do oceano. Por exemplo, na orientação estadunidense, é evitado, já na francesa, é estimulado.
   ( ) O uso de pseudônimos no século XIX era prática comum porque as autoras poderiam se destacar de maneira criativa, e os críticos iriam ler todas as pessoas da mesma maneira.

   Agora, assinale a alternativa que apresenta a sequência correta:
   a. F, F, F, V.
   b. F, V, F, V.
   c. V, V, F, V.

d. F, V, V, F.
e. V, V, F, F.

4. Sobre os estudos culturais de gênero, marque V para as afirmativas verdadeiras e F para as falsas.
   ( ) Surgiram por meio de uma ampliação da noção de sujeito, tornando-se uma figura sem identidade fixa.
   ( ) Os estudos culturais, como campo de pesquisa, surgiram nos Estados Unidos, antes da Segunda Guerra Mundial.
   ( ) Colaboraram para que o termo *cultura* passasse a ser compreendido como campo conflituoso de lutas, que produz identidades e diferenças.
   ( ) A marcação simbólica de identidade não é algo bom nem ruim, ela acaba ajudando a pensarmos quem é incluído e excluído de discursos; por fim, não há unidade nas identidades.
   ( ) Apontam para a existência de uma mulher universal, mostrando que as identidades podem ser facilmente definidas.

   Agora, assinale a alternativa que apresenta a sequência correta:
   a. F, F, F, V, V.
   b. F, V, F, V, V.
   c. V, V, F, V, F.
   d. F, V, V, F, V.
   e. V, F, V, V, F.

5. Sobre a literatura feminina e a crítica literária, marque V para as afirmativas verdadeiras e F para as falsas.
   ( ) A crítica literária não se relaciona com teorias críticas e tem regras próprias.

( ) A obra literária não funciona de maneira isolada, mas de maneira relacional com leitores, autoras(es) e contextos.

( ) A crítica literária feminista é um conjunto de abordagens teóricas que consideram o gênero como categoria de análise – das personagens, da autora, da audiência e assim por diante – como seu tema principal, partindo dele para fazer a crítica de determinadas obras.

( ) A crítica literária feminista só leva em consideração o texto em si e não pensa em quem lê e nos contextos que essas pessoas vivem e se relacionam.

( ) É possível construir uma crítica literária sem ter uma trajetória, sem exercícios cotidianos de leitura e reflexão.

Agora, assinale a alternativa que apresenta a sequência correta:

a. F, F, F, V, V.
b. V, F, V, V, F.
c. V, V, F, V, F.
d. F, V, V, F, F.
e. V, F, F, V, F.

Atividades de aprendizagem

Questões para reflexão

1. Pegue papel e caneta e anote os dez livros que você mais gosta, aqueles que considera seus favoritos da vida. Anote também o(s) nome(s) do(a)(s) autor(a)(s) e os países de onde são e, se forem traduzidos, o nome de quem traduziu – se você lembrar. Em seguida,

separe-os em homens, mulheres, pseudônimos etc. Na sequência, use flechas ou pontos para apontar frases curtas que te façam lembrar de como esse livro chegou até você – por indicação, de ouvir falar, um vídeo ou qualquer outro tipo de recomendação. Por fim, leia essa lista em voz alta e pense como você a enxerga depois da leitura deste capítulo. Compartilhe essa experiência com colegas e/ou pessoas que gostam de ler.

2. Quando você lê um livro, costuma pesquisar sobre quem o escreveu? Pois saiba que essa é uma prática relacional e de crítica literária. Uma boa maneira de fazer isso é ler jornais literários, suplementos culturais e revistas com seções de literatura. Observe se esses veículos de comunicação estão concentrados em apenas uma região do país e se contemplam mulheres nos textos, incluindo as autorias desses textos. Se você souber ler em outras línguas, leia também. O importante é construir suas próprias reflexões diante dos textos, anotar e pensar sobre todas as possibilidades de leitura.

Atividade aplicada: prática

1. Já pensou em criar um clube de leitura? Nesta atividade, solicitamos que você se junte a outros colegas e crie um clube de leitura. Lembre que o formato de clube é interessante para a prática de articulação de leituras – discutir desde juízos de valor até escolhas narrativas, montagem de capítulos/versos etc. – e de construção de críticas literárias mais plurais, promovendo a escuta. O clube de leitura é uma ótima forma de perceber como os livros são escolhidos e recebidos. Rende uma boa discussão sobre o sistema literário e o apagamento/a visibilidade de autorias.

um O cânone e o polissistema: a literatura escrita por mulheres
dois **A trajetória da literatura feminina no Brasil**
três A literatura brasileira escrita por mulheres: prosa e poesia
quatro A crítica feminista e a literatura de autoria feminina
cinco A literatura feminina negra
seis Desafios contemporâneos

GABRIELA SZABO

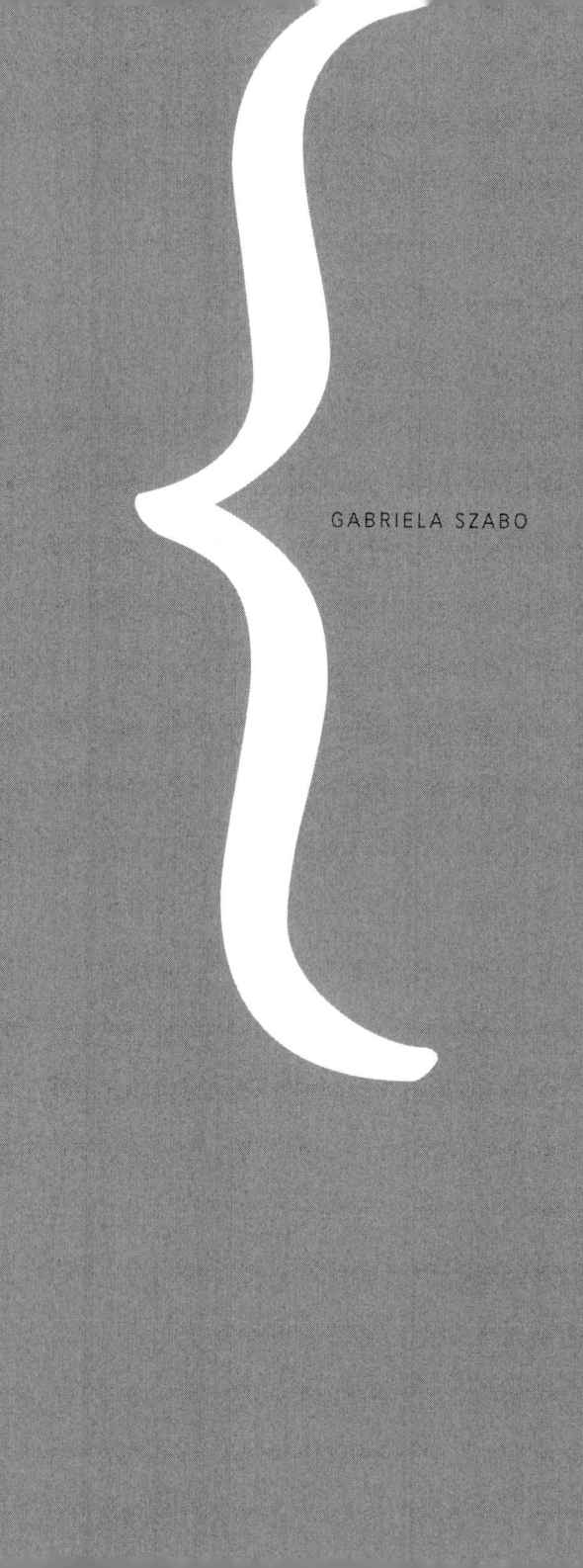

A MULHER IMPRIMIU EM seu discurso, em sua arte e em suas obras literárias o peso e a dor de uma subordinação que a emudecia, realidade esta que, durante séculos, parece não ter sido compreendida pelos homens, talvez por falta de motivação, por não ouvirem as reclamações quase sussurradas ou por considerarem natural esse lugar de subordinação que as mulheres ocupavam. Inúmeros podem ser os motivos pelos quais a relação mulher e literatura foi sempre inconstante, uma vez que o número de escritoras é substancialmente inferior se comparado ao número de escritores. Nesse contexto, foram poucas as escritoras que conseguiram romper as diversas formas e níveis de interdição nos diferentes períodos históricos. Neste capítulo, trataremos um pouco sobre elas.

doispontoum
A mulher na sociedade brasileira

Nesta primeira parte do capítulo, esboçaremos um panorama da condição feminina no cenário político e social no Brasil, desde a Colônia até o século XXI. Tal panorama servirá de base para que você possa compreender a evolução da representação das personagens femininas na literatura brasileira.

Mary Del Priore (2009), na obra *Ao sul do corpo: condição feminina, maternidades e mentalidades no Brasil Colônia*, constrói para o leitor um cenário detalhado a respeito da visão da sociedade sobre o corpo e o comportamento das mulheres no período colonial. A autora, baseada em documentos do século XVI ao século XVIII, resgata fatos que nos ajudam a compreender como três instituições – (1) a Igreja católica, (2) a metrópole e (3) a medicina – viram no corpo e na mentalidade da mulher um meio eficaz para normatizar e fazer prosperar a colonização das terras recém-descobertas. A Igreja católica viu nas novas terras a oportunidade de se fortalecer diante da ameaça da reforma protestante e se juntou com a metrópole para consolidar a gestação da colônia. O imperativo presente no discurso dos padres era a necessidade de as mulheres brancas se casarem e constituírem família para, assim, contribuírem com o projeto demográfico de preenchimento dos vazios populacionais com o máximo de urgência. Nesse âmbito, a construção da imagem da mulher dócil passou a ser largamente propagada e defendida. Foi um "longo processo de domesticação da mulher no sentido de torná-la responsável pela casa, pela família, pelo casamento e pela procriação, na figura da 'santa-mãezinha'" (Del Priore, 2009, p. 23).

Os moralistas, os pregadores e os confessores foram eloquentes porta-vozes do discurso normatizador e, por meio dos rituais da Igreja católica, conseguiram impregnar, vigiar e controlar a mentalidade da população, de modo que negros, brancos e índios passaram a comemorar os feriados cristãos, guardar o domingo, batizar-se, casar e morrer conforme os costumes católicos. A reza diária e a confissão foram caminhos para a Igreja adentrar na vida íntima das pessoas, e a Santa Inquisição teve um bom desempenho no processo de extirpar costumes e tradições ancestrais de africanos e indígenas. O projeto da Igreja de organizar a colônia foi realizado de modo tão eficaz que não permitiu às mulheres exercerem outros papéis que não os de mãe e de dona de casa; inclusive a possibilidade de se tornarem freiras foi vetado.

> Para a concretização de seu projeto, a Igreja lançou mão de outras armas, além do sistemático discurso normativo plantado no cotidiano religioso da Colônia, por exemplo, impediu que a mulher tivesse outros papéis que não aquele determinado pela vida familiar, proibindo os conventos. Em carta régia de 2 de setembro de 1602, nega-se à licença pedida pela Câmara da Bahia para erigirem-se, naquela cidade e em Pernambuco, mosteiros de freiras "pelo muito que convém povoar aquele estado de gente principal e honrada". (Beozzo, citado por Del Priore, 2009, p. 26)

Na segunda metade do século XIX, a preocupação em preencher os vazios populacionais com gente cristã já não era mais a única pauta; o debate sobre o perfil desse povo que tomava corpo – sobre quem era o brasileiro – ganhava espaço, de modo que a construção da identidade dos que moravam no Novo Mundo passou a ser muito discutida: Seria o negro? O índio? O português?

Os poetas românticos do início do século se preocuparam em pensar essa questão e viram no índio a representação do autêntico brasileiro. Influenciados pelas ideias de Rousseau e Montaigne, tomaram os nativos como representação do "bom selvagem". O índio, dessa forma, começou a ser objeto dos romances, deixando assim de ser visto como um animal sem alma (visão sugerida pelos primeiros colonizadores) e passando a fazer parte do imaginário das pessoas. Como afirma Miriam Lifchitz Moreira Leite (1984, p. 58), a miscigenação das diferentes etnias não contribuiu para tornar a população brasileira um grupo homogêneo. O que ocorreu foi que, em diferentes momentos do século XIX designava-se como brasileiras outras pessoas dependendo de que designasse e do elemento físico, para falar de alguém. Observou-se que uma rede de convenções, crenças, escritos e polêmicas maiores e menores foi necessária para construir a ideia de uma unidade nacional a que homens e mulheres, vivos e mortos estivessem ligados por um sentimento de dever e pertencer.

Outra imagem que se tornou tema principal dos poemas e da prosa do romantismo foi a mulher; os escritores desse período não só perpetuaram a imagem idealizada da mulher virginal e da santa-mãezinha como também intensificaram essa representação feminina domesticada. Características como pureza e delicadeza se tornaram ideais que toda mulher deveria almejar, e a fragilidade das personagens literárias era tão acentuada que muitas vezes elas sucumbiam em desmaios, fruto de abalos emocionais. A morte também foi outro destino para preservar a mulher longe de qualquer mácula moral, assim como a clausura, guardadas em quartos reservados das casas como verdadeiros anjos que pairavam sobre as impurezas do mundo: era preferível uma mulher morta a uma mulher que minimamente vivenciasse sua sexualidade. Segundo Leite (1984, p. 59): "Toda uma literatura de louvação à mulher aponta nela virtudes 'úteis' de capacidade de sacrifício e secundárias para mulheres no Brasil".

A pressão ideológica que determinava o papel social de cada indivíduo naquele contexto foi grande e, nessa distribuição de funções, alguns ficaram como modelos de conduta, como as mulheres brancas e os indígenas, e outros tiveram sua liberdade debatida e seu direito à vida questionado, como negros e negras escravizados; porém, os únicos que pensaram a identidade nacional e o projeto para o Novo Mundo foram os homens brancos. Tal processo é muito bem explicado em *Nações e nacionalismo desde 1780: programa, mito e realidade*, de Eric Hobsbawm (1990, p. 20), que defende que as nações se constituem principalmente pelo alto, "mas que, no entanto, não podem ser compreendidas sem ser analisadas de baixo, ou seja, em termos de suposições, esperanças, necessidades, aspirações e interesses das pessoas comuns".

A literatura romântica se configurou pelo esforço de construir a identidade nacional, assim como algumas instituições de pesquisa que eram dirigidas unicamente pelo sexo masculino, como o Instituto Histórico e Geográfico Brasileiro, que, em 1838, instituiu um prêmio a quem respondesse ao questionamento: "Como se deve escrever a História dos brasileiros" (Leite, 1984, p. 61). Nesse período, também foram organizadas coletâneas e antologias de escritores brasileiros considerados importantes, como as realizadas pelos críticos José Veríssimo, Sílvio Romero e Araripe Júnior, a "trindade crítica" (Araújo, 2008, p. 41) do século XIX, nas quais não aparece, como se pode imaginar, nenhuma mulher.

Contudo, como sentissem um constrangimento pelo apagamento da autoria feminina da literatura pairando no ar – porque, nesse momento, já havia mulheres escrevendo, como veremos mais à frente –, dois autores decidiram fazer um "agrado" às brasileiras e realizaram antologias que reuniam nomes de mulheres ilustres: as obras *Brasileiras célebres*, de Joaquim Norberto de

Souza Silva, publicada em 1862, e *Mulheres célebres*, de Joaquim Manoel de Macedo, publicada em 1878. Nessas antologias, diferentemente das coletâneas que reuniam homens escritores e intelectuais, agrupavam-se mulheres consideradas exemplos de castidade, de respeito à família, de recolhimento ao lar, mulheres virtuosas, ou seja, que se enquadravam perfeitamente nos padrões morais esperados para elas (Silva, 2004; Macedo, 1978). Nesses índices, não há exemplos de mulheres intelectuais, escritoras ou politizadas, como se elas não existissem. No entanto, apesar de toda essa pressão moral, muitas delas romperam esses padrões patriarcais.

Mesmo sem visibilidade, existiam mulheres politizadas, intelectuais e contestadoras dessa força silenciadora. Uma delas foi Ignez Sabino, autora da coletânea *Mulheres illustres do Brasil*, de 1889, além de contos, poesias e romances. A autora da coletânea foi muito perspicaz e percebeu as intenções normatizadoras que moviam Joaquim Manoel de Macedo e Joaquim Norberto de Souza Silva ao reunirem os nomes para compor suas antologias. Desse modo, logo no prefácio, Ignez Sabino faz importantes ponderações sobre os objetivos que a movem na organização de sua coletânea, afirmando que seu trabalho não é de uma florista, que recolhe as flores mais belas para fazer um buquê, como faz Joaquim Manoel de Macedo; seu critério foi a inteligência:

> Eu quero ressuscitar, no presente, as mulheres do passado que jazem obscuras, devendo elas encher-nos de desvanecimento, por ver que bem raramente na humanidade, se encontrará tanta aptidão cívica presa aos fatos da história.

> Faço, outrossim, salientar as que mais sobressaíram nas letras, a fim de que se conheça que houve alguém que amou a arte e viveu pelo talento, tirando-as, como as outras, da barbaria do esquecimento, para fazê-las surgir, como merecem, à tona da celebridade.
>
> A mulher não deve viver somente pelas virtudes, nem pelas graças: ela deve, necessita, agir pela inteligência, de acordo com os seus deveres morais e cívicos... (Sabino, 1996, p. IX)

Na obra de Ignez Sabino, há um importante movimento de resgate do silenciamento, pois ela recuperou e registrou nomes de escritoras, intelectuais e até mesmo de mulheres que lutaram em guerras nas quais o Brasil se envolveu e que só podem ser estudadas e pesquisadas no presente graças ao trabalho realizado por ela. A intelectual registrou nomes de escritoras que hoje são muito caras para os estudos sobre a condição feminina no século XIX e que poderiam ter sido apagados pelo tempo, como os de Maria Benedita Bormann e Nísia Floresta.

Em 1915, foi publicado um verdadeiro índex de romances que deveriam ser proibidos para as mulheres: o livro *Através dos romances: guia para as consciências* (Araújo, 2008).

> Nesse compêndio, constavam notas e comentários sobre milhares de livros, em especial, romances, e autores. Na verdade, um **índex brasileiro** mostrando condenação e interdição de livros contrários à fé e à moral cristã; um guia de censura católica à leitura. Seu alvo principal era a mulher – esteio moral do lar e guardiã da doutrina católica – que precisava, segundo seu autor, ser preservada de

influências desagregadoras que a desviassem de sua rota. (Araújo, 2008, p. 48, grifo do original)

Esse era o tom moral oficial, a expectativa que girava em torno das mulheres. Porém, corria por debaixo dessa normatização uma contracorrente que lutava por seus direitos desde 1827, quando se deu início à primeira das quatro ondas feministas que aconteceram no Brasil. Falaremos brevemente das duas primeiras correntes para compreender a preparação que culminou nas grandes conquistas da década de 1930, período muito importante tanto em relação à representação feminina por escritores homens quanto para a conquista de espaço para a escrita feminina, questão sobre a qual discorreremos mais à frente.

A principal luta da primeira onda feminista foi o direito básico de ler e escrever para as mulheres, pois, até então, escolas só existiam para meninos:

> A primeira legislação autorizando a abertura de escolas públicas femininas data de 1827, e até então as opções eram uns poucos conventos, que guardavam as meninas para o casamento, raras escolas particulares nas casas das professoras, ou o ensino individualizado, todos se ocupando apenas com as prendas domésticas. E foram aquelas primeiras (e poucas) mulheres que tiveram uma educação diferenciada, que tomaram para si a tarefa de estender as benesses do conhecimento às demais companheiras, e abriram escolas, publicaram livros, enfrentaram a opinião corrente que dizia que mulher não necessitava saber ler nem escrever. (Duarte, 2003, p. 153)

Nesse momento tivemos também uma intelectual de extrema importância para o movimento feminista, Nísia Floresta, responsável por trazer de além-mar a primeira onda do feminismo. Seu livro, intitulado *Direito das mulheres e injustiça dos homens* (1832), foi o primeiro no Brasil a tratar da importância da educação feminina, assim como o direito ao trabalho e ao respeito. Segundo Constância Lima Duarte (2003, p. 153, grifo do original):

> Este livro, inspirado principalmente em Mary Wollstonecraft (Nísia declarou ter feito uma "tradução livre" de Vindications of the Rights of Woman), mas também nos escritos de Poulain de la Barre, de Sophie, e nos famosos artigos da "Declaração dos Direitos da Mulher e da Cidadã", de Olympe de Gouges, deve, ainda assim, ser considerado o texto fundante do feminismo brasileiro, pois se trata de uma nova escritura ainda que inspirado na leitura de outros. Pode também ser lido como uma resposta brasileira ao texto inglês: nossa autora se colocando em pé de igualdade com a Wollstonecraft e o pensamento europeu, e cumprindo o importante papel de elo entre as ideias estrangeiras e a realidade nacional.

Podemos dizer que Nísia Floresta não somente muniu o movimento feminista do Brasil com material teórico sólido advindo da Europa como também foi ela mesma uma intelectual importante no cenário nacional, pois não realizou apenas uma tradução de *A Vindication of the Rights of Woman* (1792), de Mary Wollstonecraft, mas adaptou as ideias da teórica inglesa ao contexto brasileiro, tanto que se diz que realizou uma tradução livre da obra. Duarte (2003, p. 154, grifo do original) defende que ela realizou uma espécie de "**antropofagia libertária**", pela qual "assimila as concepções estrangeiras e devolve um produto pessoal, em que cada palavra é vivida e os conceitos surgem extraídos da própria experiência".

A segunda onda do feminismo no Brasil, que se iniciou por volta de 1870, caracterizou-se pelo espantoso número de jornais e revistas que tinham nítidas características da luta feminista, como *O sexo feminino* (1873-1889), editado por Francisca Senhorinha da Mota Diniz, que alertava as mulheres sobre a necessidade de conhecer seus direitos e o quanto a ciência dos homens contribui para a manutenção da opressão feminina. O sucesso do jornal pode ser medido pelo número de exemplares publicados: mais de 4 mil cópias dos 10 exemplares (Duarte, 2003). Outro jornal que se destacou foi *A família* (1888-1894), em que Josefina Álvares de Azevedo, em tom combativo, clama pela emancipação feminina e questiona a tutela do homem sobre a mulher, bem como registra cada conquista feminina na luta por equidade de direitos ou mulheres que concluíam o ensino superior no Brasil ou no exterior:

> Formem grupos e associações, fundem jornais e revistas, levem de vencida os tirocínios acadêmicos, procurem as mais ilustres e felizes, com a sua influência, aviventar a campanha em bem da mulher e seus direitos, no Brasil: e assim terão as nossas virtuosas e dignas compatriotas pelejado, com o recato e moderação naturais ao seu delicado sexo, pela bela ideia "Fazer da brasileira um modelo feminino de educação e cultura espiritual, ativa, distinta e forte". (Azevedo, citada por Duarte, 2003, p. 157)

Toda essa preparação nutriu de força a terceira onda feminista no Brasil, no início do século XX. Com vigor, as mulheres começaram o século reivindicando o direito ao voto, ao curso superior, à ampliação do campo de trabalho etc. Não queriam mais ser apenas professoras, mas trabalhar no comércio, nas repartições, nos hospitais e na indústria.

Muitos nomes se destacaram nesse período de intensa luta, como Bertha Lutz, bióloga formada pela Sorbonne, Universidade de Paris, que foi líder na luta pelo voto feminino e pela igualdade de direitos entre homens e mulheres no Brasil. Bertha Lutz participou insistentemente de audiências com parlamentares para discutir a situação das mulheres e publicou textos nos quais propunha a criação de uma associação feminina para se canalizar esforços isolados da luta feminina. Conseguiu fundar, com a ajuda de outras mulheres, a Federação pelo Progresso Feminino, que se espalhou por quase todos os Estados e durou quase 50 anos (Duarte, 2003).

> Após várias passeatas barulhentas, e de muita pressão junto aos políticos, conseguiram que um deles, o Senador Justo Chermont, apresentasse o primeiro projeto de lei em favor do sufrágio. Tal fato repercutiu tanto, e representou uma ameaça tão expressiva, que os antifeministas do Senado, da Câmara e da imprensa se uniram numa campanha sistemática de ridicularização das mulheres e dos poucos homens que as apoiavam, conseguindo atrasar o processo e arrastar a campanha do voto até 1928. Os argumentos continuavam os mesmos e expressavam a concepção masculina de família, de lar doméstico – onde a mulher era "rainha" – e dos "sagrados"

deveres femininos, considerados incompatíveis com qualquer participação na esfera pública. (Duarte, 2003, p. 160-161)

Em 1927, finalmente as mulheres do Rio Grande do Norte conquistaram o direito ao voto. O Estado em que Nísia Floresta nasceu tornou-se uma provocação para os demais Estados, e mulheres do Brasil inteiro passaram a reivindicar o mesmo direito. O Rio Grande do Norte também elegeu a primeira prefeita mulher da América do Sul, Alzira Soriano (1897-1963), em 1929.

No entanto, as mulheres do restante do Brasil só conquistaram o direito ao voto em 1932, quando Getúlio Vargas incorporou ao código eleitoral essa decisão, por meio do Decreto n. 21.076, de 24 de fevereiro de 1932 (Brasil, 1932). Esse foi um passo importante, mas apenas simbólico, pois, na prática, não pôde ser exercido tão cedo, uma vez que logo Vargas suspendeu as eleições, e as mulheres só exerceram o direito conquistado na disputa eleitoral de 1945.

Na década de 1960, o Estatuto da Mulher Casada – Lei n. 4.121, de 27 de agosto de 1962 (Brasil, 1962) – alterou mais de dez artigos do código civil em vigência. A lei retirou a obrigatoriedade de a mulher pedir autorização do marido para poder trabalhar, concedeu direito à herança e ao requerimento da guarda dos filhos e estendeu às mulheres o poder familiar, antes restrito aos homens (Brasil, 1962). Em 1977, as mulheres ganharam o direito de terminar o casamento pela Lei do Divórcio – Lei n. 6.515, de 26 de dezembro de 1977 (Brasil, 1977). A pílula anticoncepcional também lhes concedeu possibilidade para planejar a gravidez e ter maior liberdade sexual. O mundo sentia a força com que as mulheres exigiam sua liberdade. Estava tudo pronto para que conquistassem um teto todo seu, um lugar na universidade todo seu, um lugar no trabalho todo seu e um lugar na política todo seu.

doispontodois
A literatura de autoria feminina no Brasil: século XIX

Graças a trabalhos como o de Ignez Sabino no passado e de pesquisadoras que hoje realizam um exercício intenso de recuperação de autoras esquecidas pela crítica, como pretende a pesquisa do Grupo de Trabalho a Mulher na Literatura da Associação Nacional de Pós-Graduação e Pesquisa em Letras e Linguística (Anpoll), podemos dizer: "E, no entanto, elas escreveram!*.

Todavia, essas mulheres pediram permissão para isso, com muita timidez, como se percebessem que estavam adentrando um terreno no qual não eram esperadas, o que pode ser verificado em alguns prefácios ou posfácios de autoras do século XIX. Um exemplo está na obra de Julia Lopes de Almeida, o romance *Memórias de Marta* (1886), narrativa ficcional que, ao final, apresenta um apêndice em que a protagonista da narrativa justifica o fato de ter escrito o romance:

---

* Referência ao artigo *E, no entanto, elas escreveram!*, que trata do livro *Uma antologia improvável: a escrita das mulheres (séculos XVI a XVIII)*, organizado pela pesquisadora portuguesa Vanda Anastácio, no qual vários autores resgatam escritoras portuguesas que foram esquecidas pela crítica desde o século XVI (Ípsilon, 2013).

> Por ela e para ela escrevi estas páginas monótonas, mas profundamente sinceras, nelas pus toda minha vida; nelas notei todos os meus sentimentos bons ou maus; nelas lhes deixo um exemplo sublime, que não pude fazer ressaltar como devera, mas que é a melhor e a mais sagrada das lembranças – a bondade da avó. (Almeida, 2007, p. 166)

Outro exemplo interessante é o de Maria Benedita Bormann, autora citada na coletânea de Ignez Sabino que escreveu, entre outros romances, *Lésbia*, em 1890. Nesse romance, há um prefácio em que a autora justifica o suicídio da protagonista da história. Nele, Bormann traça um paralelo entre o suicídio de personagens masculinos dos livros escritos por autores e o suicídio das personagens femininas dos romances escritos por mulheres. Fica insinuado nessa passagem que, no caso dos personagens masculinos, está presente um capricho romântico no ato do suicídio, uma espécie de glamourização da morte, ao contrário do destino das personagens femininas, para as quais poucas saídas são apresentadas quando decidiram sair dos trilhos ou caminhos que a sociedade lhes traçou. Para Arabela, a protagonista do romance *Lésbia*, o suicídio se apresenta como uma saída menos dolorosa do que ceder para os padrões de comportamento sexual socialmente aceitos, de modo que o suicídio toma a forma de protesto.

Para situar melhor essa escolha da protagonista, é importante fazer um breve resumo sobre o enredo da obra. A trama desse romance gira em torno da construção da protagonista como intelectual e escritora, aborda a dificuldade que a personagem encontra para conciliar os papéis sociais que são atribuídos a ela e o quão difícil é alcançar a autonomia em relação a essas funções desgastantes para, assim, poder se dedicar à escrita. O trabalho não era uma escolha à qual as mulheres burguesas recorriam com frequência para conseguir a independência, visto que giravam em torno da mulher que trabalhava muitos preconceitos, bem como a ideia de que sua família podia estar passando por uma derrocada financeira. Para Arabela, portanto, havia duas opções: (1) casar-se ou (2) continuar na casa dos pais. A personagem se casa, porém o casamento não dura nem cinco dias e ela volta para a residência paterna (Bormann, 1998).

Podemos dizer que Maria Benedita Bormann se deparou com um impasse durante a construção da obra: como escrever um romance verossímil sobre o processo de construção de uma artista no Brasil do século XIX se, contraditoriamente, esse contexto não mostrava qualquer saída para viabilizar essa opção para as mulheres pobres. A alternativa que a autora encontrou foi um tanto mágica: Arabela ganha na loteria e (assim como Virginia Woolf ao ganhar uma pensão, referência à obra *Um teto todo seu*) pode passar a se dedicar exclusivamente à escrita e à própria formação – conquistando, assim, um "teto todo seu". Nesse momento, é como se a personagem passasse por um renascimento: ela deixa de se chamar *Arabela* e passa a assinar como *Lésbia*. A troca de nome da personagem pode nos dizer um pouco sobre a própria autora, que também assina seu romance com o pseudônimo *Délia*.

Duas parecem ser as possíveis razões que impulsionam Arabela e Maria Benedita Bormann a trocarem seus nomes e deixarem junto com eles o antigo papel subalterno: (1) a intenção de se esquivar de críticas moralistas direcionadas à ousadia do romance, por representar uma personagem que vivia plenamente sua liberdade sexual, sem se importar com os padrões morais da época; e (2) uma tentativa da autora de demonstrar o quão inviável era a possibilidade de uma mulher desempenhar o papel de escritora e intelectual ao mesmo tempo em que era dona de casa.

Outra escritora que conseguiu transpor obstáculos que se impunham à mulher foi Maria Firmina dos Reis; e não apenas o de ser mulher, mas o de ser uma mulher negra, fruto da relação de um homem branco com uma escrava, sendo considerada filha ilegítima na época, ou bastarda, pois foi concebida fora do casamento. Ela nasceu em São Luís do Maranhão, em 1825, foi professora do ensino primário e propôs a educação de ensino misto, com meninas e meninos na mesma sala, o que causou polêmica na época. Além de romances, escreveu poesias e, em 1846, seu livro *Úrsula* foi considerado o primeiro romance abolicionista no Brasil e o primeiro escrito por uma mulher. Essa obra ficou praticamente desaparecida durante décadas e hoje só temos acesso a ela graças ao trabalho de instituições como a Editora Mulheres, da Universidade Federal de Santa Catarina (UFSC), que também reeditou esta e outras obras, como as já comentadas *Lésbia* e *Mulheres ilustres*.

Maria Firmina dos Reis, ainda mais do que as autoras já citadas, preocupou-se muito, em seu prefácio, em pedir licença para escrever e justificar o fato de adentrar nesse terreno em que não tinha permissão. Antes de falar sobre o enredo da obra, cabe analisar brevemente a apresentação que a autora fez:

> Mesquinho e humilde livro é este que vos apresento, leitor. Sei que ele passará entre o indiferentismo glacial de uns e o riso mofador de outros, e ainda assim o dou a lume.
>
> Não é a vaidade de adquirir nome que me cega, nem amor próprio de autor. Sei que pouco vale este romance, porque escrito por uma mulher, e mulher brasileira, de educação acanhada e sem o trato e a conversação dos homens ilustrados, [...]
>
> Não a desprezeis, antes amparai-a nos seus incertos e titubeantes passos para assim dar alento à autora de seus dias, que talvez com essa proteção cultive mais o seu engenho, e venha a produzir coisa melhor, ou, quando menos, sirva esse bom acolhimento de incentivo para outras, que com imaginação mais brilhante, com educação mais acurada, com instrução mais vasta e liberal, tenham mais timidez do que nós. (Reis, 2018, p. 12-13)

A lucidez que encontramos no prefácio de Maria Firmina dos Reis está presente em cada uma das páginas de seu romance. A autora é dotada de um olhar perspicaz, capaz de visualizar as entrelinhas dos valores morais e éticos de seu contexto. Para tornar essa explicação mais clara, podemos fazer uma comparação com um escritor contemporâneo a ela, Joaquim Manoel de Macedo e sua obra *As vítimas-algozes: quadros da escravidão*, publicado dez anos após *Úrsula*, em 1869. A obra é composta de três contos pelos quais o autor tenta convencer o leitor da necessidade de se libertarem os escravos, o que, em um primeiro momento, parece nobre e humanista, porém, as justificativas que são elencadas para sustentar a ideia de liberdade para os negros causam mal-estar, como examinaremos a seguir.

Joaquim Manoel de Macedo vê a péssima condição de vida dos negros como determinante para cometerem crimes, entregarem-se aos vícios e alimentarem ódio contra os senhores (daí o termo *vítimas-algozes* no título da obra). O autor não acredita que esses comportamentos sejam intrínsecos à raça, mas que a condição do cativeiro os impulsiona: "Mas a sua ingratidão e a sua perversidade não se explicam pela natureza da raça, o que seria absurdo; explicam-se pela condição de escravo, que corrompe e perverte o homem" (Macedo, 2010, p. 29). O mal-estar que sentimos em relação ao olhar do autor sobre a escravidão é a visão unilateral das relações: ao negro é direcionada essa visão dual – vítimas, porém algozes –, questão que leva o leitor a se perguntar se a abordagem dualista serve aos brancos também – algozes, porém vítimas. A resposta é *não*. O branco é sempre vítima; mesmo quando aleija o escravo no tronco, ele está realizando um ato educacional. O autor tem uma visão adocicada dos proprietários de escravos, homens que sempre oferecem aos negros proteção, comida e abrigo, alguns até mesmo os adotam como se fossem da família, mas recebem do escravo em troca apenas a ingratidão: "Nunca em parte alguma do mundo houve senhores mais humanos e complacentes do que no Brasil, onde são raros aqueles que nos domingos contêm presos no horizonte da fazenda os seus escravos; em regra, todos fecham os olhos ao gozo amplo do dia santificado" (Macedo, 2010, p. 67).

O livro acaba sendo mais do que uma obra literária; é, na verdade, um tratado abolicionista que clama com urgência pelo abolicionismo para que assim aconteça o afastamento de brancos e negros, pois o escravo, ao ser vítima, torna-se algoz, um vilão que atenta contra a moral dos brancos, que são apenas vítimas da violência bárbara e da ingratidão dos negros. No final desse livro, sobra, além das frases finais de lição de moral, um terrível mal-estar, uma sensação diferente da sentida durante a leitura de *Úrsula*, que oferece uma visão humanista dos negros.

Para tornar essa comparação ainda mais clara, é relevante fazer uma breve explanação sobre o enredo de *Úrsula*. Logo no início, a autora parece travar um pacto ficcional com o leitor e o faz acreditar estar adentrando em mais um romance tipicamente romântico, com direito a um grande vilão, que se lançará contra o amor casto entre a donzela e o protagonista. Sim, há todos esses elementos na narrativa romântica em *Úrsula*, mas essa estrutura parece ser subvertida pela autora, quando ela preenche os espaços destinados a esses personagens com atores que fogem da expectativa de um romance romântico padrão, o que o faz diferente das obras que vinham sendo escritas até então.

A abertura de *Úrsula* é com a cena em que um escravizado, Túlio, salva a vida de um branco, Tancredo. A cena coloca o leitor diante de uma quebra de expectativa com relação ao comportamento dos personagens, pois o negro não se vinga do branco, não o deixando morrer em meio ao nada; ele não escuta qualquer desejo de vingança e realiza o ato de solidariedade. Outro traço inovador da narrativa de Maria Firmina dos Reis é o fato de ela dar voz ao personagem negro: o leitor sabe o que se passa na cabeça de Túlio, assiste ao desenvolvimento dos pensamentos do personagem e a luta que trava entre a possibilidade de uma vingança, de cometer um ato violento, e nem ao menos ser punido por isso, pois não haveria testemunha. Nesse embate, sobressaem seus valores éticos e humanos sólidos e Túlio salva o homem branco, um algoz em potencial, como é possível verificar no trecho a seguir, que é parte da problematização desencadeada em Túlio no momento que se depara com Tancredo desacordado:

> E o mísero sofria; porque era escravo, e a escravidão não lhe embrutecera a alma; porque os sentimentos generosos, que Deus lhe implantou no coração, permaneciam intactos e puros como a sua alma. Era infeliz, mas era virtuoso; e por isso seu coração enterneceu-se em presença da dolorosa cena, que se lhe ofereceu à vista. (Reis, 2018, p. 19)

Logo no início, é possível perceber a diferença entre a perspectiva de Maria Firmina dos Reis e de Joaquim Manoel de Macedo sobre a condição do escravizado. Ela foge de uma construção de personagens determinista, em que o negro estaria sempre orientado para a vingança ou para atos violentos. Na obra da autora, não somente Túlio, mas outros personagens negros, são dotados de uma densa consciência a respeito do papel social que desempenham, como é o caso da negra Susana. Todos os personagens negros do romance têm voz, e é por meio do discurso direto que a personagem Susana narra como era sua vida antes de ser escravizada. Esse é outro ponto que chama muito a atenção em *Úrsula*, pois, diferentemente da obra de Joaquim Manoel de Macedo, ou de *Escrava Isaura* (1875), de Bernardo Guimarães, Maria Firmina do Reis concede passado aos negros, descreve sua vida anterior ao cativeiro, expõe ao leitor uma complexidade ainda mais densa a respeito da condição social a que os escravizados estavam presos. Na seguinte citação, Susana, além de fazer alusão ao seu passado de liberdade, coloca-nos diante de uma dicotomia: quem era o bárbaro e quem era o civilizado:

> [...] Liberdade! Liberdade... ah! Eu a gozei na minha mocidade! – continuou Susana com amargura – Túlio, meu filho, ninguém a gozou mais ampla, não houve mulher alguma mais ditosa do que eu. Tranquila no seio da felicidade, via despontar o sol rutilante e ardente do meu país, e louca de prazer a essa hora matinal, em que tudo aí respira amor, eu corria às descarnadas e arenosas praias, e aí com minhas jovens companheiras, brincando alegres, com o sorriso nos lábios, a paz no coração, divagávamos em busca das mil conchinhas, que bordam as brancas areias daquelas vastas praias. Ah! Meu filho! Mais tarde deram-me em matrimônio a um homem, que amei como a luz dos meus olhos, e como penhor dessa união veio uma filha querida, em quem me revia, em quem tinha depositado todo o amor da minha alma: uma filha, que era a minha vida, as minhas ambições, a minha suprema ventura, veio selar a nossa tão santa união. E esse país de minhas afeições, e esse esposo querido, essa filha tão extremamente amada, ah Túlio! Tudo me obrigaram os bárbaros a deixar! Oh! Tudo, tudo até a própria liberdade! (Reis, 2018, p. 69-70)

As cenas que seguem a esse trecho descrevem o dia em que Susana foi capturada pelos brancos em seu continente de origem, a África. Nesse dia, Susana, como em todos os outros dias, havia deixado a filha com a avó para ir ao trabalho, porém, no caminho, foi apanhada como uma caça, como um animal, e a família jamais soube de seu paradeiro (Reis, 2018). O movimento que a autora faz nesse momento da narrativa é de aproximar a personagem do leitor. Susana amava o marido, a filha e trabalhava todos os dias como qualquer outra pessoa no mundo, mas, um dia, em razão da decisão arbitrária de um povo que se considerou superior a outro, foi violentamente retirada de sua família e de seu país para ser escravizada em outro. Nessa obra, diferentemente de em *Escrava Isaura*, também considerada um romance abolicionista, o negro não tem que se tornar branco para merecer a liberdade, ele já a merece, dado que essa era sua condição anterior, sua condição natural.

> Maria Firmina dos Reis introduz uma nova versão da negritude ao escapar da ideia de "alma branca", sempre presente na literatura escrita pelos brancos sobre o negro. Ela propõe uma nova visão do passado africano, respeita a alma africana e a vivência do negro no Novo Mundo. Ao reconhecer a vida anterior do escravo na África, dá corpo justamente àquilo que Frantz Fanon acusava faltar na descrição do negro: "Ele não tem cultura, não tem civilização, já não tem passado histórico". (Martin, 1988, p. 10)

Dissemos anteriormente que há na obra muitas das estruturas narrativas dos romances românticos: os papéis de herói, o anti-herói que se opõe ao romance desse herói, um clímax etc. Segundo esse modelo romântico, o amor verdadeiro se concretizava entre jovens de uma mesma classe social, em geral, com uma moça de classe média, filha de uma família tradicional, segundo os padrões da época, como Carolina, de *A moreninha* (1844), de Joaquim Manoel de Macedo. Essa questão é até mesmo usada como mote por José de Alencar em *Senhora* (1875), obra em que o autor coloca lado a lado transações comerciais e arranjos matrimoniais da época; em vários momentos, os personagens discutem a cotação das relações amorosas, como no trecho a seguir, em que Fernando Seixas deixa isso bem claro:

> Lembrou-se da moça dos cem contos, que lhe haviam proposto na véspera. Para ostentar sua riqueza nos salões, diante dessa mulher enfatuada de seu ouro, valia a pena casar-se, ainda mesmo com sujeita feia e talvez roceira. A roça é viveiro de noivas ricas onde se provê a mocidade elegante da corte [...]. (Alencar, 1993, p. 56)

Aurélia, na condição de órfã e pobre, é rejeitada pelo ambicioso Fernando Seixas. Úrsula conta com um perfil muito parecido com o de Aurélia, moça pobre que vive apenas com a mãe, a qual se separou do marido que era um verdadeiro déspota para as duas. Elas preferiram fugir de casa e viver em situação muito humilde do que sob essa forma de autoridade:

> Não sei por quê; mas nunca pude dedicar ao meu pai amor filial que rivalizasse como aquele que sentia por minha mãe, e sabeis por quê? É que entre ele e sua esposa estava colocado o mais despótico poder: meu pai era o tirano de sua mulher; e ela, triste vítima, chorava em silêncio, e resignava-se com sublime brandura. (Reis, 2018, p. 39-40)

Mas ser pobre, não possuir um dote e ser filha de um lar considerado desestruturado para a época, por não ter a presença da figura paterna, não foram critérios vistos como empecilhos para Tancredo se apaixonar pela moça. O rapaz, um bacharel e filho de família muito rica, se apaixona por Úrsula mesmo sabendo de sua situação financeira e familiar. Contudo, a ausência de preconceito social entre os dois não é suficiente para que o casal viva um amor pleno, pois à união se interpõe um antagonista, o pai de Tancredo, também descrito como um verdadeiro terror para sua mãe e que não consegue aceitar o fato de Úrsula ser órfã e pobre. Tancredo se rebela contra o pai e se casa com a moça humilde e sem qualquer dote. O que se tem claro nesse romance é a voz da subalterna expondo o quanto preconceitos de classe e raça são cruéis e injustificáveis, pois apartam e oprimem indivíduos humanamente iguais, interpondo-se a paixões verdadeiras.

Esse livro, que oferece uma perspectiva moral muito diferente dos romances canônicos, foi esquecido pela crítica do passado, mas hoje vem sendo recuperado. O reconhecimento é tímido e sua circulação ainda ocorre apenas no meio acadêmico, especificamente entre os pesquisadores interessados na discussão sobre a mulher e a literatura. Nas poucas análises dedicadas à obra, todas salientam sua contribuição para a literatura de assuntos que ainda não haviam sido tematizados e pela construção complexa da subjetividade dos negros. Essa característica já seria suficiente para a crítica literária valorizá-la mais e até mesmo colocá-la ao lado de autores românticos brasileiros, pois condiz com a noção de valor e função de Antonio Candido (2011).

Úrsula sem dúvida contribuiu para o processo que confirma o homem, ideia defendida por Candido (2011, p. 182) em "O direito à literatura":

> Entendo aqui por **humanização** [...] o processo que confirma no homem aqueles traços que reputamos essenciais, como o exercício da reflexão, a aquisição do saber, a boa disposição para com o próximo, o afinamento das emoções, a capacidade de penetrar nos problemas da vida, o senso da beleza, a percepção da complexidade do mundo e dos seres, o cultivo do humor. A literatura desenvolve em nós a quota de humanidade na medida em que nos torna mais compreensivos e abertos para a natureza, a sociedade, o semelhante. (Candido, 2011, p. 182, grifo do original)

A humanização do leitor em *Úrsula* ocorre pelo movimento de distanciamento de sua própria vida para adentrar na vida do outro. Ao nos apresentar o passado do escravizado, seus dilemas interiores e as razões que impulsionam o comportamento dos personagens, Maria Firmina dos Reis propõe uma mudança de compressão do mundo, de uma perspectiva diferente, não convencional.

Para concluir essa explanação sobre a representação feminina no século XIX, vale discorrer brevemente sobre o romance *A carne*, de Júlio Ribeiro, publicado em 1888, pois nos ajuda a vislumbrar em sua recepção crítica o quanto a sociedade no final do século ainda estava fechada a aceitar algumas construções de personagens femininas na literatura. O romance foi classificado como um verdadeiro escândalo para a moral da época, tanto pelas cenas sensuais entre Lenita e Barbosa, protagonistas do romance, quanto pela construção de uma personagem feminina como intelectual e contestadora dos valores morais da época (Ribeiro, 1888). As críticas de contemporâneos ao lançamento da obra, como as de Alfredo Pujol e José Veríssimo, parecem ter imunizado o romance de Júlio Ribeiro de uma discussão mais cuidadosa, pois cristalizaram a ideia de um texto que apelou para a pornografia e pela maneira descuidada e inverossímil com que foram construídas as personagens femininas.

A história de *A carne* gira em torno do relacionamento de Lenita e Barbosa em uma fazenda no interior de São Paulo, que sustenta toda sua produção de cana-de-açúcar sobre a mão de obra escrava na década de 1880. Lenita chega a essa fazenda depois da morte do pai, que a criou sozinho após o falecimento da mãe. Para ela, o pai direcionou a mais dedicada educação sobre ciências, filosofia, línguas, artes plásticas e música, bem como a fez acreditar que, mesmo sendo mulher, poderia fazer valer suas escolhas na vida, até mesmo porque era uma mulher rica e, assim, realizar suas vontades não seria difícil. Ao chegar à fazenda, Lenita conhece Barbosa, filho de seu tutor, por quem se encanta, pois viu nele a possibilidade de discutir assuntos tão refinados e elevados pelos quais poucas pessoas poderiam excursionar (Ribeiro, 1888).

O que chama mais a atenção e é importante para esse trabalho é a construção de Lenita. Ao que se pode notar, Pujol (2002, p. 324) não percebeu nenhuma dessas questões em *A carne*, pois considerou Júlio Ribeiro um autor muito inferior aos moldes dos quais se filiou: "eu supunha que o livro de Júlio Ribeiro fosse digno da escola a que se filiara, que encerrasse um estudo meditado, profundo, sério, honesto, inteiramente vazado nos moldes que produziram Germinal, Madame Bovary [...] Frustrou-se, porém, a minha expectativa". Lenita é uma moça rica e culta, que percebe com nitidez as incoerências dos valores morais da época e tem dificuldade para se enquadrar neles. Ela, assim como Bovary (de quem Pujol acha que Ribeiro está distante em relação à qualidade literária), ousa se comportar como um homem, sentir desejo, valorizar sua satisfação sexual como qualquer indivíduo do sexo masculino.

> Se era a necessidade orgânica, genésica de um homem que a torturava, porque não escolher de entre mil procos um marido forte, nervoso, potente, capaz de satisfazê-la, capaz de saciá-la? E se um não lhe bastasse por que não conculcar preconceitos ridículos, por que não tomar dez, vinte, cem amantes, que lhe matassem o desejo que lhe fatigassem o organismo? Que lhe importava a ela a sociedade e as suas estúpidas convenções de moral? (Ribeiro, 1888, p. 43)

Talvez seja por tudo isso que o romance foi tão mal recebido pelos críticos da obra, por se distanciar das expectativas em torno do comportamento feminino da época. Alfredo Pujol (2002, p. 324, grifo do original), em sua crítica, afirma: "*A Carne* é uma obra de escândalo; não visa fim literário. É um misto de ciência e pornografia; é um *pandemonium* sem classificação da história da literatura". O crítico também considera que a personagem, vencida pela histeria, tornou-se uma verdadeira prostituta em busca de prazer e liberdade:

Lenita, como um exemplar da moça brasileira, é um tipo falso, absurdo, puro resultado de fantasia, mas de fantasia infeliz, que não conseguiu dar-lhe condições psicológicas que determinassem o fim a que chega Lenita. No domínio da fisiologia – nos traços gerais da nevrose – pode o tipo ser verdadeira. De fato, é perfeitamente científica a forma vaporosa em que a princípio se manifesta a histeria de Lenita, bem como a forma psíquica, em que degenera aquela, produzindo a perversão do caráter e a tendência impulsiva que conduz à prostituição. (Pujol, 2002, p. 327, grifo do original)

José Veríssimo (1978, p. 189), assim como Pujol (2002), aponta para a inverossimilhança na construção da personagem:

Lenita é a menos verdadeira das criações femininas do romance brasileiro. É apenas uma ridícula boneca mal e indecentemente animada por alguém a quem falece o *quid* divino, que faz reviver na obra de arte os tipos de vida real. As mulheres de Alencar, apesar do exagerado idealismo do grande romancista, são, não há negar, brasileiras por uma porção de circunstâncias que me falta espaço para analisar. Têm a simpatia fácil, amor a um tempo recatado e namorador, a sentimentalidade um pouco piegas mas sincera, o fundo inconsciente de honestidade burguesa da brasileira.

Porém, após cinquenta anos, já no século XX, depois das críticas de Pujol e Veríssimo, ainda se ouviria na voz de intelectuais importantes alguns preconceitos arraigados sobre as mulheres. Manuel Bandeira, em 1940, no discurso de posse da cadeira 24 da Academia Brasileira de Letras (ABL), homenageou Júlio Ribeiro, patrono da cadeira que lhe foi dedicada. No texto, o poeta enaltece a coragem de Júlio Ribeiro ao escrever o romance e ter enfrentado a moralidade da época; no entanto, pontua alguns aspectos que considera defeituosos na obra, como o momento em que Lenita rompe com Barbosa: "O desfecho trágico é introduzido por um rompimento de Lenita sem base na psicologia feminina, porque nenhuma mulher romperá com o amante, sem explicações, pelo simples fato de descobrir algumas relíquias de aventuras amorosas anteriores, completamente acabadas" (Bandeira, 2023).

A impressão que se tira desse trecho é que o poeta estranha o comportamento de Lenita, pois, colocando de maneira irônica, é como se essa conduta não estivesse prevista no catálogo de condutas da psicologia feminina. A posição de Manuel Bandeira é interessante, pois indica que a passagem do século XIX para o XX não significou uma grande transformação na visão que se tinha de mulher. Do mesmo modo, pode-se dizer sobre a condição social da mulher e sua relação com a literatura; nas duas primeiras décadas desse novo século, poucas mudanças aconteceram, e as mulheres continuaram a ser vigiadas em suas leituras e comportamentos e ainda não tinham conquistado o direito ao voto.

doispontotrês
A literatura de autoria feminina no Brasil: século XX

Diferentemente da primeira e da segunda onda feminista, que se caracterizaram pela conquista da escrita no espaço da imprensa e de direitos como cidadãs, a terceira onda teve pela primeira vez o nome de uma escritora reconhecido por grande parte da crítica; trata-se de Rachel de Queiroz, que estreou com a obra *O quinze*, em 1930. Graciliano Ramos (citado por Duarte, 2003, p. 164) chegou a desconfiar que quem escreveu esse romance fosse um homem:

> *O quinze* caiu de repente ali por meados de 1930 e fez nos espíritos estragos maiores que o romance de José Américo, por ser livro de mulher e, o que na verdade causava assombro, de mulher nova. Seria realmente de mulher? Não acreditei. Lido o volume e visto o retrato no jornal, balancei a cabeça:

> Não há ninguém com esse nome. É pilhéria. Uma garota assim fazer romance! Deve ser pseudônimo de sujeito barbado.

> Depois, conheci *João Miguel* e conheci Raquel de Queirós, mas ficou-me durante muito tempo a ideia idiota de que ela era homem, tão forte estava em mim o preconceito que excluía as mulheres da literatura. Se a moça fizesse discursos e sonetos, muito bem. Mas escrever *João Miguel* e *O quinze* não me parecia natural

O assombro de Graciliano Ramos, ao que parece, não se deve a uma visão preconceituosa em relação às mulheres, ao fato de considerá-las incapazes de escrever um texto de denúncia social, mas advém de uma surpresa diante do rompimento do silêncio do qual Rachel de Queiroz foi protagonista. Não que as mulheres não tivessem publicado – citamos alguns nomes de importantes autoras que a antecederam –, mas o que a autora de *O quinze* fez foi invadir uma área da literatura que era dominada por homens. Ela se apropriou de um formato de romance que estava em mãos masculinas e o levou além: não só escreveu um romance regionalista com forte teor de denúncia da desigualdade social, mas apontou que o sofrimento das classes menos favorecidas e desassistidas pelo Estado é potencializado pelas catástrofes naturais e, principalmente, ofereceu a primeira representação de mulher politizada para a literatura brasileira.

Nesse sentido, é importante fazer outro adendo a respeito da colocação de Graciliano Ramos sobre a obra de Rachel de Queiroz: o fato de ele ter achado que a autora fosse um homem. Esse comentário pode ser visto, em um primeiro momento, como uma virtude da autora, pois a escrita masculina estaria supostamente colocada como parâmetro de boa qualidade: se Rachel de Queiroz escreve como um homem, logo, escreve bem. Porém, essa linha de pensamento esconde algo muito problemático, que pode induzir à ideia de uma limitação de visão da autora em relação a seu lugar de subalternidade como mulher e, dessa forma, replica preconceitos e estereótipos da representação feminina. Mas isso também não é verdade, pois, como dissemos, Rachel de Queiroz deu um grande passo no modo de representar o gênero feminino.

Conceição, de *O quinze*, é a primeira personagem politizada na literatura brasileira e a primeira personagem feminina que fugiu dos papéis extremos da prostituição ou do casamento, funções atribuídas a muitas mulheres nos romances do período.

Outra importante autora destoante no modo de representar a mulher foi Lúcia Miguel Pereira, autora de *Maria Luiza*, *Em surdina* e *Cabra-cega*. Segundo Bueno (2006, p. 303):

> O caso mais importante, ao lado do de Rachel de Queiroz, que depois de João Miguel, de 1932, só voltaria a publicar um romance em 1937, foi o de Lúcia Miguel Pereira. Em 1933, quando o romance proletário parecia ser a única forma possível de fazer literatura de ficção no Brasil, ela publicou dois romances que tinham protagonistas femininas vivendo grande crise em relação aos papéis pré-determinados que teriam que exercer vida a fora: Maria Luiza e Em Surdina.

Maria Luiza centra-se no modo formal e disciplinado com que a protagonista toca sua vida como dona de casa: "Não podia acreditar honestas mulheres que cuidassem de alguma coisa além da casa e dos filhos. Confundia, na mesma condenação sumária e inflexível, as elegantes e as intelectuais" (Pereira, citada por Bueno, 2006, p. 306). A personagem tem orgulho de sua retidão de caráter, a vê como inabalável, até receber a visita de um amigo do marido, que se ausentou de casa nesse período por motivos de viagem. Ela é seduzida pelo visitante e vê se diluir toda a base que a permitia julgar e condenar aqueles que estão a sua volta. Lúcia Miguel Pereira se destacou nesse cenário, tal qual Rachel de Queiroz, como uma voz que propôs o debate da condição feminina. O romance *Cabra-cega*, de 1954, que Lúcia Miguel Pereira publicou 20 anos depois de sua estreia como escritora, revela uma visão perspicaz de uma sociedade que fazia questão em manter um padrão de comportamento da família tradicional, mesmo sabendo que algumas peças já não cabiam mais nos quadradinhos que lhes foram dedicados. O leitor vê, pelas mãos das personagens, a casa patriarcal ruir (Bueno, 2006).

Outra obra importante, porém muito criticada, foi *Parque industrial*, de Patrícia Galvão, conhecida como *Pagu*. O rótulo de obra panfletária acabou por deslegitimar suas qualidades literárias. Não queremos entrar no mérito da discussão do teor de propaganda política que há na obra, e sim salientar o primeiro passo que Pagu deu em direção à representação da mulher pobre e operária. A autora constrói um panorama dos valores morais da época, cenário no qual o mesmo pecado pode ser julgado de diferentes formas, a depender da posição social de quem o cometeu (Galvão, 2006). Perder a virgindade, nesse contexto, pode ser uma tragédia na vida de uma mulher operária negra e pobre, como é o caso de Corina, que acaba na prostituição, mas pode ser apenas uma pequena preocupação na vida de uma moça da classe média, ou nem isso, como é o caso de Eleonora: "Eleonora adormece, pensando. Está tudo certo, aquele ela não pegará mais! É tratar de esconder dos pais e arranjar um trouxa!" (Galvão, 2006, p. 40).

A construção de todas as personagens de *Parque industrial* é interessante, porém a forma como a vida de Corina é conduzida ao longo da narrativa chama a atenção. Para ela, nenhuma saída se apresenta; grávida do homem que lhe tirou a virgindade e fugiu, é empurrada para a prostituição. Durante os programas, calcula com quantos mais tem que se deitar para poder conseguir o dinheiro para comprar o berço do bebê. Esse é um momento tenso do texto, pois a autora converge para a mesma mulher, para o mesmo momento, papéis que, a princípio, são mutuamente excludentes: uma mulher grávida, uma mãe, e a prostituta. Por conta das doenças venéreas que contraiu durante o período em que se prostituía, a criança nasceu sem pele e os médicos se assustam, porém, ninguém a ouve, ninguém escuta suas justificativas. Trata-se de uma cena que poderia estar em uma peça de teatro do absurdo. Dessa forma, Corina vai sendo empurrada até seu destino final, a cadeia, uma vez que acreditam que a criança nasceu daquela forma em razão de uma tentativa de aborto. Pagu foi acusada pela crítica contemporânea à publicação de sua obra por ter trazido para a literatura a linguagem da rua, mas, na verdade, não foi só a linguagem que ela levou para a literatura, foi a rua inteira, com todos os personagens que nela habitam.

Como se pode perceber, a década de 1930 se configurou como um período em que o leque de possibilidades de papéis sociais e destinos para as personagens femininas se ampliaram; apareceram, nas obras de autores e autoras, as primeiras mulheres politizadas e intelectuais, assim como as operárias da cidade grande. Como afirma Luís Bueno (2006, p. 333): "Embora figurados a partir de olhares muito diferentes, o proletário e a mulher compõem juntos, para o bem e para o mal, o movimento do romance de 30 para fora das fronteiras da intelectualidade brasileira". A representação do outro, do subalterno, é posta como problema na década de 1930 e podemos dizer que a geração posterior, da década de 1940, encontra o caminho da ficcionalização do subalterno já aberto; eles sentem o mesmo desconforto da construção ficcional dos indivíduos que estão calados, como falar sobre quem está destituído de voz.

Nesse âmbito, é possível afirmar que a questão da representação das minorias é um bastão que Clarice Lispector toma da geração de 1930 e leva adiante; a geração de 1940 colocou no centro da discussão a construção da subjetividade do pobre, da mulher, da criança, a fim de entendê-los.

Consideramos importante frisar que o título de autora introspectiva, psicológica, não dá conta da obra de Clarice Lispector, das possibilidades de lê-la – uma leitura social de seu texto. Clarice Lispector realmente faz um mergulho no interior de suas personagens, mas, para mostrar como elas enxergam o mundo no qual estão mergulhadas, um mundo crivado de injustiças sociais. Ela tensiona até mesmo o que Virginia Woolf, em *Um teto todo seu*, chama de *escrita andrógina* e cria Martin, de *A maçã no escuro*, de 1961, e Rodrigo, de *A hora da estrela*, narradores masculinos, que imprimem na narrativa as impressões que têm da mulher que sofre a violência do patriarcalismo ou da nordestina que transita pela cidade do Recife.

É como se autora dissesse que, já que a voz feminina não tem legitimidade para fazer denúncia social, então ela vai narrar a história pela voz de um homem: "Aliás – descubro eu agora – também eu não faço a menor falta, e até o que escrevo um outro escreveria. Um outro escritor, sim, mas teria que ser um homem porque escritora mulher pode lacrimejar piegas" (Lispector, 1977, p. 14). A Macabéa a que temos acesso, dessa forma, é a que

Rodrigo S. M. nos oferece, construída pela vontade desse narrador de falar por ela. Para ele, no ato de falar pela "muda" Macabéa, não existe nenhum problema; ele a vê como muda, pois a percebe como um bicho, destituído de linguagem; o narrador não sabe que, na verdade, ela não fala porque ele não fez um esforço para transpor a distância social e intelectual que há entre eles e, assim, ouvir seus sussurros.

Podemos dizer que as escritoras do século XX procuraram fazer uma leitura do Brasil, com graus diferentes de complexidade em relação à manipulação da linguagem e à construção ficcional, tentando dizer o que é ser mulher brasileira.

doispontoquatro
A literatura de autoria feminina no Brasil: século XXI

Sinfonia em branco (2001) é o segundo romance da autora carioca Adriana Lisboa e recebeu o Prêmio Literário José Saramago em 2013. Nesse romance, as irmãs Clarice e Maria Inês foram criadas na fazenda, no interior do Estado do Rio de Janeiro. Clarice, a mais velha, foi desde sempre criada para se casar com um rico fazendeiro, e Maria Inês, sem expectativas dos pais sobre seu destino, teve a liberdade de casar-se e ir morar na capital do estado. As duas irmãs compartilham de um passado nebuloso, um pai taciturno e enigmático e um estupro de Clarice, pelo próprio pai, do qual Maria Inês foi testemunha. O romance é o remoer desse passado, a impossibilidade de se curar dele, o desnudar das duas realidades diferentes que Clarice e Maria Inês ocupam e como cada uma se configura como mulher nesses espaços (Lisboa, 2013).

Podemos dizer que a temática da obra se assemelha muito às obras *Cabra-cega*, de Lucia Miguel Pereira, e *O Lustre*, de Clarice Lispector. As três obras tencionam a permanência dos valores patriarcais arcaicos sobre a vida das mulheres em pleno século XXI, em uma vida moderna e potente no meio urbano. Porém, a construção narrativa de Adriana Lisboa (2013) traz algo novo e que caracteriza a narrativa contemporânea brasileira: a experimentação com a estrutura narrativa. A autora cria um verdadeiro labirinto que traga o leitor e o faz sentir a vertigem da personagem Clarice quando retorna à casa de infância para reencontrar a irmã e os cenários nos quais foi violentada pelo pai. A personagem, a todo momento, pondera os caminhos que poderia ter percorrido caso o abuso não tivesse acontecido, construindo, assim, um ir e vir de possibilidades, de causas e consequências.

> Um homem. E uma menina que queria ser menina, apenas. Que não tinha a menor intenção de anos depois, usar uma faca Olfa afiada sobre os próprios punhos. Que não se imaginava alcoólatra ou cocainômana, mas sim, talvez, uma professora de ciências. Ou uma artista – escultora, claro. Uma mulher bonita longilínea elegante mãe de três meninos e três meninas casada com escritor bonito e famoso que fumasse cachimbo. Dona de três dálmatas, dois poodles e um basset. Saindo para fazer compras na cidade com sua irmã mais nova que seria uma bailarina famosa. Rindo. Bebendo chá. Viajando de avião. (Lisboa, 2013, p. 271-272)

A narrativa, por meio de *flashbacks*, guia o leitor por caminhos que foram vetados às personagens por conta da adulterações de trajetos, da imposição do ato violento do pai, e o inebria nessa sensação de embriaguez, fazendo-o entrar na dor de Clarice, compartilhar a tontura que o álcool causa na personagem para se distanciar da dor.

Outra autora que se destaca pela forma de construir uma narrativa única é Luci Collin, curitibana que já recebeu muitos prêmios e está em um momento de intensa produção. *Experimental* talvez seja a palavra que traduz seu texto, já que a autora junta, como numa colcha de retalhos, gêneros textuais diferentes e carregados de significados, como podemos perceber na obra Inescrito, publicada em 2004. Para exemplificar a dinâmica da construção narrativa de Luci Collin, tomamos o conto "Parto do nada", que compõe a referida coletânea. A narradora do conto, por meio da escrita, tenta construir sua história. Ao mesmo tempo que tenta parir um texto, busca parir a si mesma e a própria história, mas há sempre um resvalo, uma impotência e um fracasso:

> "Pretendia clareza mas o vocabulário é escasso e não chega nunca até lá" (Collin, 2004, p. 23).
>
> "Meus dedos sujos de tinta e a tela vazia" (Collin, 2004, p. 23).
>
> "A página. Repleta de predicativos, de adjuntos, de agravamentos, mas vazia, fosca, miúda" (Collin, 2004, p. 23).

> "O crítico comentou que eu preciso de enredos, não posso ficar patinando na invenção de cores inapagáveis, sabe mais o quê. E eu fico" (Collin, 2004, p. 23).

Nesse contínuo fracasso, o sujeito pós-moderno, seja ele masculino, seja feminino, está descentrado, deslocado. Pensar em uma identidade fixa é o problema no mundo contemporâneo.

Durante a discussão deste capítulo, tentamos observar como ocorreu a construção da identidade das mulheres como sujeitos-históricos ao longo da história do Brasil, bem como a representação das personagens femininas na literatura. Assim, verificamos uma tentativa de construção da identidade da mulher aos moldes das expectativas da metrópole sobre a colônia, a elaboração de uma identidade da mulher brasileira no século XIX, o pensar e o repensar dessa identidade no século XX, e chegamos ao presente, com a suspensão e a desconstrução de toda essa necessidade de unidade e suposta tradição. Luci Collin, não apenas nesse conto, mas em muitas outras obras, tenciona o que está estável, o que é visto como base, jogando o leitor para um não lugar. No solo movente de Luci Collin, nem a linguagem serve como apoio, pois até mesmo ela é posta em questão.

doispontocinco
Representações de gênero na literatura brasileira contemporânea

Durante este capítulo, procuramos traçar um itinerário histórico sobre a representação das personagens femininas ao longo da história da literatura brasileira, de musa inspiradora do romantismo a uma autorrepresentação quase abstrata, quase não figurativa, como na obra de Luci Collin. Nos centramos nas obras de autoria feminina, mas, ao longo do trajeto de construção de uma representação feminina complexa e não normativa, alguns escritores se debruçaram nessa questão com seriedade e comprometimento, como é o caso de Graciliano Ramos, em *São Bernardo*, de 1934. Paulo Honório, típico patriarca e narrador da trama, direciona uma energia imensa para dominar Madalena, porém não consegue sujeitar essa mulher intelectual e politizada, uma vez que não consegue compreender esse outro. A mulher que escolheu apenas por ser "uns peitos e umas pernas" torna-se uma lacuna, um inferno para Paulo Honório.

Em 1930, há uma grande mudança na forma de se representar o outro, aquele que não sou eu, homem escritor branco; há uma lacuna que precisa ser pensada e problematizada: a mulher, a criança, o operário, a prostituta. Caminhos fáceis não são mais aceitos. O domínio do discurso pelos homens, o monopólio da representação por eles é corroído, e a escrita das mulheres, das mulheres pretas, da periferia, ganha solo mais consistente; não que não tivessem escrito desde o começo, mas agora passam a ser ouvidas; o subalterno conquista seu lugar discursivo.

Aos poucos, Macabéas e Carolinas Marias de Jesus ganham o papel principal. Observar a visão que essas autoras estão oferecendo é sair de uma limitação que procurava organizar seus "protagonistas ao redor de um conjunto de oposições simples: nação-império, povo-oligarquia, para citar dois exemplos clássicos. Eles formavam o povo dos explorados, dos traídos, dos pobres, da gente simples, dos que não governam, dos que não são letrados" (Sarlo, 2007, p. 115). É fundamental dar voz aos invisíveis do passado, às mulheres, aos marginais, aos submersos, aos subalternos.

Síntese

Neste capítulo, construímos uma trajetória histórica sobre a condição social feminina e a autoria feminina no Brasil, desde o século XVI até os dias atuais. Nesse esforço, verificamos as conquistas políticas e sociais protagonizadas pelas mulheres e como elas modificaram o cenário da literatura feminina, transformaram a representação das personagens e garantiram espaço no mercado editorial.

Atividades de autoavaliação

1. Sobre a obra de Maria Firmina dos Reis, assinale a alternativa incorreta:
   a. Foi a primeira política negra no estado do Rio de Janeiro.
   b. Foi professora do ensino primário, propôs a educação de ensino misto, com meninas e meninos na mesma sala, o que gerou forte polêmica na época.
   c. Seu livro *Úrsula* ficou praticamente desaparecido durante décadas.
   d. *Úrsula* foi considerado o primeiro romance abolicionista no Brasil.
   e. Foi uma importante autora do simbolismo brasileiro.

2. Relacione as colunas indicadas a seguir:

(1) Rachel de Queiroz	( ) Autora que conjuga construção psicológica complexa de suas personagens com análise de seus contextos sociais, porém ficou conhecida apenas como autora introspectiva.
(2) Pagu	( ) Teórica importante, que muniu o movimento feminista do Brasil com material teórico sólido.
(3) Clarice Lispector	( ) Autora de obra sobre a seca que invadiu uma área da literatura dominada pelos homens no Brasil.
(4) Nísia Floresta	( ) Foi acusada pela crítica contemporânea de trazer a linguagem da rua para sua obra.

Agora, assinale a alternativa que apresenta a sequência correta:

a. 4, 3, 1, 2.
b. 3, 2, 1, 4.
c. 2, 1, 3, 4.
d. 3, 4, 1, 2.
e. 1, 3, 2, 4.

3. Qual das seguintes escritoras brasileiras é conhecida por sua atuação no movimento feminista?
   a. Rachel de Queiroz.
   b. Lygia Fagundes Telles.
   c. Carolina Maria de Jesus.
   d. Conceição Evaristo.
   e. Luci Collin.

4. Quem foi a primeira mulher a ingressar na Academia Brasileira de Letras (ABL)?
   a. Rachel de Queiroz.
   b. Clarice Lispector.
   c. Cecília Meireles.
   d. Carolina Maria de Jesus.
   e. Lygia Fagundes Telles.

5. Em qual ano as mulheres conquistaram o direito ao voto no Brasil?
   a. 1824.
   b. 1888.
   c. 1922.
   d. 1932.
   e. 1950.

Atividades de aprendizagem

Questões para reflexão

1. Separe alguns livros de autoria feminina de diferentes períodos históricos, observe e argumente se há um tom tímido, de alguém que adentra um terreno que lhe é novo, como se pedisse licença para escrever, ou se as autoras se colocam de modo confiante perante o leitor.

2. Agora, imagine que você é a autora de um livro. Como você se colocaria nesse texto, a quem se dirigiria e quais temas abordaria?

Atividade aplicada: prática

1. Vamos criar um diário de bordo. Escolha um filme, uma série ou uma novela e assista-o com muita atenção; em seguida, anote todas as vezes que você perceber traços estereotipados de uma visão machista na forma como as personagens são representadas.

um O cânone e o polissistema: a literatura escrita por mulheres
dois A trajetória da literatura feminina no Brasil
três A literatura brasileira escrita por mulheres: prosa e poesia
quatro A crítica feminista e a literatura de autoria feminina
cinco A literatura feminina negra
seis Desafios contemporâneos

DANIELE SANTOS

Neste CAPÍTULO, TRAÇAREMOS UM panorama da presença das mulheres na literatura brasileira tanto no campo da prosa quanto da poesia, buscando compreender a trajetória da literatura de autoria feminina brasileira na construção dessa identidade, mas não mais com foco na marginalização dessa mulher, e sim reconhecendo quais são as estruturas que prenderam (e prendem) – se é que podemos pensar em estruturas – essas mulheres a um passado de figurantes. Daremos foco também às representações de personagens de autoria feminina – feitas por homens, em sua maioria – e seu papel na constituição da literatura brasileira.

trêspontoum
Considerações iniciais

Este capítulo é resultado de esforços em traçar um panorama sobre a presença das mulheres na literatura brasileira tanto no campo da prosa quanto da poesia. Escrever sobre esse assunto requer esforços, em primeiro lugar, porque os homens sempre dominaram esse campo de conhecimento, tanto pela constituição da sociedade que possibilitou esse desenvolvimento quanto pelo mercado editorial; em segundo lugar, pela dificuldade de recuperar alguns escritos dessas mulheres, já que toda essa estrutura apagou muito desses registros, que só se fixaram a partir da modernidade e da contemporaneidade.

Assim, nosso objetivo aqui é traçar esse cenário levando todos esses fatores em conta, o que implica levantarmos algumas questões: Por que os homens permaneceram (e permanecem) em destaque? De quais escolas literárias eles faziam parte? Havia presença de mulheres nessas escolas? Quando passou a existir mais espaço para as mulheres? A história mostra, de alguma forma, a formação dessas raízes? Podemos entender essa marginalização como uma espécie de estrutura? São essas as problemáticas que estruturam o presente capítulo. Passaremos tópico a tópico refletindo sobre essas questões, com enfoque em como as mulheres ganham o cenário da literatura nacional no campo da prosa e da poesia.

Temos uma longa tarefa aqui, mas possível de ser alcançada. É necessário, antes de tudo, que esse estigma de marginalização seja deixado de lado para que possamos refletir sobre uma literatura de autoria feminina que foi ganhando destaque e conquistando seu espaço diante de um cenário dominado por homens.

trêspontodois
Uma historiografia literária brasileira

O termo *historiografia* remete a uma constituição de fatos que se desenvolvem ao longo de uma linha temporal. Vejamos uma definição do dicionário Michaelis (Historiografia, 2023) para entender melhor esse conceito: "historiografia: his·to·ri·o·gra·fi·a; sf: 1 A arte de escrever a história, a ciência que estuda os eventos passados. 2 Estudos críticos sobre a história e os historiadores". Será que isso significa uma espécie de evolução? Essa linha temporal de desenvolvimento é sinônimo de melhoria? Provavelmente, não.

Quando falamos em *historiografia*, devemos pensar na constituição dos fatos ao longo do tempo e como o papel científico da história pode nos ajudar no entendimento desses fatos. Esse papel científico funciona de modo a estabelecer recortes, tanto temporais quanto espaciais, com enfoque em um assunto específico, que chamamos de *objeto*. Portanto, uma **historiografia literária brasileira** tem os seguintes recortes:

- Espacial – Brasil.
- Temporal – desenvolvimento da história literária desse país desde o século XV ao século XXI, com breves apontamentos (já que isso também é tema de outro capítulo).
- Objeto – escrita de autoria feminina, com enfoque em mulheres e como elas aparecem nas escolas literárias, refletindo-se sobre as bases históricas que colocaram esses indivíduos em uma posição secundária em relação aos homens.

3.2.1 Reflexões históricas

Joan Scott, que já foi mencionada no Capítulo 1, talvez seja uma das mais importantes historiadoras do século XX e, por isso, ainda aparecerá neste livro. Ela foi responsável por introduzir novos paradigmas sobre a visão da mulher na história (tanto aquelas que tiveram importância na constituição dos fatos quanto aquelas que tiveram relevância no campo científico), sobretudo a partir dos idos de 1980. Para ela, o necessário era reivindicar mais direitos e adquirir mais espaço (Scott, 1992) – justamente por isso constituiu-se o movimento feminista e tudo que ele representa. Scott foi uma das responsáveis por perceber a importância desse movimento, principalmente dentro da historiografia (quando pensamos em seu sentido puro, voltado a uma "história" das mulheres, feita por mulheres). Isso se refletiu em outros campos, principalmente o da literatura, e foi com base nessas noções que se pensou sobre o lugar privado que a mulher ocupava, de casa, ou seja, sendo dona do lar, em contradição com os espaços públicos (Del Priore, 2001) – nos quais ela tinha um lugar social em que, então, poderia se dedicar às artes e a outros afazeres bem menos domésticos. Contudo, essas noções (e reconhecimento) só foram ganhando espaço com o tempo.

O movimento feminista, então, foi fundamental para que isso acontecesse, já que houve uma maior presença de literatura de autoria feminina principalmente no século XX, quando ele começou a atingir o Brasil. Foi a partir daí que as mulheres passaram a ter direito a uma vida mais pública, sobretudo o direito ao voto – sufrágio universal, no governo de Getúlio Vargas.

Todavia, somente a partir do pós-modernismo, com as bases teóricas do feminismo já consolidadas, que se passou a contestar o poder e como essas noções perpassam a sociedade nas relações entre homens e mulheres. Foi Heloísa Buarque de Hollanda (1994) quem afirmou que não há um poder específico, mas um poder que é criado, mudando de mãos conforme o que convém. Os homens, nesse sentido, sempre foram responsáveis por deter esse poder; foi assim na história, foi assim na literatura. Esse poder é quase dotado de bases invisíveis que foram sendo constituídas ao longo do tempo, por um passado que condenou às mulheres ao "sagrado", ao "místico" e aos bons costumes apoiados em ideais religiosos. Nesse sentido, a literatura colonial é bem marcada por isso, conforme veremos.

As várias narrativas (e aqui queremos falar de narrativas históricas, não literárias) que se consolidam sobre as mulheres nos idos de 1980 se preocuparam mais em mostrar uma dicotomia entre oprimidos e opressores, colocando ambos frente a frente. Portanto, as milhões de formas de resistência dessas mulheres, que eram consideradas figurantes nesses inúmeros espaços, foi ignorada. Isso aconteceu na história e na literatura. Falar das representações dessas mulheres, seja como personagens, seja como criadoras de literatura, é considerar que elas sempre estiveram ali, mas foram deixadas em segundo plano. Entender como isso aconteceu faz parte do entendimento da constituição da literatura brasileira como um todo.

Entre esse dualismo, há vários tons de "cinza", pois nem só de oprimidos e de opressores sobreviveu nossa história (com extensão à literatura), principalmente quando falamos da *autoria feminina*. Cabe destacar que, nesses tons acinzentados, essas várias mulheres eram transgressoras, cuidavam de comércios, detinham o poder familiar, enfim, participavam da vida pública, substituindo seus maridos que sofreram alguns dos infortúnios do Brasil colonial e imperial.

O que a análise mais perspicaz das fontes nos mostrou foi uma nova face da mulher brasileira, bem menos recolhida ao lar do que se julgava, bem menos submissa ao homem do que se acreditava. Saliente-se, contudo, que para as mulheres de elite esses comportamentos transgressores foram sempre mais difíceis, já que delas se cobrava maior respeitabilidade às regras de bom comportamento, visando o fim preciso de resguardo da honra, que valia muito no mercado das transações matrimoniais. (Silva, 2008, p. 228)

Assim, essas mulheres se mostravam pessoas comuns, não tão guardiãs da moralidade, como uma espécie de "poder pátrio/religioso" nos fez acreditar; elas transitavam entre a vida pública e privada sendo símbolos de resistência(s), e não apenas ocupando um papel pautado na opressão. É justamente neste ponto que embasaremos nossa discussão: o papel transgressor da mulher que escreve e rompe com o espaço público, mas que, por vezes, é sufocada por um poder latente, praticamente invisível, que a coloca em segundo plano. O ponto, portanto, é este: as mulheres escritoras sempre estiveram ali, mas foram silenciadas por algum motivo. Cabe às gerações atuais recuperar as vozes suprimidas pelas cordas invisíveis do poder pátrio; cabe a nós refletirmos sobre essas questões, entendendo que nada além de uma estrutura bamba sustenta esse poder quase inexistente.

3.2.2 Trajetória literária das mulheres: dilemas e representações

Considerando o contexto apresentado, você sabe como a história da literatura de autoria feminina se fomenta no Brasil desde o período colonial? A reflexão que devemos fazer aqui não ultrapassa aquilo que já pontuamos: o papel secundário que essa literatura tinha no Brasil e no Ocidente como um todo. Enquanto a Europa já apresentava uma certa produção de livros escritos por mulheres, nos séculos XVI, XVII e XVIII, em nosso país, essa produção era quase nula (ou deixada de lado), sendo notada, com mais força, somente a partir do século XX.

Os séculos XVI, XVII, XVIII e XIX

Definir a literatura brasileira no período colonial também é uma tarefa árdua. Muitas são as implicações quando tentamos conceituá-la, refletindo sobre um panorama geral, ou colocamos a escrita de autoria feminina em tela. Essa é uma tarefa mais complexa ainda, tendo em vista que herdamos muito de uma literatura europeia; então, a primeira dificuldade reside aí: fazer uma separação entre o que é nosso e o que é português, estritamente.

A literatura que aqui entendemos como *colonial* é aquela que se segue entre os séculos XVI e XVIII, composta do quinhentismo (1500-1601), do barroco (1601-1768) e do arcadismo (1768-1808). Dessa forma, muito destaque é dado a homens nesse período, principalmente nos livros didáticos e nos "manuais" de literatura – por exemplo, no barroco, é resumido à presença de Antônio Vieira e Gregório de Matos.

Nesse contexto, é como se não houvesse uma literatura de autoria feminina durante esses séculos, já que não aparecem mulheres entre os "grandes nomes". O que temos, então, são representações femininas por meio da literatura escrita por homens; geralmente, personagens típicas, com características próprias que reforçam, justamente, aquelas mulheres que já citamos: donas de casa, sucumbidas pela vida privada (sobre as quais falaremos no próximo tópico).

O período colonial, quanto ao século XVI*, foi fortemente marcado pela presença de epístolas (cartas) que eram trocadas entre a colônia e a Corte portuguesa com o intuito de dizer o que aqui havia na terra recém-descoberta. José de Anchieta e Pero Vaz de Caminha, como já mencionado, marcaram profundamente o que sabemos sobre esse período. Os próprios livros didáticos que são fornecidos aos alunos de ensino fundamental e médio repercutem esse tipo de história literária. Inclusive, a representação feita das mulheres indígenas quando os colonizadores se depararam com elas foi no sentido de entendê-las como inferiores; elas eram tratadas como objetos, reforçando-se seus atributos físicos.

> Também andavam entre eles quatro ou cinco mulheres, novas, que assim nuas, não pareciam mal. Entre elas andava uma, com uma coxa, do joelho até o quadril e a nádega, toda tingida daquela tintura preta; e todo o resto da sua cor natural. Outra trazia ambos os joelhos com as curvas assim tintas, e também os colos dos pés; e

---

* Cabe destacar que a produção europeia, sobretudo a de Portugal, estava "a todo vapor" nesse período com o trovadorismo. Temos nesse movimento a presença das cantigas, que marcam muito bem – e representam – as relações sociais da época. Tanto as cantigas de amigo quanto as de amor delegam um papel subalterno às mulheres. Nas primeiras, vemos a presença de um eu lírico feminino (mas de autoria masculina); nas segundas, a representação de mulheres que seriam infelizes caso não tivessem um companheiro. Ambas demonstravam essa infelicidade por meio de lamentações dessa mulher à natureza. Não focaremos nesse tipo de literatura porque não corresponde ao recorte que aqui estabelecemos. Contudo, é importante pontuar que essa representação da mulher já se consolidava na Europa outrora (Barros, 2005, 2006). Você pode conferir mais sobre o assunto em Barros (2005, 2006).

suas vergonhas tão nuas, e com tanta inocência assim descobertas, que não havia nisso desvergonha nenhuma. (Caminha, 2019, p. 9)

Todavia, Oliveira e Oliveira (2010) afirmam que não só por homens europeus foram marcados os primórdios de nossa literatura. Eles pontuam que há registros históricos de uma índia que enviou uma carta ao Bispo de Salvador, Manoel de Nóbrega, em 1561, falando sobre a escravidão infantil. Essa índia era Madalena Caramuru, nascida na Bahia, e seus escritos podem ser considerados um dos primeiros registros epistolares (e, consecutivamente, de literatura de autoria feminina) de que temos conhecimento.

Afinal, essa carta tem tanto valor histórico quanto a carta de Caminha por trazer a voz de uma mulher indígena gritando contra a escravidão, uma mulher que teve a coragem de protestar contra um dos fatos mais vergonhosos da nossa história. E isso é muito importante por evidenciar o papel político ativo que uma mulher teve numa sociedade extremamente preconceituosa e repressora como aquela do Brasil quinhentista. (Oliveira; Oliveira, 2010, p. 147)

As autoras levantam uma questão fundamental: Por que essa mulher foi silenciada na época e por que é silenciada ainda hoje? Por que há poucos registros sobre sua *performance*, sobretudo por lutar por algo tão nobre quanto acabar com a escravidão de crianças? Essas são questões que devem permear nossa mente quando estudamos a literatura feminina e como ela se transformou ao longo dos séculos. Não é por acaso que a literatura de Caramuru foi considerada aquém; não é por acaso que ela não aparece hoje nos livros didáticos e nos "manuais" de literatura; não é por acaso que, com muito custo, nós encontramos um pequeno registro de sua existência. Tudo isso é fomentado pelo poder – aquele que citamos anteriormente –, que, por muito tempo (e até hoje), permanece na mão dos homens.

Cortêz (2018) acrescenta que, provavelmente, Madalena Caramuru foi a primeira mulher alfabetizada do Brasil, mas, infelizmente, não há registro da carta que ela escreveu. Contudo, historiadores como Gastão Penalva e Francisco Varnhagen atestaram a existência dessa carta (Cortêz, 2018). Desse modo, percebemos o quanto foi significativa a trajetória dessa mulher para a educação e a literatura brasileira. É simbólico, nesse sentido, que esse registro tenha sido silenciado, apagado da memória oficial, e hoje não haja mais nenhum vestígio de sua existência. Essa mulher foi marginalizada por seu gênero, sua etnia e sua posição social, motivos pelos quais também temos dificuldade de encontrar qualquer registro de sua carta. O silenciamento dessa figura é reflexo de uma sociedade altamente comandada por princípios europeus e de dominação (Cortêz, 2018).

Aqui, cabe um adendo: no cenário externo, mais especificamente na França, em período anterior ao colonial no Brasil – no século XV –, já havia relatos de autoria feminina. Daremos destaque à Cristina de Pizán, que nasceu em 1365, em Veneza, mas se mudou muito jovem para a França. Conforme Souza (2013), desde o começo de sua vida, ela foi educada por meio das artes e das letras, com uma educação humanista pautada na liberdade e na autonomia do espírito. Frequentava a biblioteca de Carlos V, onde desenvolveu ainda mais sua habilidade leitora e fomentou sua evolução intelectual.

Entretanto, ela enfrentou uma importante barreira em seu desenvolvimento: sua mãe, a qual era contra que Cristina se dedicasse à leitura e à formação individual. A matriarca tinha em mente que ela deveria se dedicar aos afazeres domésticos, e essa pressão fez com que a jovem se casasse com 15 anos, o que não era tão incomum para a época, mas definitivamente um reflexo da sociedade patriarcal em que vivia. Conforme Oliveira e Oliveira (2010), quando Pizán ficou viúva, aos 25 anos, ela passou a lutar pelos direitos de propriedade que adquiriu quando casada, passando a disputar em outro campo de disputa simbólica: os tribunais. Por estudar e conhecer seus direitos, ela acabou ocupando esse espaço, ao mesmo tempo que passou a se dedicar à escrita, a fim de prover sua família. Foi assim que ela adquiriu um local dominado por homens.

Sua escrita feminina (e de caráter feminista) foi marcada por obras como *Cidade das damas*, em 1405, uma marca da escrita de autoria feminina que se refletiria anos mais tarde no Brasil, talvez não ainda com um caráter tão aguçado de ideias feministas, mas com importantes simbologias femininas.

Quanto ao século XVII, voltando-se ao Brasil, as coisas ficam mais complexas. Oliveira e Oliveira (2010) demonstram a dificuldade de encontrar registros de autoria feminina, o que não significa que ela não existiu. Há também uma questão mais aristocrática nesse período, em que a figura do pai se constituía cada vez mais como um poder patriarcal (Candido, 1977). Tal ruptura só passou a ser possível a partir do século XVIII, no qual a independência dos filhos em relação ao seio familiar ficou cada vez mais consolidada. Assim, parece que houve um recolhimento mais latente da mulher à vida privada no período seiscentista.

A constituição da noção de família foi fortemente engendrada por uma sociedade brasileira que se formava nas mais diversas capitanias (sistema de divisão de terras utilizado no Brasil colonial). Isso, de certa forma, impossibilitava que a mulher saísse desse tal seio familiar e adentrasse em uma vida mais urbana. Vemos, então, um conflito com relação ao poder pátrio, além de uma sociedade que não considerava a produção feita por mulheres.

> ### Para saber mais
>
> PAULA, L. F. de. Mílicias negras nas minas setecentistas: gênese e institucionalização (1695-1802). 255 f. Tese (Doutorado em História) – Universidade Federal do Paraná, Curitiba, 2021. Disponível em: <https://acervodigital.ufpr.br/handle/1884/73780>. Acesso em: 27 out. 2023.
>
> Nesse texto, você pode conferir um pouco sobre o contexto do Brasil colonial e sobre as capitanias.

Já no século XVIII, há destaque para mais mulheres – inclusive elas são lembradas em "manuais" de literatura a partir do século XX. Aqui, nossa reflexão, além de ir para esses nomes, deve permear outra questão: Por que somente no século XX essas personagens foram lembradas e, de certo modo, reconhecidas? Podemos explicar isso com base no que já foi considerado anteriormente. Só com os movimentos feministas – que ficaram mais fortes a partir dos anos de 1960 – como um todo e o sufrágio universal é que as mulheres ganharam destaque na vida pública.

Podemos até lembrar da própria Cristina de Pizán que acabamos de mencionar: ela só passou a escrever e a ganhar relevância depois da luta por seus direitos, de modo que essas dimensões se correlacionavam. Quando a vida privada foi deixada de lado em função da vida pública, as mulheres começaram a ganhar mais destaque em trabalhos intelectuais, como o da escrita. Isso explica o motivo desses nomes só aparecerem em "manuais" de literatura a partir do século XX.

Um exemplo é Ângela do Amaral Rangel. Nascida em 1725, no Rio de Janeiro, era deficiente visual e estudou escondida durante grande parte de sua vida. Escreveu poesia e foi destacada, posteriormente, por isso. Sua denominação era como participante da "Academia dos Seletos", em 1752, já que proferiu dois sonetos que fizeram com que fosse reconhecida como poetisa (Oliveira; Oliveira, 2010).

Sobre a citação de Ângela Rangel em "manuais" de literatura, bem como em jornais do século XX, Reis (2019, p. 230-231) destaca que:

> Ângela do Amaral Rangel foi lembrada no periódico carioca *O Jornal*, em uma sessão [sic] intitulada "Rio, a capital da mulher", na qual é citada como uma poetisa nascida no Rio de Janeiro na época colonial. Além disso, Rangel foi referenciada no anúncio do livro *Vozes femininas da poesia brasileira*, de Domingos Carvalho da Silva, publicado no jornal *Correio da Manhã*; esse livro também incluiu poesias de Barbara Heliodora, Beatriz Brandão e Delfina

Benigna da Cunha. A carioca também está presente no livro *Poetas da minha terra*, do carioca Alípio Mendes, em 1971 [...] No periódico *A Noite*, em um artigo que buscava recordar "modelos femininos de nobreza, virtudes cívicas e elevação espiritual".

Há presença de relatos da literatura de Ângela Rangel ao longo do tempo, mas pouco se sabe sobre que tipo de poesia (os motes) era feita por ela, além de seus sonetos. A oralidade, nesse sentido, ainda é mais fácil de se perder no tempo e, provavelmente, não havia grandes esforços para se registrar um momento como aquele. O destaque, então, repousa no fato de ela ser uma das que foram consideradas poetisas no século XVIII, bem como em sua particularidade de ser deficiente visual. Então, ela transgrediu duplamente as amarras da sociedade patriarcal do período: mulher e pessoa com deficiência.

Além dela, Reis (2019) também relembra Barbara Heliodora. Ela nasceu em São João Del Rei, em 1759, e se destacou por ter escrito poesia e estar inserida em um contexto de Inconfidência Mineira. No entanto, podemos fazer duas reflexões: (1) vários estudos citam essa autora, mas, novamente, não sabemos que tipo de poesia ela escreveu. Temos alguns breves relatos de que ela foi responsável por encorajar seu marido, José de Alvarenga Peixoto, a continuar lutando do lado dos inconfidentes, o que recai em outro problema; (2) ser lembrada apenas como a esposa de Peixoto ou ter sua obra reduzida a uma forma de beneficiar um homem, ou seja, é como se ela não caminhasse por ela mesma durante sua vida, vivendo à sombra de outro. Esses pontos devem ser considerados quando tentamos recuperar um pouco da literatura feita por mulheres.

Quanto ao século XIX*, Oliveira e Oliveira (2010) afirmam que havia a presença de, pelo menos, 52 mulheres escritoras. Quando o Ocidente, principalmente a Inglaterra, mostrava ao mundo suas mulheres escritoras, o Brasil parecia começar a ser embebido por essa lógica também. Devemos considerar que essas inclinações foram vistas logo após o Iluminismo, período conhecido como *Século das Luzes* no qual o espírito intelectual, de liberdade, autonomia e, sobretudo, igualdade começou a permear os países europeus e expandir-se pelo mundo, refletindo-se em outros movimentos, como a Inconfidência Mineira.

Nesse século, ainda de acordo com Oliveira e Oliveira (2010), podemos rememorar o papel de Maria Firmina dos Reis, nascida em São Luiz do Maranhão, em 11 de outubro de 1825 – inclusive, foi a primeira escritora negra homenageada pela Festa Literária Internacional de Paraty (Flip) em 2022. Foi ela quem escreveu sobre a escravidão do ponto de vista negro e feminino, como no conto "A escrava". Vejamos um pequeno trecho deste (a íntegra pode ser facilmente encontrada na internet):

> — Para quê se deu em sacrifício o Homem Deus, que ali exalou seu derradeiro alento? Ah! Então não é verdade que seu sangue

---

* O século XIX foi fortemente marcado pela literatura feminina em outros países, com grandes nomes destacando-se nesse cenário, com é o caso das irmãs Brontë, Charlotte, Emily e Anne, reconhecidas, sobretudo, por seus romances e poemas. Além delas, podemos destacar também Emily Dickinson, importante poetisa do mesmo período. No campo do romance ficcional, ressaltamos Mary Shelley, reconhecida até hoje por *Frankenstein* (1818), bem como Jane Austen.

era o resgate do homem! É então uma mentira abominável ter esse sangue comprado a liberdade!? E depois, olhai a sociedade... Não vedes o abutre que a corrói constantemente!... Não sentis a desmoralização que a enerva, o cancro que a destrói?

Por qualquer modo que encaremos a escravidão, ela é, e será sempre um grande mal. (Reis, 2018, p. 164)

Há um viés progressista fortemente veiculado em seu discurso – muito próximo, por exemplo, ao de Machado de Assis, também negro e abolicionista. Porém, percebemos que a história só destacou um desses autores. Além desse conto, Maria Firmina dos Reis também escreveu o romance *Úrsula*, de 1859.

Rita Barém de Melo, lembrada por Muzart (2008), também foi uma das peças que compuseram a engrenagem feminina oitocentista. Ela nasceu em 1840, em Porto Alegre, e escreveu, em 1868, o livro *Sorrisos e prantos*. Vejamos um trecho de um dos poemas da autora:

Vem!

Vem! Que t'importa que maldiga o mundo

O amor profundo que nos liga? vem;

Vem, que nos vales de cheirosas flores,

Nossos amores viçarão também.

Vem! de joelhos nos tapiz de nardo

Há de te o brado suspirar idílios,

Cantar-te a face rosejada em pranto,

O orvalho santo do frouxel dos cílios.

Pensa na sombra da floresta virgem...

Nesta vertigem ... nest'amor ali!...

Aves felizes no sendal dos ramos

Seremos: vamos, que o serei por ti!

(Melo, 1998, p. 278)

Percebemos aqui um poema tomado pela escola literária da época: o romantismo. Em uma breve análise, há traços desse amor romântico e de uma valorização do mundo natural, além do individualismo e do egocentrismo que colocam o eu lírico no centro, junto a seu amado(a). Há também a presença do escapismo, comparando essa fuga ao amor, tão real, e aos símbolos da natureza, distantes e mais abstratos, em uma espécie de fuga que tira o foco daquele sentimento pungente.

Nesse cenário, temos também a presença de Nísia Floresta, nascida em 1810, no Rio Grande do Norte. Sua particularidade é transitar entre a crítica social e a literatura. É considerada por muitos estudiosos como a primeira feminista do Brasil a escrever sobre o assunto. Podemos citar algumas de suas obras (entre as várias que ela publicou): *Direitos das mulheres e injustiça dos homens*, de 1832; *Conselhos à minha filha*, de 1842; *Daciz ou A jovem completa*, de 1847; e *Fany ou O modelo das donzelas*, de 1847 (Muzart, 2008). Muzart (2008) também destaca uma importante contribuição de Nísia Floresta à literatura* com o poema *A lágrima de um caeté*, publicado em 1849. Em linhas gerais, o poema versa sobre o papel do indígena perante o colonizador, mas em posições invertidas: o primeiro, com consciência de sua classe, busca retomar tudo o que foi perdido pelo processo de colonização.

Faedrich (2017), por sua vez, fala também sobre o esquecimento de Narcisa Amália, nascida em 1852, em São João da Barra, em Minas Gerais, que publicou *Nebulosas*, em 1872, e é considerada feminista e abolicionista.

> Entre os 44 poemas publicados em *Nebulosas* e poemas esparsos publicados em jornais, é possível encontrar poemas nacionalistas, políticos, de exaltação da pátria e da natureza, tristes e melancólicos, de saudade da terra e da infância, abolicionistas e antiescravistas. [...] Tratava-se de uma coletânea de textos diversos: anedotas, chistes, logogrifos, poemas, biografias, estudos críticos, receitas, passatempos, charadas etc. (Faedrich, 2017, p. 238)

Fechamos aqui esse breve panorama da literatura de autoria feminina do século XIX percebendo uma forte transgressão e resistência dessas mulheres que se envolveram, sobretudo, em temas que faziam parte do cotidiano do período, com destaque para o abolicionismo, tão caro naquele Brasil que ainda não havia superado as bases do Império: a monocultura, os latifúndios e a

---

* Principalmente se pensarmos no contexto que a seguia: as discussões sobre qual seria a "raça" brasileira na miscigenação entre negros, indígenas, brancos e mestiços que formou nossa nação, discussão muito acalorada no século XIX.

escravidão. Cabe salientar, ainda, a dificuldade de encontrar os textos das autoras mencionadas; é como se houvesse uma lacuna que dificilmente será preenchida, já que muito se perdeu, como se fosse uma Biblioteca de Alexandria à brasileira.

Podemos imaginar, então, como tantas escritoras de calibre foram esquecidas pelo apagamento de seus registros, de modo que nossa história literária de mulheres deve ser muito mais extensa do que podemos imaginar. O poder masculino, deliberadamente, foi um dos responsáveis por afogar essas mulheres e relegá-las ao ostracismo e, consecutivamente, ao apagamento de sua literatura.

> ## Para saber mais
>
> FREYRE, G. Casa-grande & senzala: formação da família brasileira sob o regime da economia patriarcal. 48. ed. rev. São Paulo: Global, 2003. (Introdução à história da sociedade patriarcal no Brasil, v. 1).
> Indicamos essa obra para que você conheça mais sobre a questão das discussões relacionadas à "raça" brasileira.

O século XX

O século XX é um capítulo à parte de nossa história literária, sendo marcado por bruscas rupturas, principalmente depois da Semana de Arte Moderna, ocorrida em 1922. Foi nesse cenário de renovação que as mulheres passaram a adquirir uma força maior na literatura, agora com mais locais de protagonismo. Também é nesse período que podemos falar da escrita de Clarice Lispector, Hilda Hilst, Alice Ruiz, Adélia Prado, Lygia Fagundes Telles,

Cecília Meireles, Carolina Maria de Jesus, Helena Kolody, Ana Cristina Cesar, e tantos outros nomes de destaque.

As mulheres fazem parte de diversos campos artísticos nesse momento, expondo seus trabalhos. Anita Malfatti e Zina Aita são exemplos, consideradas como "futuristas" pela crítica da época. Segundo Ajzenberg (2012, p. 27):

> Talvez nunca se encontre um consenso na conceituação da Semana de 1922, ou da sua validade ou alcance na evolução no campo estético e nas artes plásticas no Brasil. Entretanto, as constantes revisões assinalam, cada vez mais, a "lição de liberdade no espírito e na pesquisa plástica" presente nos passos seguintes da arte no país.

Definitivamente, as consequências desse momento perduram até hoje. Com o distanciamento histórico que temos o privilégio de tomar, sabemos que ela foi fundamental para a consolidação do que é uma cultura brasileira (dada suas influências) e como isso foi importante para trazer à tona grandes personagens. As mulheres são parte fundamental desse momento de efervescência histórica, mesmo que algumas ressalvas possam ser feitas, como sobre de quem foi a responsabilidade de produzi-lo.

Tal período pode ser somado ao sufrágio das mulheres, conforme já dito – possibilitado por meio do governo de Getúlio Vargas, em 1932. Dessa maneira, nesse cenário de rupturas, a figura da mulher pôde ocupar novos lugares, fortalecendo uma literatura feminina feita por mulheres e para mulheres (Ajzenberg, 2012).

Não nos cabe, neste momento, analisar cada uma das obras das escritoras que citamos. Podemos traçar, em linhas gerais, características que unem suas obras. Por exemplo, ao pensarmos em Clarice Lispector*, Hilda Hilst e Lygia Fagundes Telles, temos personagens femininas fortes que, por vezes, sofrem com as intempéries do dia a dia. Mas essa forte presença feminina atua quase como um retrato da pós-modernidade: o lugar de fala dessas mulheres, exercendo suas atividades e vivendo seu cotidiano, com os mesmos direitos e sentimentos de todos – sentimentos estes que são complexificados à medida que essas mulheres ganham consciência de si mesmas e de seu lugar no mundo.

Para saber mais

PALLS, T. L. The Miracle of the Ordinary: Literary Epiphany in Virginia Woolf and Clarice Lispector. **Luso-Brazilian Review**, v. 21, n. 1, p. 63-78, 1984. Disponível em: <https://www.jstor.org/stable/3513078>. Acesso em: 27 out. 2023.

Para aprender mais sobre as relações entre Lispector e Woolf, consulte esse artigo.

---

* A escrita feminina do século XX, sobretudo quando pensamos na Inglaterra, é fortemente marcada por diversas autoras. Virginia Woolf talvez seja uma das escritoras mais importantes desse período. Notavelmente, Clarice Lispector era uma de suas leitoras assíduas e conseguiu representar o que havia de melhor em sua obra: a banalidade do cotidiano se transformando em uma questão psicológica altamente densa e complexa. Ambas também são marcadas pelo recurso do fluxo de consciência, que é, basicamente, escrever o que vem à cabeça, sem se importar com forma ou conteúdo.

Quanto às poetisas que citamos anteriormente, como Ana Cristina Cesar, Helena Kolody, Carolina Maria de Jesus, Alice Ruiz, Cecília Meireles, entre outras, falaremos mais adiante neste capítulo. Por enquanto, vale ressaltar o papel transgressor dessas mulheres, ora por escreverem uma poesia que rompesse com aquele conceito tradicional, ora por imprimirem valores sociais em seus escritos de maneira crítica ou, ainda, por exaltarem sua feminilidade.

O século XXI

Mas como o mundo conectado, rápido, dinâmico e o nascimento da "internet das coisas" pode ter influenciado a literatura? A tecnologia deixou o mundo mais fluido, e a literatura, por sua vez, é influenciada por essa velocidade comunicativa. Nasce, a todo momento, conteúdos para escrever e suportes múltiplos nos quais se pode escrever.

Quanto ao século XXI, destacaremos algumas escritoras cuja pertinência dialoga com uma escrita que transcende o pátrio poder, além de dialogar com os rumos do mundo contemporâneo, globalizado. Daremos destaque a Maria Valéria Rezende, Myriam Campello e Maria Ribeiro na próxima seção, quando analisarmos suas obras.

Essas escritoras se apresentam como fluidas e dinâmicas nesse contexto globalizado. Não há, portanto, barreiras físicas e emocionais, com personagens que se entregam por completo. Elas lidam também com problemas do cotidiano, como falta de dinheiro, amigos questionáveis, vícios e relacionamentos fracassados. Há também a obsessão por emagrecer e pelo sexo desprotegido.

Problemas que passam despercebidos na vida comum, mas que existem e deveriam ser mais retratados na literatura, não com tom romantizado.

Dito isso, encerramos aqui essa breve antologia que objetivou retomar um pouco da escrita literária feminina entre os séculos XVI e XXI. Conforme já dissemos, devemos lidar com o apagamento de grande parte dessa história, tendo em vista que o poder não estava nas mãos das mulheres. Então, podemos lembrar aquilo que Candido et al. (1976) disseram sobre o mercado editorial: há uma espécie de triângulo que liga autor, obra e público.

Nesse sentido, a obra deve seguir os anseios de seu público e, caso não corresponda a esses anseios, pode ser ignorada e desvalorizada. Portanto, antes da ideologia, o mercado é mandatário nas relações de consumo. Deve ser divulgado o que tem mais chance de ser vendido.

A ideologia corrobora isso quando o autor escreve de acordo com o que esse mercado editorial entende como propício a ter sucesso. Nessa lógica, a literatura produzida por homens e para homens foi fundamentalmente majoritária entre os séculos XVI e XVIII, porque era o que agradaria ao público, bem como reforçaria as questões sociais existentes no período, como o poder pátrio, conforme já falamos anteriormente. Dessa forma, é possível entender um dos motivos pelos quais a literatura de autoria feminina era relegada a segundo plano. Encerramos, então, esta seção, com o objetivo de refletir sobre as questões que aqui foram levantadas, entendendo os núcleos de poder que se firmaram na sociedade brasileira.

> Para saber mais
>
> GILBERT, S. M.; GUBAR, S. (Ed.). Shakespeare's Sisters: Feminist Essays on Women Poets. Bloomington: Indiana University Press, 1979.
>
> Nessa obra, você poderá conhecer outras mulheres escritoras.

trêspontotrês
A representação da mulher na ficção: análise de contos e romances

Já vimos um panorama da presença das mulheres escritoras, mas há outro ponto que podemos levar em consideração: as mudanças da representação da mulher ao longo de romances e contos. Como na seção anterior, aqui também será necessário fazer um recorte dos períodos, tendo em vista que vários autores seguiram o estilo de sua época e caracterizaram mulheres com estereótipos semelhantes.

3.3.1 O quinhentismo

Fazendo um breve panorama histórico, temos um período de efervescência entre o Oriente e o Ocidente que possibilitou as grandes navegações e a colonização do Brasil. Essa movimentação fez com que os portugueses chegassem ao Brasil e iniciassem o processo de colonização dos mais variados povos indígenas que viviam aqui.

Há a crença, principalmente aquela contada por vários livros didáticos ao longo do tempo, de que não houve resistência por parte das tribos indígenas. No entanto, esse mito foi sendo extirpado com o tempo. Porém, a colonização resultou em perdas irreparáveis em nossa história, tendo em vista a aculturação desses povos, bem como a perda de seu território e de sua identidade. Tal luta pode ser vista até hoje por indígenas que combatem o marco temporal – projeto que institui que esses povos só podem ocupar terras que já eram suas antes da Constituição de 1988 (Brasil, 1988).

> ## Para saber mais
>
> OSOWSKI, R. O marco temporal para demarcação de terras indígenas, memória e esquecimento. Mediações – Revista de Ciências Sociais, v. 22, n. 2, p. 320-346, 2017. Disponível em: <https://ojs.uel.br/revistas/uel/index.php/mediacoes/article/view/32261>. Acesso em: 27 out. 2023.
>
> Consulte esse artigo para entender mais sobre o marco temporal para demarcação de terras indígenas.

Diante desse processo doloroso para esse povo, temos um processo ainda mais cruciante para as mulheres, inclusive representado pela literatura. Esse período, conhecido como *escola quinhentista*, foi marcado pelas trocas de cartas entre os colonizadores e a Corte portuguesa. A representação que era feita das mulheres indígenas nessas epístolas, em geral, objetificava seus corpos e desconsiderava sua cultura. No período, ainda não havia registros de prosas e contos, tal qual conheceríamos posteriormente, mas cabe que façamos uma análise de como a mulher foi representada nesse período. José de Anchieta é um dos escritores que têm relevância nesse cenário. Além dele, também há a presença de Pero Vaz de Caminha, que já citamos brevemente.

Lopes (2019) faz um importante estudo sobre o assunto. Ela acredita que *mulher* e *indígena* são termos que já carregam um sentido inferior. Diante disso, a nudez feminina era um dos frequentes temas abordados nessas cartas:

> E, ao chegarem aos anos da discrição, mandá-los a Espanha, onde há menos inconvenientes e perigos para serem ruins, do que aqui, onde as mulheres andam nuas e não se sabem negar a ninguém, antes elas mesmas acometem e importunam aos homens, lançando-se com eles nas redes, porque têm por honra dormir com os cristãos. (Anchieta, citado por Lopes, 2019, p. 59)

Nesse fragmento, vemos uma associação da mulher indígena a um indivíduo sem pudor, que vive em função das relações sexuais e objetiva dormir com um cristão. É como se fosse possível, por meio dessa troca, haver uma espécie de sobreposição das culturas, já que, na visão do colonizador, a religião do povo indígena era inferior, e dormir com um cristão seria a solução para resolver esse "defeito" de caráter. Para Lopes (2019), é como se essa mulher fosse sedutora, assim como na Bíblia, em que a cobra enganou Eva, o que levou esta e Adão a pecarem, comendo do fruto proibido.

Complementando um trecho que já utilizamos de Caminha, temos, mais uma vez, a retomada da nudez com foco no órgãos sexuais: "Ali andavam entre eles três ou quatro moças e bem gentis, com cabelos muito pretos, compridos pelas espáduas, e suas vergonhas tão altas, tão cerradinhas e tão limpas das cabeleiras que, de as muito bem olharmos, não tínhamos nenhuma vergonha..." (Caminha, 2019, p. 78).

Segundo Lopes (2019), havia um pudor na fala de Caminha, baseado também na fé cristã, já que ele se utiliza de eufemismo para se referir aos órgãos sexuais das indígenas. Entretanto, discordamos desse ponto porque o uso da palavra no diminutivo, "cerradinhas", pode demonstrar certo cunho sexual mais aflorado, uma malícia. Mas Caminha retoma sua postura cristã após esse comentário, por meio de um julgamento de que elas não tinham vergonha de andar desse modo.

À vista disso, percebemos um julgamento dessas mulheres por meio da moral religiosa que conduzia os princípios europeus. Inclusive, essa foi uma das motivações que levou os homens a irem mar afora: a expansão da fé cristã. Entender a indígena como inferior fazia parte do plano de conquista.

3.3.2 O barroco

Quanto ao barroco, foi um período no qual as riquezas do Brasil estavam sendo descobertas e exploradas. A cana-de-açúcar e o ouro sustentavam a Corte portuguesa naquele tempo, assim como os diamantes posteriormente. Foi, portanto, uma época de muitas mudanças para a economia e a sociedade brasileira. Como já dito, havia transformações nas noções de família: a aristocracia urbana estava se consolidando lentamente; as cidades estavam se formando; e a mulher transitava entre o privado – a casa – e o público. Isso também era representado na literatura.

A fé cristã já estava consolidada na sociedade brasileira. Por esse motivo, destacaremos a presença da mulher nos sermões de Padre Antônio Vieira. Também não podemos considerar esses discursos como prosa ou poesia, uma vez que estão mais para o campo da oralidade. Eles são importantes reflexos de como o feminino era construído no período.

Marques (1993) traça um estudo interessante sobre como essa figura aparece nos discursos do padre. Inclusive, vemos algumas permanências em relação ao período quinhentista: a nudez sob a moral cristã ainda era um tema recorrente. Uma novidade acrescentada nesse sentido é que agora era considerada a pureza dessa mulher, já que as noções de salvação faziam parte da catequização do povo brasileiro.

Ainda de acordo com Marques (1993), em 1644, o padre falou sobre como a mulher se perdeu no Paraíso, sendo seduzida pela serpente – se antes isso aparecia indiretamente nas cartas dos colonizadores, agora aparece com todas as letras. Além disso, ele ressaltou a inconstância da mulher, o que a diferenciava da figura do homem, mais estável. Em outros sermões, ele considerou que a vaidade é um dos principais erros da mulher e que isso seria uma ligação com o diabo. Assim, não obteria a salvação a figura feminina que estivesse "casada" com esse espelho. Ele acreditava ainda que, se no Paraíso houvesse espelhos, Eva cairia em tentação por esse motivo, já que sua vaidade a cegou. Mais à frente, o padre ainda considerou que a mulher é fruto de perdição dos homens – mais uma vez, fazendo analogia à Eva no Paraíso. Para ele, é como se as mulheres fossem como vinho: ambos levam o homem à loucura. Elas seriam a porta por onde entra o diabo, ou seja, o mal.

Por fim, a única forma de a mulher atingir a salvação é sendo santificada. Para isso, ela deve ser solitária. Contudo, para manter esse *status*, ela deve permanecer assim o resto da vida, senão volta a ser impura. Logo, ela não deveria se unir a nenhum homem, tendo em vista que é isso que o leva à perdição e prejudica a salvação da mulher. O mais interessante nisso tudo é que a Igreja também considerava a procriação como um aparato fundamental para a sobrevivência da espécie. Como uma mulher solitária iria reproduzir? Essas são questões que realmente não têm explicação se considerarmos todo o discurso moralizante da fé cristã.

Desse modo, percebemos que as falas sobre as figuras femininas estão ficando mais específicas, mas as mesmas bases são mantidas: a moral cristã que rege as estruturas da sociedade brasileira, a fim de condenar as mulheres a um papel de causadoras do "mal do mundo"; já os homens ganham *status* de subjugados, vítimas da fonte de sedução que é a mulher.

3.3.3 O arcadismo

O arcadismo foi fortemente marcado pela poesia, tanto que os três autores que lembramos anteriormente são poetas. Nesse sentido, para falar da representação da mulher, recortamos para uma prosa-poética, isto é, um poema que tem características de prosa, quase como contando uma história: *Marília de Dirceu*, de Tomás Antônio Gonzaga, de 1792. Esse poema transcende muito da produção da época por ter, justamente, essas características prosaicas. Cabe destacar que o autor é português, mas viveu grande parte da sua vida em Minas Gerais, o que faz com que consideremos sua narrativa sobre a sociedade brasileira.

O interessante na obra de Gonzaga é a recuperação de um amor nos moldes medievais. Soares (2015) apresenta um estudo sobre o tema, enfatizando que há uma aproximação do amor dos personagens principais com a história de Abelardo e Heloísa*, por exemplo. Nesse sentido, há uma emoção exagerada, bem como um sentimentalismo latente.

>Se alguém te louvava,
>
>De gosto me enchia;
>
>Mas sempre o ciúme
>
>No rosto acendia
>
>Um vivo calor. [...]
>
>Se estavas alegre,
>
>Dirceu se alegrava;
>
>Se estavas sentida,
>
>Dirceu suspirava
>
>À força da dor.
>
>(Gonzaga, 2023, p. 17)

---

* História da Idade Média que remete ao amor trágico de Abelardo e Heloísa. Entre várias turbulências, eles se separam e conversam por cartas por anos, até que Heloísa morre.

Os versos representam justamente como um é ligado ao outro, e como só há amor se um for visceralmente do outro, ou seja, há a dependência desse amor que une os amantes ao longo da vida. Além disso, segundo Soares (2015), esse trecho representa uma transformação de Dirceu – por amar demais – por meio da explosão de sentimentos.

Além do mais, no restante do poema, há esse sentimentalismo tão aflorado que é colocado diante das ideias do Iluminismo de racionalismo, isto é, até a beleza – que é um conceito mais objetivo – está em segundo plano em relação ao forte sentimento que Dirceu sente. Nesse sentido, temos um resquício da mulher medieval, que ama visceralmente e é correspondida pelo seu "amigo".

O sofrimento também é presente nas liras de Gonzaga. Justamente a própria Marília é acusada de ser a responsável para tanto. Assim como o amor é intenso, o sofrimento também ocorre na mesma medida.

> Marília, teus olhos
> São réus, e culpados,
> Que sofra, e que beije
> Os ferros pesados
> De injusto Senhor.
> (Gonzaga, 2023, p. 17)

Soares (2015) afirma que o símbolo "réus" é que dá o tom à narrativa de que Marília é culpada por todo o sofrimento do homem. São eles os responsáveis pela dor, pela crueldade, por tudo que é dirigido ao amante. Ao final, sua crueldade machuca e mata Dirceu, mas o amor permanece, já que ele é além-vida.

Desse modo, temos uma permanência da perdição que representa a mulher —resquício do quinhentismo –, mas agora ela tem uma atitude própria: a de amar por ela mesma, inclusive agir de maneira cruel também por ela mesma. A partir daí, uma personalidade vai sendo incumbida a essa figura, diferentemente do período anterior, quando ela agia em função de seu "passado" residual de Eva.

3.3.4 O romantismo

Se até agora a mulher tinha sido objetificada, tratada como a origem de todos os males do mundo e levada a agir por amor, no romantismo ela ganha uma nova conotação: a de dama, alguém que deve permanecer no lar e ter características que justifiquem essa permanência lá. Há várias obras que retratam essa vivência, mas trabalharemos com um grande nome do romantismo no Brasil: José de Alencar.

José de Alencar teve quatro fases primordiais no romantismo: (1) indianista, (2) urbana, (3) regional e (4) histórica. Nosso foco será nas duas primeiras, que apresentam características bem marcantes da constituição da representação das figuras femininas.

Em linhas gerais, o indianismo é marcado por uma busca na construção de uma identidade brasileira. Havia uma forte perseverança em tentar encontrar algo que fosse fielmente brasileiro (em contraste com aquilo que era europeu) e viu-se na cultura indígena uma porta para isso. Dessa maneira, a cultura desse povo é colocada em pauta e as belezas naturais são realçadas. Junto a isso, há uma apelação ao forte valor nacionalista, um certo orgulho que começa a mostrar as noções do que é ser brasileiro e nosso lugar no mundo. Arriscamos dizer que é a primeira vez que temos uma literatura que podemos chamar de *nossa*, já que é a partir daí que deixamos de lado o apego sobre falar da Corte e tudo que ela representava. Volta-se ao Brasil – ao Brasil natural. Obviamente, podemos fazer ressalvas a esse tipo de literatura justamente por objetificar a mulher de outras formas: a inferiorização continuava, agora com bases em outras estruturas: as características físicas e a valorização a sua exclusão ao lar.

Sobre a representação da mulher indígena, podemos lembrar de O *Guarani*, de 1857. Lucena e Costa (2011) fazem uma importante leitura sobre essa obra, refletindo sobre como há traços do amor medieval entre o romance de Peri e Cecília. Basicamente, nesse tipo de amor um depende do outro para seguir seu destino, é como se os amantes se completassem. Peri tem um amor devoto à Cecília. Aqui, cabe fazer um adendo de que o personagem não era cristão; então, podemos relembrar o que já foi trabalhado anteriormente: o não cristão, sobretudo o indígena, era considerado inferior, inclusive nesse cenário. Nesse sentido, não haveria diferença se fosse homem ou mulher. Obviamente, a mulher sofreria uma dupla subjugação por ser mulher e cristã – dois símbolos carregados de estigma.

Além do mais, há uma recriação do medievo por meio da personagem Cecília. Ela é considerada por Alencar como uma *senhora*, talvez não no sentido que atribuímos hoje, de mulher mais idosa, mas de alguém que pertencia à nobreza. Por esse motivo, Peri é uma espécie de guardião para que ela mantivesse esse *status*.

Alencar a descreve como uma moça jovem, de 18 anos, olhos azuis, pele clara, bochechas rosadas e um corpo suave e delicado. Tinha uma personalidade que transitava do luxo à simplicidade. Portanto, temos aqui um tipo de mulher que representa grande parte das obras desse período: clara, magra e abastada.

Não muito diferente dessas características é a personificação de *Senhora*, de 1874. Esse é um tipo de romance já considerado da fase urbana do autor. Basicamente, esse tipo de narrativa desvela as questões socioeconômicas da época, mas trata também das constituições das cidades – com longas descrições – com foco no Rio de Janeiro, tomado pelo espírito da *belle époque* – movimento que tinha como objetivo trazer para o Brasil características da Europa, principalmente na organização das cidades. O Passeio Público – que vemos em muitas cidades do Brasil – é um exemplo de monumento desse período.

> ## Para saber mais
>
> SANTOS, D. **Das feias úlceras de Jó**: o discurso simbolista e médico sobre o phatos (Curitiba, final do século XIX e início da Nova República). 67 f. Trabalho de Conclusão de Curso (Licenciatura em Letras Português/Inglês) – Universidade Tecnológica Federal do Paraná, Curitiba, 2017. Disponível em: <https://repositorio.utfpr.edu.br/jspui/handle/1/8936>. Acesso em: 27 out. 2023.
>
> Nesse trabalho, é possível conhecer um pouco mais sobre o período de modernização que o Brasil vivia no final do século XIX e início da Nova República.

É nesse cenário que temos a presença de *Senhora*, Aurélia. Como o título diz, refere-se a uma personagem que se torna abastada por herdar uma grande herança do avô. O que torna essa personagem muito interessante é que ela passa de plana à redonda, isto é, no início da narrativa, ela apresenta-se sem muita personalidade, como uma jovem apaixonada por Fernando (um interesseiro), que não corresponde a suas investidas; mas como *plot twist* (reviravolta) dessa narrativa, temos uma Aurélia que se torna vingativa quando fica rica, casando-se com Fernando (basicamente o comprando), para tratá-lo mal. Assim, temos uma personagem redonda, com mais personalidade e agindo por si própria. Isso tudo possibilitado pelo dinheiro que herdou. Essa caracterização pode ser encontrada em vários manuais de literatura, como em E. M. Forster (1927), que pontua personagens planos e redondos.

Mariana Thiengo (2008) também apresenta um importante estudo sobre a representação da figura feminina nessa obra. Para ela, a questão do amor romântico ainda é bem presente em *Senhora*. Aurélia também é motivada pelo desejo de se unir a alguém, tornando-se parte de um outro, um homem idealizado por ela há muito. Além disso, a obra foca na felicidade eterna pela união com um tipo ideal. Portanto, nesse sentido, vemos a afirmação da mulher somente quando encontra esse homem, cujo desejo é constituir uma união sagrada e duradoura.

Era, então, uma Aurélia considerada frágil, doce e sonhadora. Ela se casa com Fernando, em razão de um dote prometido, e quando ele consegue dinheiro para devolver tal dote, ambos entram em acordo e permanecem juntos. Nesse sentido, reforça-se a ideia de Mariana Thiengo (2008) sobre a união tão desejada por Aurélia como o suprassumo de sua felicidade.

Também podemos falar sobre *Lucíola* e *Iracema*. Ambas atuam em papéis de destaque, sendo as protagonistas das obras homônimas. A primeira serve ao papel de prostituta regenerada em função do amor, demonstrando novamente a presença do amor romântico nas obras de Alencar. A segunda, por sua vez, reflete o encontro amoroso entre a personagem principal e Martim, ainda em certo plano simbólico. Essa representação repercute um encontro entre América e Europa, como uma crítica à colonização, mas sem deixar de lado a fé católica – ainda não criticada pelo romantismo (Thiengo, 2008).

Esse foi um breve panorama do romantismo, com as principais características dos personagens femininos de Alencar. Sugerimos que outros livros do autor sejam lidos para que se entenda melhor essa percepção. A análise deve sempre partir dessa transformação de personagens típica do autor.

3.3.5 O realismo

Aqui, destacaremos Machado de Assis, que foi conhecido tradicionalmente como romântico, mas que é marcado como realista, principalmente por *Dom Casmurro*, de 1899. Não poderíamos deixar de ressaltar as características da mulher nesse romance, por meio da figura de Capitu. Mas, antes disso, devemos falar sobre as particularidades desse movimento no Brasil.

Em síntese, o realismo se destacou pela objetividade maior dos fatos. Temos um autor muito mais impessoal, em terceira pessoa, que se distancia da obra (isso não se aplica a *Dom Casmurro*, cujo narrador é Bentinho, o personagem principal). Além disso, há uma crítica social mais exaltada, principalmente porque o país vivia em um momento de intensa transformação: ocorria o fim da escravidão, o Império começava a cair e finalmente teríamos a Proclamação da República.

Machado de Assis é marcado por uma crítica ácida a esse modelo de sociedade pautada na escravidão, na monocultura e no latifúndio. Ele é notadamente abolicionista e a favor da República. Em muitos de seus romances e contos, temos essa perspectiva, mas, em *Dom Casmurro*, o foco está nos personagens Capitu e Bentinho, que mantêm um relacionamento amoroso que é colocado em xeque quando há dúvidas se a moça o traiu com o melhor amigo ou não. O final fica em aberto e desconfiamos da narrativa de Bentinho – em primeira pessoa, como dissemos –, já que os fatos são todos baseados em sua visão e não há como saber se falava a verdade ou tudo fazia parte da sua paranoia ou imaginação fértil (Assis, 2022).

Machado de Assis foi hábil em nunca revelar a verdade. Então, conforme os rumos da sociedade mudam, a visão sobre a traição muda também. Para uma sociedade mais machista, a visão será que sim, Capitu traiu Bentinho, sobretudo porque o filho é muito parecido com o melhor amigo. Para uma sociedade menos machista, a dúvida é sempre uma opção, já que parece que Bentinho vivia em uma realidade paralela e desconfiava de tudo. Então, depende do contexto social para que tenhamos uma resposta objetiva para essa questão. O que é certo, no entanto, é que os "olhos de cigana oblíqua e dissimulada" (Assis, 2022, p. 83) é uma das características mais marcantes da personagem em questão.

Nesse cenário, percebemos uma completa diferença das personagens de José de Alencar para Capitu, sobretudo porque há uma visão mais realista dos fatos. Se, em um primeiro momento, tínhamos uma figura feminina completamente delineada e que agia, parece-nos, em função de um homem e do amor romântico, agora temos personagens que conseguem esvaziar a ideia de amor romântico que resulta em final feliz.

3.3.6 O modernismo

Para falar do modernismo, decidimos fazer um recorte da obra de Clarice Lispector (1920-1977). Nascida na Ucrânia, viveu sua vida toda entre Recife e Rio de Janeiro. Faz parte da última fase – ou terceira fase – do modernismo. Essa fase é destacada por uma forte recusa à forma canônica, sendo um de seus principais assuntos as questões sociais e humanas. Há muita influência da metalinguagem nas obras da *geração de 1945* – como também foi conhecido esse período. Muita dessa experimentação pode ser vista na obra de Lispector. Nesse sentido, falaremos de duas de suas produções: *A hora da estrela*, de 1977, e o conto "Felicidade clandestina", de 1971.

A hora da estrela se passa no Rio de Janeiro e se inicia com várias páginas de metalinguagem. O narrador comunica-se com seu leitor apresentando brevemente a personagem Macabéa, que dará vida ao livro (Lispector, 1977). Aqui já vemos um grande trunfo de Clarice Lispector: fazer uso da linguagem caótica, utilizar o recurso da própria linguagem para falar dela mesma, de modo que ela utiliza poucos pontos finais e vírgulas, dando vários sentidos a suas frases. O leitor precisa preencher lacunas para compreender o que foi dito por ela, é um trabalho conjunto. Essa parte é marcada pela palavra *explosões*, que aparece em vários momentos. É como se fosse uma epifania (momento de reflexão, similar ao que Virgínia Woolf fazia em suas obras, quando se dá conta da realidade) por parte do narrador.

Logo em seguida, temos a apresentação da personagem Macabéa. Como definir Macabéa? Ela é estranha, viciada em coca-cola, come cachorro-quente, sonha com um grande amor, ouve rádio-relógio e divide um pequeno quarto com mais algumas meninas. É sem graça, como o próprio narrador diz. Ela trabalha com datilografia, mas digita muito mal, o que quase custa seu emprego. Mas não se pode acusar Macabéa de algo: de não ser sonhadora; isso ela é, e muito (Lispector, 1977).

Com o passar da narrativa, Macabéa inicia um relacionamento tóxico com alguém que não liga para as curiosidades que ela ouviu no rádio-relógio. É um personagem frio que não a ama de verdade. Inclusive, Macabéa não se sente amada nem por um cachorro: "Então a menina inventou que só lhe cabia criar pulgas pois não merecia o amor de um cão" (Lispector, 1977, p. 37).

A narrativa apresenta este tom: o sofrimento escancarado da personagem bem ali, na mão do leitor, sem que ele possa fazer nada para reverter aquele cenário de intensa desgraça. Não entendemos o porquê de José Olympio se relacionar com Macabéa; parece que simplesmente ele foi envolvido por um espírito de conveniência.

Ao final, Macabéa tem um destino infeliz, logo após ter a esperança de ficar rica e encontrar o amor de sua vida: está tuberculosa e morre atropelada (Lispector, 1977). Um final trágico para nossa anti-heroína.

Esta definição talvez seja a melhor para lidar com os personagens de Clarice: eles atuam como uma ruptura com as escolas anteriores. São densos, com suas particularidades, têm muitos questionamentos sobre a vida, são comuns e buscam a estabilidade, seja no campo amoroso, seja no financeiro, seja no psicológico. Clarice, então, coloca de frente com o leitor as particularidades desse universo como forma de provocação. Será que Macabéa é amada pelo seu público? É uma reflexão que devemos fazer quando nos deparamos com uma obra que rompe com muitos dos elementos vistos anteriormente. São, nesse sentido, protagonistas que ganham destaque nas obras, mas não por traçar caminhos extraordinários, mas de vida comum, ordinária, banal, como qualquer pessoa comum. Então, isso repercute no universo da escrita feminina quando vidas de mulheres comuns são relatadas na literatura, rompendo com a ideia de amor romântico e idealização.

Já em *Felicidade clandestina*, temos uma personagem pré-adolescente que não deixa de ser densamente parecida com Macabéa, embora com outros questionamentos. Uma leitora voraz, tinha muita vontade de ler *Reinações de narizinho*, mas não tinha acesso ao livro de Monteiro Lobato. Então, ao saber que uma colega poderia emprestá-lo, ficou dias esperando até o momento para que isso acontecesse. Entretanto, a maldade da colega era tanta que, embora não emprestasse o livro, em vez de falar que não iria fazer isso, enganava a personagem principal, dando-lhe falsas esperanças. A mãe da colega, ao descobrir tudo aquilo, emprestou imediatamente o livro à menina, que, ao possui-lo, tornou-se "uma mulher com o seu amante" (Lispector, 1989, p. 10).

Nesse sentido, temos mais um destaque de personagens densas e fortes vindas de Lispector. São personagens inteligentes, que se destacam por sua persistência, personalidade, inteligência, bem como pela forma de lidar com as situações da vida. Esse padrão se repete em várias outras obras da autora, como *O lustre*, de 1946, *A paixão segundo G.H.*, de 1964, *Água viva*, de 1973, *O ovo e a galinha*, de 1977, entre outros. Assim, percebemos uma mudança de paradigma daquela mulher do quinhentismo, que era considerada os males do mundo, para uma mulher que compreende (ou tenta compreender) o mundo com base em suas próprias vivências. Além, é claro, do rompimento com o amor romântico, em Macabéa, por exemplo, vemos uma mulher que não é amada, mesmo que haja a figura de um homem naquele meio.

3.3.7 O pós-modernismo

É no pós-modernismo que a literatura feminina ganha tantas vertentes que é difícil colocá-la em características próprias como fizemos até agora. Suas bases são tão múltiplas – como é próprio do mundo conectado – que podemos pensar na concepção de Michael Foucault (2009b), por exemplo, que acredita até mesmo em um fim do livro e um apagamento do autor como ele mesmo, ou seja, um apagamento na condição de sujeito central da obra. Ele é um tipo de sujeito que mais se aproxima do autor, do leitor e do conceito de escrita do que propriamente se constitui como centro de tal obra. Obviamente, a tríade proposta por Antonio Candido (1977), que já citamos, permanece viva.

O mercado editorial permanece vivo e o capitalismo está presente, e, embora muitas dessas obras critiquem esse modo de produção, não conseguem extrapolar essa barreira. É nesse sentido que podemos citar algumas autoras que fizeram a diferença nesse cenário. Nosso recorte não teve um aspecto padrão, porque a pós-modernidade não é padrão, mas sim um caos – conforme pensam Marshall McLuhan e Quentin Fiore (1969) sobre o mundo conectado, postura que pode ser ampliada à literatura. Assim, reforçamos a presença de Clara Averbuck, Maria Valéria Rezende, Myriam Campello e Maria Ribeiro, quem também se destaca por ser atriz.

Maria Valéria Rezende nasceu em Santos. Falaremos um pouco da sua obra *O voo da guará vermelha*, romance escrito em 2005 (Piaceski, 2019). No livro, Irene é uma mulher de condição miserável, com um filho para criar, que não consegue um emprego que possa fornecer esse sustento. Dessa maneira, sucumbe à prostituição. Ademais, sofre da Síndrome da Imunodeficiência Adquirida (Aids), o que piora muito sua condição na sociedade, sendo marginalizada duplamente. Portanto, a miséria e a desigualdade social são os motes que colocam essa mulher em uma condição de extrema vulnerabilidade.

Se, na modernidade, a mulher apresentava questões densas de personalidade – também sofria com o "mal do século", a tuberculose, como era o caso de Macabéa –, agora ela passa a sofrer com outro mal: a Aids. Essa mulher, então, como é o caso de Irene, com sua vulnerabilidade, é uma pária. Mas Irene vê na figura de Rosálio uma ligação de cumplicidade que pode ajudá-la nessa condição, por meio da solidariedade e do afeto. Portanto, a mulher pós-moderna é densa no corpo, na alma e nos relacionamentos.

> PARA SABER MAIS
>
> SONTAG, S. Doença como metáfora, AIDS e suas metáforas. Tradução de Paulo Henriques Britto e Rubens Figueiredo. São Paulo: Companhia das Letras, 2007.
> Nos textos da obra, a autora Susan Sontag traz importantes estudos sobre a Aids e a tuberculose e suas visões, sobretudo como a exclusão funcionava (e ainda funciona) em ambos os casos.

Já na obra de Myriam Campello, em que focaremos em *Como esquecer* (Campello, 2010), temos a mesma complexidade de uma personagem feminina, mas agora com uma particularidade: ela é homossexual e seu relacionamento tem fim logo no início da história. O sofrimento da personagem por esse término é tão visceral que o próprio leitor o sente. As palavras são tão pesadas, sua depressão é tão profunda que não há como se sentir indiferente a sua dor: "Ser afastado de alguém que se ama é andar perpetuamente na direção contrária à que se deseja. E continuar andando até o outro lado da lua" (Campello, 2010, p. 3).

Durante a narrativa, temos uma personagem que tenta se recuperar a todo custo de um fim de relacionamento enquanto segue sua vida com seus amigos. É uma reconstrução constante, cercada de recaídas. Mas ela permanece firme, tal como uma mulher pós-contemporânea: tendo de arcar com as vivências do dia a dia (ministrando aulas, já que é professora universitária, procurando uma nova casa para morar, lidando com um senhorio que cobra o aluguel) – enfim, a vida agitada contemporânea, que não tem pausa para que ela possa se recuperar de sua dor.

Desse modo, vemos mais uma diferença em relação àquela mulher da modernidade: agora ela luta com questões do dia a dia enquanto lida com o luto de perder um relacionamento, além do que já não tem mais relações padrões, convencionais; a fluidez de gêneros é presente. A constituição das orientações sexuais é uma nova forma de ver o mundo. Tudo é híbrido e dinâmico, tal como os rumos sociais.

Já com Maria Ribeiro, temos *Trinta e oito e meio*. Essa obra é visceral em outro sentido. Trata-se de uma escrita intimista e autobiográfica, em que a autora traça praticamente uma história de sua vida com uma pitada de humor, ironia e anseios de uma mulher de quase 40 anos (Ribeiro, 2014). Ela está sofrendo com os anseios da contemporaneidade: um casamento que não deu certo, dois filhos, sua trajetória como atriz, enfim, uma vida agitada com todos os dilemas do cotidiano:

> É que, assim como qualquer pessoa com o mínimo de angústia, não sou quem gostaria de ser. Meu "eu ideal" conheceria Machu Picchu e as savanas africanas, teria lido toda a obra do Tolstói (em vez da colecção do Tintim) e pediria, com água na boca, salada com grelhado em todos os restaurantes. (Ribeiro, 2014, p. 16)

Outras obras de Maria Ribeiro refletem os mesmos aspectos, por isso as particularidades de sua escrita. Sua dinamicidade e fluidez marcam muito um trejeito do que é contemporâneo. Talvez ela seja uma das maiores representantes do que é pós-moderno, justamente por se arriscar em uma escrita autobiográfica, com pitadas de ficção, na qual o leitor não sabe muito bem qual é qual. É uma forma de apagamento do autor diferente daquela já citada: a dúvida entre o que é real e ficcional deixa o autor em uma espécie de "não lugar", atuando ele como um membro não flexível da leitura. Ele faz as interpretações conforme sua vivência de mundo e sua história literária.

Para encerrar esta seção, recomendamos a leitura de todas as obras citadas anteriormente, bem como de outros livros dessas autoras. A escrita feminina contemporânea é muito rica e há outras mulheres nesse cenário que também devem ser valorizadas. Os rumos mudaram e a fluidez que vivemos permite múltiplas possibilidades e visões de mundo. Nesse sentido, essas escritoras passam a ser mais reconhecidas justamente por lidar com mulheres comuns, com vidas ordinárias, muito mais próximas de mulheres reais. Dessa forma, elas vão ganhando lugar no mercado editorial, nos cursos de graduação e na vida em sociedade.

trêspontoquatro
A poesia de autoria feminina no Brasil

Esta seção se destina a abordar a poesia de algumas mulheres que se dedicaram a escrever esse tipo de literatura. Diferentemente dos outros tópicos, neste não temos a pretensão de fazer uma abordagem histórica nem por meio de escolas. Seguiremos apenas uma noção cronológica para que este estudo fique organizado, mas sem considerar a produção desde o "início" da literatura no Brasil, tendo em vista que já vimos um panorama geral na primeira seção deste capítulo.

Dessa maneira, destacaremos a poesia de Gilka Ribeiro – provavelmente uma das únicas mulheres que foi reconhecida por escrever poesia simbolista –, Cecília Meireles, Helena Kolody, Carolina Maria de Jesus, Ana Cristina Cesar e Alice Ruiz.

Iniciaremos por Gilka Machado, poetisa carioca e uma importante escritora, embora pouco falada no cenário da literatura nacional. De escrita intimista, centrada no corpo, nas memórias e nas relações intersubjetivas, Gilka pode ser considerada uma autora em transição: aspectos simbolistas de sua criação se confundem com o modernismo que adentrava o Brasil na primeira metade do século XX (Coutinho, 1959).

Segundo Coutinho (1959), quando rejeita sua inserção na Academia Brasileira de Letras (ABL) – mesmo com o apoio de Jorge Amado –, Gilka Machado mostra-se um símbolo de resistência; já com a carreira reconhecida, prefere se impor como símbolo feminino sob uma instituição dominada por homens – lembremos que, até então, a ABL, por tradição, não disponibilizava cadeiras para mulheres.

Dessa forma, ainda conforme Coutinho (1959), já temos um breve panorama sobre *Ser mulher* – poema que é foco de nossos estudos e será tratado aqui de maneira breve –, contido em *Cristais partidos*, de 1915. Com certa tradição simbolista, a criação de Gilka não se concentra apenas no símbolo – uma das características próprias do movimento que conhecemos como *simbolismo* –, mas se baseia em um mundo sensível, ao passo que o mundo material também é frequente em seus registros.

Autores como Afrânio Coutinho (1959) já afirmaram que o símbolo não é o único componente desse movimento, como alguns autores costumavam acreditar. Com base nessa consideração, nossa chave de análise se faz mais precisa.

Outros autores, como Edmundo Wilson (2004), acreditam que o simbolismo é uma forma de resistência ao cientificismo que compreende os primeiros rumos que a modernidade toma. De fato, muitas dessas características aparecem em poemas contidos nesse movimento, ou seja, retomam a tradição de Baudelaire, principalmente a ideia de *flâneur* (poeta que age sobrevoando e observando as massas) e de albatroz (aquele que se encontra na Torre de Marfim, distanciando-se da realidade à qual pertence). A crítica perdura neste sentido: o simbolismo se distancia dos aspectos sociais pela aproximação com o mundo metafísico, mas se distancia das mazelas sociais. Contraditório é chegar a essa conclusão.

O poeta moderno, como descreve Walter Benjamin (1975), é o que mais sente o caos da modernidade; as fábricas, os prédios em construção, o advento das linhas férreas e a massa de trabalhadores assustam-no. De um prédio alto avista a multidão que volta do trabalho. A deambulação na cidade o direciona para os aspectos mais caóticos do advento moderno.

Gilka Machado pode ser um símbolo de ruptura do simbolismo e do modernismo justamente por esse aspecto. Em *Ser mulher*, ela contesta os lugares femininos dentro de uma sociedade moderna em formação. Seu poema, nesse sentido, não deixa de ser tátil. As quatro estrofes que o compõem são variáveis, a forma e a métrica não seguem um padrão. As referências alegóricas são pouco perceptíveis pelo leitor. A escolha lexical reflete a intensidade de um poema pesado, cercado de emoções e que demonstra a insatisfação da autora com o momento silencioso em que vive, no qual as fábricas têm voz, mas as mulheres que trabalhavam nelas não.

> Ser mulher, vir à luz trazendo a alma talhada
> para os gozos da vida; a liberdade e o amor;
> tentar da glória a etérea e altívola escalada,
> na eterna aspiração de um sonho superior...
> (Machado, 1978, p. 13)

O sentido lírico, apresentado nessas primeiras estrofes, apresenta um intimismo forte e frequente. A voz ecoa na escrita – de maneira sutil –, mesmo que silenciada socialmente, por ser uma mulher em um ambiente predominantemente masculino. O peso das palavras representa um eu lírico em crise: entre o provincial e o moderno; entre uma sociedade do lírico e uma que rompe com as estruturas e se pauta em crítica social frequente, a qual reforça o papel da mulher no meio poético e na sociedade moderna como um todo. É um sujeito lírico assim como o albatroz baudelairiano: ao mesmo tempo que paira no próprio eu, volta-se aos aspectos externos.

Já na obra de Cecília Meireles, destacamos *Romanceiro da Inconfidência*, de 1953. Esse texto apresenta forte identidade nacionalista e basicamente conta a história do Brasil por meio do descobrimento do ouro até a Inconfidência Mineira, movimento acontecido em 1789 no qual a elite mineira tinha a intenção de separar Minas Gerais de Portugal (Meireles, 1989). Eles estavam imbuídos do pensamento iluminista – de revolução, vindo da Europa. Como resultado, foram presos e sua principal figura – segundo a história tradicional –, Joaquim José da Silva Xavier, o Tiradentes (militar de baixa patente), foi morto e esquartejado para servir de exemplo.

O poema é repleto de referências ao mito da constituição da identidade brasileira, sobretudo por meio da figura de Tiradentes, já que haveria esse desejo, ainda que primário, de separação de Minas da Corte portuguesa. Há também referências ao feminino e à constituição dessa identidade, bem como a busca de empatia por meio da mulher negra. São ressaltadas nesse cenário Chica da Silva e Santa Ifigênia, ambas com suas vozes silenciadas, triplamente marginalizadas: pela escravidão, por serem negras e por serem mulheres. Ali, poderíamos refletir sobre um recorte de classe, de etnia e de gênero, mas Meireles (1989) ressalta como essas mulheres ascendem socialmente pela sabedoria e pela santidade em proteger o próprio povo negro. Gonçalves (2009) faz um importante estudo sobre esse tema, levantando questões sobre ideologia e alteridade nesse contexto.

Vejamos um trecho sobre Chica da Silva:

> Que andor se atavia
>
> naquela varanda?
>
> É a Chica da Silva:
>
> é a Chica-que-manda!
>
> Cara cor da noite
>
> olhos cor de estrela.
>
> Vem gente de longe
>
> para conhecê-la.
>
> (Meireles, 1989, p. 46-47)

Mostra-se, então, a relevância da presença de Chica da Silva, que ascende socialmente naquele cenário, sendo altamente reconhecida por todos. Afinal, ela é quem manda, ela é resistência nesse cenário de extremo silenciamento da mulher negra, agora ex-escrava.

Dessa forma, temos uma poetisa que é reconhecida por sua obra justamente por relacionar um aspecto social altamente crítico, reconhecendo a Inconfidência Mineira como movimento importante para a constituição da identidade brasileira e a figura da mulher negra nesse processo. O social e o identitário são aspectos que se cruzam nessa obra.

A escrita de Helena Kolody é conhecida por muitos estudiosos como sintética e de versos simples – Tamanini (2015) é uma autora que reflete sobre isso. Em março de 1992, Kolody, professora e catequista, assumiu a cadeira n. 28 da Academia Paranaense de Letras (2019), um grande feito para uma mulher, sobretudo porque vivíamos um período antidemocrático de nossa história, a ditadura militar.

Tamanini (2015) ressalta que há muita tradição e memória na escrita de Helena Kolody, tradição esta marcada, principalmente, pela religião e pelas festas religiosas em que Kolody ia com frequência. A "mãe de Deus" é frequentemente revisitada pela autora em seus versos.

> A prática religiosa e a devoção mariana de Helena não se davam apenas no repetir de datas anuais. Outros versos de Helena Kolody que enfatizam os laços com sua religiosidade católica oriental aludem à prática de ritos e orações diárias que desde menina tinha o hábito de fazer: "Hoje, o sol me espiou pela fresta da janela. Percebi que era Deus me pedindo para conversar com Ele, um pouquinho mais cedo" (Kolody, 1948, p. 218). O hábito da oração matinal diária dava à autora a certeza que Deus a acompanhava e que com ela dialogava, sem o uso de uma palavra sequer. Os raios do sol eram seus interlocutores. (Tamanini, 2015, p. 217)

Assim, o simbólico de expressar a religião por meio da poesia traz uma significação ímpar à escrita de Helena Kolody. É possível ressignificar qualquer abordagem por meio de suas metáforas e a forma como se comunicava com Deus. A sua leveza e sutileza nas palavras foi uma das marcas mais frequentes para fazer da sua literatura única no período. Sua escrita difere das já citadas justamente por trazer esse aspecto mítico-religioso, dando novas significações a Deus e a toda iconoclastia do período, não sem transmitir a memória e a tradição. Helena Kolody conseguiu captar a religiosidade, sobretudo a católica, marca fundamental de nosso povo.

Prece

Concede-me, Senhor, a graça de ser boa,
De ser o coração singelo que perdoa,
A solícita mão que espalha, sem medidas,
Estrelas pela noite escura de outras vidas
E tira d'alma alheia o espinho que magoa.

(Kolody, 1941, p. 32)

Já Carolina Maria de Jesus, escritora negra, é conhecida por escrever prosa e poesia de maneira híbrida. Nesse sentido, ressaltamos brevemente *Quarto de despejo: diário de uma favelada*, de 1960, que é uma espécie de diário que conta a história da vida real da autora, com partes mais líricas. É do tempo em que ela vivia em um quarto, em uma favela, na miséria, cuidando de seus filhos. Além disso, trata do cenário político do Brasil e como isso afetou a vida da mulher negra periférica, que se sujeitava à reciclagem e a trabalhos árduos (Jesus, 2014). O mais interessante dessa obra é que ela renova o modernismo, dando voz à periferia e a quem não teve acesso à educação formal, motivo pelo qual a obra tem desvios ortográficos, mas não deixa de demonstrar inovações na linguagem.

Fernandez (2008) traça um importante estudo a respeito da trajetória de Carolina Maria de Jesus, verificando que existe um certo hibridismo narrativo na escrita da autora, já que há uma "desterritorialização" de gêneros. Isso tem um efeito significativo na escrita, já que ela vivia em uma espécie de "não lugar" – conceito que também já foi discutido por Foucault (2009b). Nesse sentido, *Quarto de despejo* é exatamente sobre isso. Vejamos um trecho: "Eles gastam nas eleições e depois aumentam qualquer coisa. O Auro perdeu, aumentou a carne. O Ademar perdeu, aumentou as passagens. Um pouquinho de cada um, eles vão recuperando o que gastam. Quem paga as despesas das eleições é o povo!" (Jesus, 2014, p. 124).

Nesse fragmento, não podemos deixar de considerar um aspecto lírico, próprio da poesia. É como se o texto se desse em verso, sem deixar de estar em prosa. Podemos até colocá-lo no formato canônico de poema que ele teria um efeito similar. Isso é muito interessante quando se fala da lógica narrativa de Carolina Maria de Jesus. Além disso, ela consegue abordar os fenômenos de exclusão que já pontuamos. Muito de sua literatura, tida como "menor" – já que veio das classes mais baixas –, foi transcendente quando pensamos na lógica mercantil de que falamos anteriormente. Portanto, essa noção de "não lugar" aqui se pauta porque fornece uma noção de não pertencimento, de não se enquadrar em nenhuma circunstância. A pobreza e a miséria alimentam essas perspectivas.

Ana Cristina Cesar foi uma das personagens mais marcantes da poesia brasileira, isso porque teve um final trágico no auge de sua jovialidade, o que chocou muitas pessoas. Aos trinta anos, suicidou-se, jogando-se da janela de seu apartamento em Copacabana. Ítalo Moriconi (2016) fez uma importante bibliografia sobre ela, na qual ele menciona que a autora foi uma promessa que não se concretizou porque ela morreu no auge de sua carreira e afirma que era uma poeta abastada em meio a poetas marginais – algo que era típico da geração de 1970.

Marchi (2009) acredita que a poesia de Ana Cristina Cesar tem um tom confessional, mas que não se aproxima da própria vida da autora, sendo uma relação mais indireta com seu próprio eu. Seu tipo de narrativa, em forma de diário e cartas, sem deixar de lado o tom poético, faz com que muitos associem essa escrita ao tom autobiográfico, motivo pelo qual Marchi (2009) acredita que se deve ir com cuidado quando essas associações são feitas.

Além disso, há um tom metalinguístico na poesia dessa autora; uma vontade de escrever ao mesmo tempo que pretende se esvaziar de todos aqueles símbolos e fugir de si mesma. É, novamente, o esvaziamento do autor – proposto por Foucault (2009b) e sobre o qual já falamos. É uma escrita íntima, mas não escancarada, que é feita com ressalvas, com um certo cuidado para não se mostrar demais.

A poesia de Ana Cristina Cesar afasta-se do social e volta-se para o indivíduo, para o subjetivo. O próprio eu-lírico é recluso da sociedade em que vive, mas com sua carga de sujeito que não se enquadra naquele mundo em que vive. A palavra, então, é a força de sobrevivência para essa alma tão reclusa.

Por fim, temos a presença de Alice Ruiz. Sua poesia é interessante pelo uso de haicais, algo pouco frequente na poesia. Os haicais são a expressão da lírica contemporânea e transmitem uma tradição japonesa que foi adaptada à cultura brasileira.

Melo (2019, p. 41) ressalta que esse tipo de poema é uma linguagem "elíptica, concisa, simples e rápida". Com isso, ele quer dizer que são as supressões de palavras que fazem do texto tão rico, já que exigem do leitor um esforço em compreender o autor. Essa troca é fundamental para que haja uma relação de cumplicidade entre ambos.

Alice Ruiz aborda questões sentimentais, amorosas e, principalmente, do feminino e da feminidade. Além disso, a metalinguagem não é deixada de lado, como é o traço típico da contemporaneidade, conforme já dissemos. Vejamos um exemplo de um desses haicais:

se eu fizer poesia

com tua miséria

ainda te falta pão

pra mim não.

(Ruiz, 1984, p. 54)

Nesse haicai, Alice valoriza o papel da poetisa dentro da sociedade contemporânea, refletindo sobre a miséria dos indivíduos diante dos embates do cotidiano. O símbolo "pão" é carregado de sentido, já que reflete justamente tal cotidiano, tanto do trabalhador quanto do que é próprio para a sobrevivência.

Quanto ao sentimentalismo, segundo Melo (2019), temos um haicai que representa essa abordagem:

minha voz

não chega aos teus ouvidos

meu silêncio

não toca teus sentidos

sinto muito

mas isso é tudo que sinto.

(Ruiz, 1984, p. 25)

Canonicamente, os haicais são formados por três versos, mas Alice Ruiz transcende nesse aspecto, de modo que alguns têm quatro versos, e outros, seis. Ela não se apega à forma, outro traço propriamente contemporâneo.

Quanto ao feminino, à feminilidade e ao corpo, podemos sintetizar essas questões neste haicai:

já estou daquele jeito

que não tem mais conserto

ou levo você pra cama

ou desperto

(Ruiz, 1984, p. 33)

Como a escrita em prosa que citamos tanto na primeira quanto na segunda seção, aqui também aparece a liberdade da mulher com relação ao corpo; a liberação sexual é um reflexo dos movimentos feministas, e isso se reflete na contemporaneidade em grande medida.

Síntese

Neste capítulo, vimos que a escrita de mulheres caminha desde o quinhentismo até hoje e notamos a diferença de importância dessa escrita com o passar do tempo: se antes não havia nem registro dela, hoje as mulheres estão ocupando cada vez mais o mercado editorial, publicando em editoras independentes e não independentes.

Atividades de autoavaliação

1. Sobre as personagens femininas de José de Alencar, marque V para as afirmativas verdadeiras e F para as falsas.
   - ( ) A ideia de amor romântico já não estava mais presente em *Senhora* (1874).
   - ( ) A ideia de amor romântico estava presente tanto em *Senhora* (1874) quanto em *Lucíola* (1855).
   - ( ) As personagens de José de Alencar, em geral, não expressam nenhum sentimento, sendo consideradas planas.
   - ( ) José de Alencar pertencia ao movimento realista, motivo pelo qual não fazia críticas à colonização europeia.

Agora, assinale a alternativa que apresenta a sequência correta:

a. F, F, F, V.
b. F, V, F, V.
c. V, V, F, V.
d. F, V, F, F.
e. V, V, F, F.

2. Sobre os assuntos presentes na poesia de Helena Kolody, marque a alternativa correta:

   a. Busca do amor romântico e da religiosidade.
   b. Religiosidade e temas do cotidiano.
   c. Temas do cotidiano e sexualidade da mulher.
   d. A fragilidade dos laços amorosos.
   e. Religiosidade e fraternidade.

3. Marque a alternativa que corresponde a uma interpretação possível de *Iracema* (1865), de José de Alencar:

   a. A obra representa uma alegoria à colonização europeia, mostrando um conflito entre América e Europa.
   b. A obra faz uma crítica à religiosidade brasileira do período, jogando luz às contradições do catolicismo.
   c. A obra não mantém os motes de amor romântico, trazendo Iracema como uma heroína atípica.
   d. A obra mantém os motes de amor romântico, trazendo Iracema como uma heroína típica.
   e. A obra não faz nenhuma crítica à colonização europeia, trazendo a figura do europeu como herói.

4. Marque a alternativa que corresponde ao tipo de literatura de Alice Ruiz:
   a. Haicais, com pretensão de fazer uma reflexão rápida sobre assuntos cotidianos.
   b. Haicais, sem a pretensão de servir uma ideia sobre o cotidiano.
   c. Soneto, em sua composição clássica, e temas gregos e romanos.
   d. Híbrido entre poema e prosa, trazendo ao centro uma narrativa sem reflexão quanto à forma.
   e. Híbrido entre poema e prosa, dando valor ao conteúdo em detrimento à forma.

5. Sobre a literatura de Maria Ribeiro, assinale a alternativa correta:
   a. Traz a mulher contemporânea ao centro, com preocupação excessiva com a forma.
   b. Retrata o drama da mulher contemporânea com leveza, por meio de uma linguagem fluida e acessível.
   c. Reflete sobre várias temáticas, mas não sobre o papel da mulher na contemporaneidade.
   d. Reflete sobre uma experiência metalinguística, com foco nas minorias sociais.
   e. Retrata o individual, sem considerar um recorte de gênero e o que isso representa para a consolidação da literatura feminina.

Atividades de aprendizagem

Questões para reflexão

1. Reflita sobre a posição do mercado editorial quanto à escolha da publicação de literatura feminina, sobretudo no Brasil, pontuando as diferenças no modo como esse mercado tratou (e trata) homens e mulheres nesse cenário.

2. Reflita sobre as diferenças entre os períodos moderno e pós-moderno no que se trata de literatura feminina e de sua presença nesses períodos, criando um quadro comparativo entre assuntos, posição e forma de escrita.

3. Reflita sobre o início da literatura no Brasil e o lugar da mulher nesse meio, criando um texto dissertativo-argumentativo sobre a localização da mulher escritora nesse período. Posicione-se a respeito das produções e da presença masculina no mesmo período.

Atividades aplicadas: prática

1. Organize um quadro que contemple a posição da escrita de literatura feminina desde o quinhentismo até os dias atuais.

2. Pesquise sobre publicação de literatura feminina que foge dos mercados editoriais convencionais e faça um panorama dessa literatura, acrescentando as informações ao que foi dito no decorrer deste capítulo.

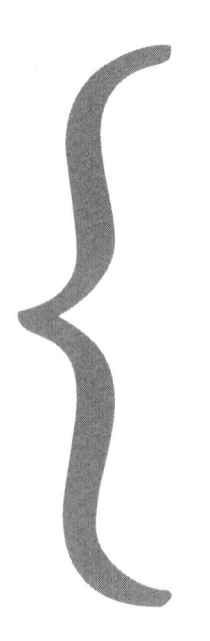

{

um   O cânone e o polissistema: a literatura escrita
     por mulheres
dois A trajetória da literatura feminina no Brasil
três A literatura brasileira escrita por mulheres:
     prosa e poesia
**quatro A crítica feminista e a
literatura de autoria
feminina**
cinco A literatura feminina negra
seis Desafios contemporâneos

GISELE EBERSPÄCHER

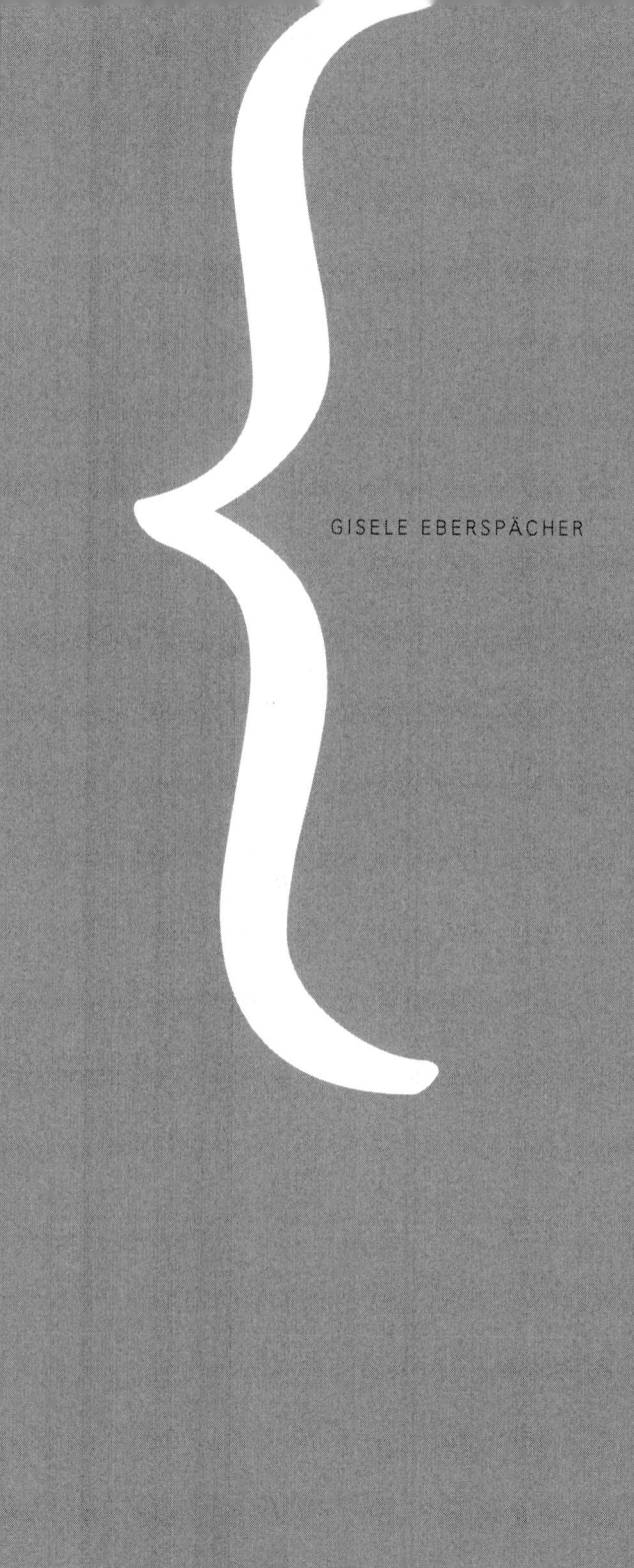

No FINAL DO CAPÍTULO 1, vimos resumidamente como funcionam as teorias críticas. Neste capítulo, pensaremos como o gênero se articula à crítica literária, ampliando-a para a crítica literária feminista. Para tratar desse tema, apresentaremos um breve panorama de como o pensamento feminista, que surge em um contexto político, finalmente chegou no campo acadêmico na forma de crítica feminista e, por fim, também no campo da literatura. Em seguida, falaremos mais sobre duas autoras centrais para pensarmos a crítica literária feminista: a inglesa Virginia Woolf e a francesa Simone de Beauvoir. Ambas trabalharam de maneiras diferentes com o feminismo e a literatura, mas trouxeram à tona discussões que tiveram grande impacto nesse campo. Por fim, abordaremos os desdobramentos atuais da crítica feminista na literatura, com temas como o questionamento do cânone e o uso do gênero como categoria de análise, assim como o contato do feminismo com outras teorias críticas, como o decolonialismo e as teorias *queer*.

quatropontoum
Considerações preliminares sobre o feminismo

A pesquisadora francesa Elsa Dorlin (2021) afirma, em seu livro *Sexo, gênero e sexualidades: introdução à teoria feminista*, que o feminismo surgiu como um movimento político de igualdade de gêneros. É o caso, por exemplo, da produção da ativista política francesa Olympe de Gouges (1748-1793), que atuou ativamente durante a Revolução Francesa – movimento que exigia igualdade entre as pessoas e o fim da monarquia. De dentro do movimento, ela percebeu o quanto a noção de igualdade estava mais restrita a uma questão financeira e não considerava a igualdade entre os gêneros. Por isso, publicou a obra *Declaração dos direitos da mulher e da cidadã*, em 1791, na qual se opôs ao patriarcado e à posição que os homens tomavam durante a Revolução Francesa. Foi guilhotinada por conta de sua posição crítica (Muller; Bocquet, 2014).

Outra autora importante para a formação do feminismo foi a inglesa Mary Wollstonecraft (1759-1797), quase contemporânea à Gouges. Também impactada pelas propostas de igualdade da Revolução Francesa, escreveu *Uma reivindicação pelos direitos da mulher*, em 1792 – obra na qual defendeu que as mulheres não eram naturalmente inferiores aos homens, apenas não tinham o mesmo nível de educação formal. A conclusão de seus argumentos é que as mulheres tinham o direito à mesma educação que os homens, isto é, tanto uma educação teórica quanto física, que lhes permitisse ter corpos saudáveis (Moraes, 2016).

Assim, por meio de obras como essas, bem como do trabalho de outras ativistas e várias práticas locais, o feminismo se instituiu como movimento em prol da igualdade entre os gêneros. Nesse sentido, chegou também até o campo acadêmico, no qual cada vez mais pesquisadoras, professoras e alunas entravam e se questionavam sobre o quanto do fazer científico estava carregado de uma epistemologia machista, ou seja, o quanto a produção de conhecimento era dependente de uma lógica que tomava os homens como paradigma. Segundo Dorlin (2021, p. 14-15, grifo do original):

O saber feminista designa todo um trabalho histórico, realizado a partir de múltiplas tradições disciplinares (história, sociologia, literatura, ciência política, filosofia, ciências biomédicas etc.); um trabalho de questionamento do que, até então, era comumente mantido fora do âmbito político: os papéis de sexo, a personalidade, a organização familiar, as tarefas domésticas, a sexualidade, o corpo... [...] É um trabalho que, ao encontrar as tensões, as crises, as resistências soterradas ao longo da história das mulheres, do gênero ou das sexualidades, tornou possível um pensamento a respeito da historicidade de uma relação de poder considerada a-histórica ("em todos os lugares e desde sempre as mulheres foram e são dominadas"). Esse trabalho também permitiu a emergência de um pensamento crítico acerca do apagamento, do acobertamento e da gestão de conflitualidades e resistências por meio e no âmbito dos saberes hegemônicos. [...] Assim, esse saber permitiu apreender a historicidade da "diferença sexual", bem como das prerrogativas sociais e culturais que decorrem dela; a normatividade da heterossexualidade reprodutora, bem como de sua forma jurídica moderna – a família patriarcal –, atendo-se à gênese e ao desenvolvimento dos dispositivos de naturalização e de normalização da divisão sexual do trabalho, da socialização dos corpos, da interiorização das hierarquias de gênero, a partir de seus pontos de contestação: as lutas e os saberes das mulheres. O saber feminista é também uma memória dos combates.

Portanto, o campo feminista não só abrange muitos espaços além do acadêmico, mas também se dá de forma inter e multidisciplinar, sempre trazendo questionamentos parecidos: O gênero acarreta alguma diferença? Como é possível ver isso na história? Como as mulheres tiveram suas produções apagadas em diversos momentos? Basicamente, uma etimologia feminista que busca entender o gênero como categoria crítica.

Conforme entram no campo de crítica, produção de conhecimento e acadêmico, as ideias feministas buscam dialogar e criticar outras teorias já existentes. Um exemplo disso pode ser observado no marxismo, metodologia desenvolvida por Karl Marx e Friedrich Engels na segunda metade do século XIX. O centro do debate marxista estava nas relações de classe e em um conflito social, já que se buscava explicar a desigualdade das classes dentro do sistema capitalista. Ainda assim, esse campo não levava em consideração a desigualdade entre homens e mulheres ou qualquer debate em torno das desigualdades advindas das diferenças de gênero – o que fez surgir uma crítica feminista ao marxismo. Movimentos similares aconteceram com várias outras teorias e metodologias.

Ao promover o encontro entre o campo da crítica literária e o campo feminista, a prática e o estudo da crítica literária feminista podem englobar muitas coisas. A crítica à formação do cânone literário e a tentativa de chamar atenção aos livros de autoras é um ponto importante, assim como a recuperação de trabalhos escritos no passado que não receberam a devida atenção em seu tempo ou posteriormente. Também envolvem trazer um olhar feminista para a análise de obras e fenômenos em torno da literatura, a priorização de determinados conteúdos, o retorno a obras clássicas com um olhar contemporâneo e o incentivo à leitura e à produção de conhecimento, entre muitas outras coisas.

Buscar uma crítica literária feminista é propor um modo de questionar os textos que vai além da "literacidade" proposta pelas técnicas formalistas de *close reading*, de leitura atenta às minúcias do texto, ou seja, estudar exclusivamente um texto por si mesmo não é um dos objetivos principais, sendo muito mais uma questão de investigar os sistemas literários, as instituições e as normas desse campo, levando em consideração aspectos culturais, econômicos, de gênero etc. E não é só uma crítica literária, mas uma crítica à própria maneira com que se faz a crítica: quais obras são escolhidas, quanto espaço é dado para determinado livro numa livraria ou biblioteca, e assim por diante.

Partindo dessa reflexão, discutiremos dois nomes centrais para a crítica literária feminista: Simone de Beauvoir e Virginia Woolf.

quatropontodois
As contribuições feministas para os estudos literários: Simone de Beauvoir e Virginia Woolf

Dois dos principais nomes quando pensamos na crítica literária feminista são da francesa Simone de Beauvoir e da inglesa Virginia Woolf, ambos já mencionados no decorrer deste livro (o que só mostra a importância que tiveram para o pensamento feminista). As duas foram autoras de ficção, com obras importantes para seu tempo, tanto que perduram até hoje; foram pensadoras e desenvolveram críticas importantes das sociedades nas quais viviam, incluindo a crítica do campo literário; e foram mulheres que ingressaram em espaços tipicamente masculinos e, com suas vozes e críticas, tornaram-se figuras polêmicas em seu tempo.

4.2.1 Virginia Woolf

Virginia Woolf (1882-1941) foi uma das escritoras mais importantes do século XX. Conhecida pelo uso do fluxo de consciência em sua prosa, escreveu, além de romances, contos, ensaios e textos críticos que impactaram a literatura e o feminismo.

Woolf nasceu em Londres e estudou em casa durante sua infância. Depois, estudou história na Faculdade para Mulheres do King's College, onde também teve contato com uma educação de elite e o movimento pelo direito das mulheres. Começou a escrever profissionalmente a partir de 1900 e formou, junto com outros artistas e escritores, o Bloomsbury Group. Em 1917, fundou, com seu marido Leonard Woolf, a Editora Hogarth Press, que se dedicou a publicar textos modernistas e até com cunho feminista, incluindo obras do próprio casal e de Gerturde Stein (Marder, 2011). Atualmente, a editora foi comprada e funciona como um selo editorial do grupo Penguin Random House (2023).

Woolf já era uma escritora conhecida – tinha publicado alguns de seus livros mais conhecidos, como *Mrs. Dalloway*, de 1925, e *Orlando*, de 1928, quando foi convidada para proferir uma fala na formatura de uma turma em uma universidade exclusiva para mulheres. O que será que a autora, que precisou abrir uma editora própria para ter seus livros publicados, pensou nesse momento?

O que ela poderia dizer para aquelas jovens que, diríamos hoje, tinham a vida toda pela frente?

Não conseguimos saber o que ela pensou, mas podemos saber o que ela disse. Depois de duas experiências com palestras em formatura, desenvolveu o célebre ensaio *Um quarto só seu* (Woolf, 2021), publicado pela primeira vez em 1929, no qual discorreu sobre o sistema de produção literária de seu período e os problemas que as mulheres encontravam nesse meio.

O tema da fala, segundo o convite da instituição, deveria ser mulheres e ficção. Se pensarmos no esquema das páginas anteriores, podemos pensar na ficção no ponto central, como obra, mas onde ficariam as mulheres? Na posição de artista? Na posição de audiência? Dentro da própria obra, como personagens? Ou, ainda, como posição muito mais ampla na sociedade? É justamente essa abertura que permite que Woolf faça tantas relações durante a construção de seu argumento.

Existe uma questão formal do texto que chama muito a atenção: como a autora o faz de uma maneira narrativa. No primeiro parágrafo, ela chega a declarar, inclusive, algumas das características do texto: o espaço, a fictícia Oxbridge*; como narradora-personagem, "eu": "apenas um termo conveniente para alguém que não é real" (Woolf, 2021, p. 19). Com isso, ela é capaz de criar uma narrativa que ilustra seu argumento crítico: "As mentiras jorrarão dos meus lábios, mas talvez haja alguma verdade misturada a elas; cabe a vocês buscar essa verdade e decidir se vale a

---

* O próprio termo fictício *Oxbridge* já guarda uma crítica. É uma mistura dos nomes das duas universidades (e cidades universitárias) mais conhecidas da Inglaterra: *Oxford* e *Cambridge*. Com isso, a autora aplica sua crítica aos espaços universitários de elite.

pena guardar alguma parte dela. Se não, vocês irão, é claro, atirar tudo na lixeira e esquecer o assunto" (Woolf, 2021, p. 19). Sim, são cenas fictícias, mas, com isso, a autora tenta transmitir uma crítica verdadeira. Vamos conferir um trecho:

> Então, lá estava eu (chamem-me de Mary Beaton, Mary Seton, Mary Carmichael ou de qualquer nome que quiserem – isso não tem nenhuma importância), sentada às margens de um rio, uma ou duas semanas atrás, num belo dia de outubro, perdida em pensamentos. Aquele peso que mencionei – as mulheres e a ficção –, a necessidade de chegar a uma conclusão sobre um assunto que cria toda sorte de preconceitos e fúrias, fazia minha cabeça pender até o chão. À direita e à esquerda, arbustos de algum tipo, dourados e escarlates, fulgiam com a cor, pareciam até mesmo arder com o calor do fogo. Na margem adiante, os salgueiros choravam num lamento perpétuo, com os cabelos caindo sobre os ombros. O rio refletia o que desejava do céu, da ponte e da árvore ardente e, quando um estudante passava de barco a remo pelos reflexos, eles se fechavam de novo, completamente, como se o estudante jamais houvesse existido. Ali, alguém poderia permanecer um dia inteiro perdido em pensamentos. O pensamento – para dar a ele um nome mais nobre do que merecia – largara sua linha no riacho. Ela balançou, por diversos minutos, para lá e para cá por entre os reflexos e as algas, deixando que a água a erguesse e afundasse até que... vocês conhecem aquele breve puxão, a súbita conglomeração de uma ideia na ponta da sua linha? E como a erguemos com cautela e a dispomos com cuidado? Ai de mim, quão pequena, quão insignificante essa minha ideia parecia ali disposta sobre a grama;

o tipo de peixe que um bom pescador coloca de volta na água para que ele fique mais gordo e um dia valha ser cozido e comido. [...] por menor que fosse essa ideia, ela possuía a propriedade misteriosa de sua espécie – colocada de volta na mente, logo se tornou muito excitante e importante; e, ao disparar e afundar, emitindo lampejos aqui e ali, criou tamanho marulho e agitação de pensamentos que foi impossível permanecer sentada. Foi assim que eu comecei a caminhar com extrema rapidez pelo gramado. Instantaneamente, a silhueta de um homem se ergueu para me interceptar. Eu a princípio tampouco entendi que as gesticulações de um objeto curioso de casaca e camisa eram dirigidas a mim. O rosto dele expressava horror e indignação. O instinto, não a razão, veio ao meu resgate; ele era um bedel; eu era uma mulher. Aqui era o gramado; ali, a aleia. Apenas os professores e estudantes são permitidos aqui; o cascalho é o meu lugar. (Woolf, 2021, p. 19-21)

O que podemos observar no trecho apresentado? Primeiro, a questão dos nomes, uma referência ao texto *Mary Hamilton*, que lista as damas de companhia de Maria Stuart, rainha da Escócia (Woolf, 2021). Depois, há a descrição do espaço físico e do clima, o que é recorrente durante o texto e possibilita que leitoras ou ouvintes se situem espacialmente e se acostumem ao estilo narrativo. É nesse espaço que a narradora começa a refletir – e então lhe surge um pensamento sobre a situação das mulheres e da ficção, mas a experiência é interrompida: os guardiões do espaço a expulsaram dali; aquele espaço não estava disponível para ela.

Essa é uma constante no texto e um de seus principais pontos. Os espaços de conhecimento, de debate e de reflexão, além do próprio estilo de vida que permite o surgimento de grandes escritores e pensadores, não estão disponíveis para mulheres. Elas não podem passar pelo mesmo processo que eles, nem mesmo ter as mesmas condições para criar. Assim, não é por uma questão natural que mulheres não podem criar "tão bem" quanto homens, é por uma questão circunstancial.

O texto avança no passeio da narradora, que continua descrevendo seu ambiente, incluindo as refeições e as diferenças que observa de comportamento entre os homens e as poucas mulheres do espaço. Menções às condições de vida no período da Primeira Guerra Mundial ou à questão financeira de outras mulheres se tornam mais frequentes. Eventualmente, o passeio se encerra, assim como o capítulo, com um gosto amargo.

No capítulo seguinte, a personagem se encontra em Londres e continua suas indagações:

> Pois aquela visita a Oxbridge, o almoço e o jantar, tinham dado início a uma enxurrada de perguntas. Por que os homens bebem vinho e as mulheres, água? Por que um sexo era tão próspero e o outro, tão pobre? Que efeito a pobreza tem sobre a ficção? Que condições são necessárias para a criação de obras de arte? Mil perguntas surgiam ao mesmo tempo. Mas eram necessárias respostas, não perguntas; e uma resposta só seria obtida consultando os sábios e os imparciais, aqueles que se colocaram acima da luta das palavras e da confusão do corpo e entregaram ao mundo o resultado de seus raciocínios e suas pesquisas escrevendo-o em livros que estão no Museu Britânico. Se a verdade não é encontrada nas

prateleiras do Museu Britânico, onde, eu me perguntei, pegando um caderno e um lápis, está a verdade? (Woolf, 2021, p. 49-50)

No raciocínio da autora, a busca pela verdade da relação mulheres e ficção deve ser encontrada nas grandes instituições do conhecimento, entendidas por ela como as universidades e os museus. Como a tentativa de entrar na primeira instituição se mostrou frustrada, pois nem todos os espaços eram permitidos para ela, ela se dirige ao museu, na expectativa de encontrar respostas para suas dúvidas. E, já na consulta do catálogo, nota que sua frustração não se resolverá de maneira tão simples:

> Vocês fazem alguma ideia de quantos livros são escritos sobre as mulheres ao longo de um ano? Fazem alguma ideia de quantos são escritos por homens? Têm consciência de que talvez sejam o animal mais discutido do universo? Eu fora até lá levando um caderno e um lápis, com a intenção de passar a manhã lendo, supondo que, no fim daquelas horas, teria transferido a verdade para o meu caderno. Mas eu teria de ser uma manada de elefantes, pensei, e uma floresta de aranhas, referindo-me desesperadamente aos animais que dizem ser os mais longevos e àqueles que possuem os mais multíplices olhos, para conseguir lidar com tudo aquilo. Eu precisaria de garras de aço e um bico de latão só para penetrar a casca. Como serei capaz de encontrar os grãos de verdade engastados nessa massa de papel? Eu me perguntei e, em desalento, comecei a passar os olhos para cima e para baixo pela longa lista de títulos. Até mesmo os nomes dos livros me deram o que pensar. É claro que o sexo e sua natureza atraem médicos e biólogos; mas o

surpreendente e difícil de explicar era o fato de que o sexo – ou seja, a mulher – também atraía afáveis ensaístas, romancistas de dedos leves, rapazes que fizeram mestrado, rapazes que não se formaram em coisa nenhuma, homens sem nenhuma qualificação aparente exceto não serem mulheres. Alguns desses livros pareciam ser frívolos e jocosos; mas muitos outros, por outro lado, eram sérios e proféticos, morais e exortatórios. Apenas a leitura dos títulos trazia à lembrança inúmeros professores, inúmeros clérigos subindo em suas plataformas e púlpitos e discursando com uma loquacidade que ultrapassava em muito a hora normalmente reservada para a discussão desse único assunto. Era um fenômeno muito estranho; e aparentemente – aqui, eu consultei a letra H – restrito ao sexo masculino. As mulheres não escrevem livros sobre os homens – um fato que não pude deixar de descobrir com alívio, pois, se precisasse primeiro ler tudo o que os homens já escreveram sobre as mulheres e depois tudo que as mulheres já escreveram sobre os homens, a babosa que floresce uma vez a cada cem anos teria florescido duas vezes antes que conseguisse tocar o papel com a pena. Assim, fazendo uma escolha inteiramente arbitrária de cerca de uma dúzia de livros, coloquei minhas tiras de papel sobre a bandeja de metal e esperei no meu banquinho entre outros que buscavam o óleo essencial da verdade. (Woolf, 2021, p. 50-51)

Aqui, Woolf chama atenção para um fato curioso: mulheres são mais frequentes como personagens, ou seja, representadas em obras por homens, do que como autoras, representando a si mesmas. Por quê? E de onde vem essa diferença?

> ## Curiosidade
>
> Um grupo de ativismo artístico anônimo se deparou com a mesma questão de Woolf, mas acerca das obras expostas em vários museus ao redor do mundo. Apesar de mulheres serem frequentemente retratadas nas artes plásticas, muitas vezes de maneira idealizada e até nuas, a quantidade de artistas mulheres com obras expostas é ínfima. O grupo de artistas mulheres se juntou para protestar e, desde 1985, promover ações que buscam modificar esse cenário. Isso inclui a produção de cartazes que chamam atenção para o fato, com materiais produzidos para vários museus expondo os dados de suas obras, assim como ações presenciais (e mascaradas) em eventos do meio artístico (Guerrilla Girls, 2017).

Mas ser apenas objeto da arte não basta, "Pois é um enigma eterno o fato de nenhuma mulher ter escrito uma palavra daquela literatura extraordinária quando um em cada dois homens, aparentemente, era capaz de compor canções ou sonetos" (Woolf, 2021, p. 71), afirma a autora. E é com isso que Woolf chega em um dos pontos principais de seu argumento: Quais são as condições de vida das mulheres?

A pesquisa continua na biblioteca pessoal da própria narradora, na qual ela se depara com as muitas obras que contam com personagens femininas ao longo da história da literatura e, pensando sobre as condições de vida das mulheres, se pergunta: Será que as mulheres sabiam escrever em outros momentos da história? Com isso, conclui: "teria sido completa e inteiramente impossível para qualquer mulher escrever as peças de Shakespeare na época de Shakespeare" (Woolf, 2021, p. 78). E chega em um dos seus exemplos centrais e mais conhecidos: a irmã de Shakespeare.

Você provavelmente já ouviu falar de William Shakespeare (1564-1616), um dos grandes escritores da língua inglesa e autor de peças teatrais conhecidas amplamente até hoje, como *Romeu e Julieta*. Mas Woolf especula o que teria acontecido caso o autor tivesse tido uma irmã, que chama ficcionalmente de Judith. Enquanto Shakespeare ia para a escola, entrava em contato com os clássicos literários e se mudava para Londres para viver de sua escrita, Judith provavelmente teria ficado em casa, ajudando com os afazeres domésticos e, eventualmente, se casado – ou se tornado um peso para a família. Isso, claro, independentemente de sua vontade de seguir uma vida diferente, de ser criativa e curiosa e do fato de que teria preferido ter oportunidades similares às de seu irmão.

Por mais que uma mulher tivesse o mesmo talento que um homem, não teria as condições de colocá-lo em prática. Mais que isso, segundo Woolf (2021), essa não seria uma possibilidade – não seria possível que uma mulher tivesse o mesmo talento que, por exemplo, Shakespeare: "Pois uma genialidade como a de Shakespeare não nasce entre pessoas ignorantes, servis, que labutam" (Woolf, 2021, p. 81). Isso, segundo a autora, ocorre justamente porque é necessário estar em um ambiente que promova o ensino e a educação e que incentive a criatividade para a pessoa ser capaz de produzir uma obra de impacto (Woolf, 2021). As mulheres, presas nos sistemas sociais, não tinham acesso a esse estilo de vida – e é por isso que raramente seriam capazes de produzir obras de tanto impacto quanto de vários autores bem conhecidos.

pareceu-me, revisando a história da irmã de Shakespeare que eu havia criado, é que qualquer mulher nascida com um grande talento no século XVI certamente teria enlouquecido, se matado com um tiro ou acabado em algum casebre solitário nos arredores do vilarejo, meio bruxa, meio sábia, temida e zombada. (Woolf, 2021, p. 82)

O texto se estende por comentários literários e, inclusive, retoma autoras de impacto na literatura, como Jane Austen, George Elliot e Emily e Charlotte Brontë. Mas a conclusão é clara: é necessário ter uma renda e um aposento com tranca na porta para escrever ficção ou poesia, ou seja, meios de subsistência, tempo e privacidade. Essa era uma condição possível principalmente para homens de classe abastada, mas rara para mulheres.

Nessa obra, Woolf pensa, muito mais do que nos textos em si, no contexto de produção das obras. Principalmente porque, para ela, a relação entre mulheres e ficção é marcada pela dificuldade de elas ingressarem no sistema literário, o que começa pela ausência das condições ideais de escrita em termos de educação, ambiente e possibilidades financeiras. Depois disso, depara-se com o próprio mundo em si e com o preconceito que autoras podem sofrer dentro de um mundo literário dominado por homens.

Outro texto importante de Woolf dentro do contexto da crítica feminista é o livro *Três guinéus*, publicado em 1938. Escrito em formato de cartas a um destinatário fictício, o texto apresenta um argumento que aproxima o pensamento militar e bélico ao papel subordinado das mulheres nas esferas políticas e sociais (Woolf, 2019). Woolf aponta para uma masculinidade tóxica, que insiste em um pensamento de guerra – afinal, a Segunda Guerra Mundial estava prestes a começar, e Woolf faleceu depois do começo do conflito: suicidou-se depois de um episódio de depressão profunda, em 1941 (Marder, 2011).

4.2.2 Simone de Beauvoir

Já uma autora que marcou o pensamento e a crítica feminista depois da Segunda Guerra Mundial foi a francesa Simone de Beauvoir (1908-1986). Ela estudou em uma escola católica até os 17 anos e, depois, ingressou no curso de Filosofia na Universidade de Paris, onde conheceu, entre outros intelectuais, Jean-Paul Sartre. Faz parte das primeiras gerações de mulheres a ter uma formação de elite (Beauvoir, 2017). Foi professora entre 1931 e 1943 (Beauvoir, 2021).

Assim como Woolf, Beauvoir também teve uma produção extensa entre romances, contos, ensaios, textos autobiográficos e trabalhos filosóficos. Suas contribuições para a crítica literária feminista são várias, mas focaremos em dois trabalhos: (1) a análise seminal *O segundo sexo*, de 1949; (2) e o trabalho de escrita literária que abordava aspectos importantes da filosofia existencialista.

O segundo sexo foi publicado na França em 1949, logo depois do fim da Segunda Guerra Mundial. O país passava por diversos problemas financeiros e sociais, tendo sido completamente destruído durante o conflito. O livro é um ensaio crítico extenso com uma análise sobre o papel das mulheres na sociedade, e se tornou, nas próximas décadas, a base teórica para boa parte do ativismo feminista na Europa e na América do Norte.

O livro aborda o assunto de diversos ângulos. Parte da biologia, da história e dos mitos, apresentados no volume 1 (Fatos e mitos), e chega à formação e à situação das mulheres no período contemporâneo, assim como às ideias de Beauvoir para uma libertação das mulheres, no volume 2 (A experiência vivida) (Beauvoir, 2009). Assim, a autora passa por diversos temas para justificar seu argumento principal: mulheres são vítimas de opressão e existem caminhos para uma igualdade de gêneros. O primeiro volume traz a mulher de maneira objetiva, ou seja, como objeto de estudo, enquanto o segundo volume apresenta a mulher do ponto de vista subjetivo, partindo de sua própria experiência como mulher (Beauvoir, 2009).

Entre os vários temas apresentados por Beauvoir, a literatura guarda um lugar especial. Isso porque a autora usa a análise de obras literárias como parte de seu argumento, mostrando que há um padrão nas narrativas tipicamente consumidas nas obras clássicas que ajuda a reforçar a imagem da mulher como mais fraca e o homem em uma posição superior. Isso já começa, segundo a autora, com a Bíblia: "Todos os mitos da criação exprimem essa convicção preciosa do macho e, entre outras, a lenda do Gênese que, através do cristianismo, se perpetuou na civilização ocidental" (Beauvoir, 2017, p. 209). Desse modo, o próprio mito de criação já mostra a mulher como um ser criado a partir do homem, que foi, por sua vez, a criação original. E mais do que isso: criada para ser sua companhia.

É costurando várias referências que Beauvoir insere a análise de obras literárias em sua discussão. Entre os autores discutidos, estão D. H. Lawrence (1885-1930), André Breton (1896-1966) e

Stendhal (1783-1842). A análise da autora parte, principalmente, das personagens e do enredo, buscando nos padrões mostrados pelos relacionamentos retratados nos textos a construção dos mitos, das expectativas e das imagens que se tinha das mulheres. Alguns dos temas abordados incluem a necessidade do herói de se insurgir contra a mãe; a mãe como provedora de alimentos; a necessidade de se ter orgulho do fato; e a mulher como elemento de distração e perturbação do homem.

> Vê-se por esses exemplos que, em cada escritor singular, se refletem os grandes mitos coletivos: a mulher foi-nos apresentada como **carne**; a carne do homem é gerada pelo ventre materno e recriada nos abraços da amante; por esse aspecto a mulher aparenta-se à **natureza**, encarna-a: animal, vale de sangue, rosa desabrochada, sereia, curva de uma colina, ela dá ao homem o humo, a seiva, a beleza sensível e a alma do mundo; ela pode possuir as chaves da **poesia**; pode ser **mediadora** entre este mundo e o além: graça ou pítia, estrela ou feiticeira, abre a porta do sobrenatural, do suprarreal; está votada à **imanência**; e com isso sua passividade distribui a paz, a harmonia, mas, se recusa esse papel, ei-la fêmea de louva-a-deus, mulher de ogro. Em todo caso, ela se apresenta como o **Outro privilegiado** através do qual o sujeito se realiza: uma das medidas do homem, seu equilíbrio, salvação, aventura e felicidade. (Beauvoir, 2017, p. 336-337, grifo do original)

Entre tantos mitos, talvez um dos mais frequentes, e que de, certa forma, engloba os outros, é da mulher como um ser "misterioso", além da compreensão dos homens. Isso, por sua vez, reforça ainda mais a noção de **outro**.

A noção de outro é bastante importante para entender o pensamento de Beauvoir: a mulher não é definida por si, mas sim em comparação com o homem. Mais do que isso: a mulher é definida por aquilo que não tem em relação ao homem. Em uma lógica em que as definições são feitas em oposição, ao transformar a mulher em "outra", a imagem da mulher também ajuda a definir o significado de "homem".

Para Beauvoir (2017), os mitos mudam dependendo de cada situação.

> O Outro é singularmente definido segundo o modo singular que o Um escolhe para se pôr. Todo homem afirma-se como uma liberdade e uma transcendência, mas não dão todos os homens o mesmo sentido a essas palavras [...]. Para cada um deles, a mulher ideal será a que encarnar mais exatamente o Outro capaz de o revelar a si mesmo. (Beauvoir, 2017, p. 337, 340)

Assim, quando se diz que as mulheres são distrações e perturbações para o homem, não é o homem que é fraco, mas a mulher que é perigosa, e assim por diante.

> **PRESTE ATENÇÃO!**
>
> A noção de **outro** também serve de base para o pensamento de Toni Morrison (2019), autora americana vencedora do Prêmio Nobel de Literatura em 1993. Nos ensaios incluídos em seu livro,

> a autora apresenta como o processo de "outremização", ou seja, transformar pessoas, grupos ou etnias em outros, estrangeiros, diferentes de si mesmo, é o processo que dá base para o racismo. A autora também parte da crítica de obras literárias para mostrar como o discurso e a narrativa são capazes de salientar esse processo – e, também, como podem ajudar a combater a questão.

Então, se o mito da mulher como outra é tão frequente e importante na literatura, como se constrói na vida? Partindo desse questionamento, Beauvoir (2017) apresenta a formação da mulher como indivíduo, e como vários dos mitos já são trazidos e reforçados na vida das mulheres desde cedo. A construção narrativa, evidente nos mitos, torna-se uma verdade na prática no cotidiano.

> Ninguém nasce mulher: torna-se mulher. Nenhum destino biológico, psíquico, econômico define a forma que a fêmea humana assume no seio da sociedade; é o conjunto da civilização que elabora esse produto intermediário entre o macho e o castrado, que qualificam de feminino. Somente a mediação de outrem pode constituir um indivíduo como um Outro. (Beauvoir, 2017, p. 361, grifo do original)

Desse modo, Beauvoir (2017) defende que a desigualdade entre homens e mulheres não é dada por fatores inerentes aos sexos, mas sim que a sociedade, composta da produção cultural, dos mitos e das demais estruturas, leva as mulheres a serem formadas como são. Com isso, a autora traz uma crítica bastante essencialista, sustentando que o natural é reprimido pelo social. Esse pensamento marcaria a teoria literária feminista dos anos 1980 (Leitch et al., 2018).

Além disso, ao usar textos literários sem distingui-los de fontes consideradas mais acadêmicas, como textos das áreas de história ou biologia, Beauvoir (2017) propõe uma metodologia que também contribui com uma crítica dos mitos patriarcais. Isso porque ela atinge a estrutura acadêmica e de construção do saber, que prioriza determinados procedimentos e fontes em detrimento de outros. Ao considerar a literatura uma fonte tão adequada quanto a de textos acadêmicos, a autora abre um grande espaço para o debate crítico e fornece sentido mais amplo à prática da crítica literária.

Além de ter feito isso no campo da reflexão e da análise, Beauvoir (2017) também usou a escrita literária de maneira crítica. Isso porque trouxe várias teses existencialistas para sua obra. Uma das noções, por exemplo, é a de que cada pessoa é responsável por si mesma. Essa ideia pode ser observada em suas obras autobiográficas, como *Memórias de uma moça bem-comportada*, de 1958 (Beauvoir, 2017). Com isso, a autora também reafirma a noção de que a literatura pode transmitir uma crítica.

Depois de uma carreira longa e premiada, Simone de Beauvoir faleceu em 1986, com 78 anos, quando foi fatalmente acometida por uma pneumonia (Beauvoir, 2021).

Tanto Virginia Woolf quanto Simone de Beauvoir tiveram obras extensas, que abrangem romances, ensaios e textos de outros gêneros, e são reconhecidas pelo papel que desempenharam na crítica. As duas foram capazes de ver a literatura como um fenômeno social, que, por isso, está sujeita aos mesmos embates que o resto da sociedade. Woolf pensou principalmente como a prática de literatura envolve instituições formadoras do cânone, assim como as condições materiais de sua produção, enquanto Beauvoir se ocupou mais das representações de épocas e costumes dentro das obras e como as narrativas refletem hábitos ao mesmo tempo que os reforçam. Suas obras criaram um diálogo extenso entre a prática literária e a crítica, criando tanto ensaios com estruturas narrativas quanto romances com um pensamento crítico forte.

Por conta disso, as duas autoras foram base para um crescente pensamento crítico feminista. Veremos as implicações disso a seguir.

quatropontotrês
As diferentes correntes do feminismo e suas implicações no território da crítica literária

Apesar de terem em comum a busca pelo fim das desigualdades de gênero, não é incomum que grupos diferentes discordem de certos aspectos dentro do feminismo. Tanto que não é incomum ouvirmos *feminismos*, no plural, já que são diversas as manifestações e formas de pensar que se agregam com esse objetivo comum. Esses pensamentos diferentes podem ter implicações diferentes dentro da prática de crítica. É isso que vamos explorar agora.

Por bastante tempo, a história do feminismo, que é também a história da crítica feminista, foi dividida por ondas. Esse sistema se baseia na cronologia dos movimentos do mundo ocidental, marcando as diferenças entre as manifestações que ocorreram em diferentes momentos. A primeira onda teria como foco a luta sufragista, que ocorreu entre o final do século XIX e o começo do XX. A segunda onda teve início nos anos 1950 e perpassou fortemente os anos 1960 e 1970. O centro do debate dessa vez era a busca de liberdades e a noção de que as escolhas individuais da mulher também eram temas políticos. Debates sobre aborto, pílulas anticoncepcionais e liberdades sexuais foram importantes nesse período. Por fim, a terceira onda está associada ao fim da União das Repúblicas Socialistas Soviéticas (URSS) e à queda do muro de Berlim. Foi o momento de um feminismo *punk*, que buscava o empoderamento feminino, bem como o crescimento de questões de interseccionalidade.

Apesar de bastante didática, a divisão em três ondas tem sido cada vez mais criticada por excluir movimentos que aconteceram em outros lugares fora do norte global ou que não tenham coincidência temporal e temática com as ondas tidas como principais por esse recorte. Além disso, essa divisão tenta encaixar outros vários pensamentos em modelos predefinidos. Assim, não usaremos essa forma clássica para falar da crítica – focaremos nas diferentes preocupações e nos ângulos possíveis que a crítica pode assumir.

Como já vimos antes, a crítica feminista existiu dentro de várias correntes críticas: mulheres que criticavam a falta de igualdade entre gêneros dentro do movimento marxista, por exemplo.

Além disso, como Dorlin (2021) já afirmou, há sempre uma proximidade muito grande entre prática política e prática crítica dentro do feminismo. É isso que vamos explorar aqui.

4.3.1 O debate sobre o cânone

Como já apresentado, quando se fala de *cânone*, questiona-se tanto o conjunto de obras em si e as estruturas dominantes que formam o cânone, como universidades ou crítica literária (instituições, muitas vezes, e até pouco tempo atrás, quase exclusivamente, compostas de homens brancos cisgêneros no norte global), quanto a própria existência de um cânone, ou seja, a ideia de que é necessário formar um grupo de obras que sejam consideradas superiores às outras por questões de estilo ou tema.

Dentro da crítica feminista, esse tema é questionado de várias maneiras, desde trabalhos editoriais que buscam a inclusão de obras de autoras mulheres no mundo editorial como o trabalho de pesquisa de obras que ainda não têm fortuna crítica aprofundada. É o caso já apresentado de *Úrsula*, de Maria Firmina dos Reis. Outro exemplo é o trabalho da editora inglesa Persephone Books (2023), que se especializou em publicar obras de mulheres dos séculos XIX e XX que não tinham mais edições em catálogo.

Além disso, nesse campo, está ainda a escolha das obras apresentadas na crítica. Você já parou para pensar, em termos de volume, quantas obras de mulheres e quantas obras de homens são resenhadas em um mesmo veículo? A diferença com certeza já foi maior, e iniciativas dos últimos anos influenciaram essa mudança, mas a própria escolha em se falar mais sobre obras de autoras contribui para a reformulação do cânone.

4.3.2 A literatura como fazer social

Como já vimos no Capítulo 1, Sapiro (2019, p. 11) defende que há pelo menos duas maneiras de entender a literatura como um fazer social: (1) tomando-a como um fenômeno "do qual participam várias instituições e indivíduos que produzem, consumem e julgam as obras"; e (2) estudando "a inscrição das representações de uma época e das questões sociais nos textos literários".

A crítica feminista pode se valer das duas práticas. No primeiro campo, está, por exemplo, o debate do cânone, apresentado na seção anterior, ou a crítica ao sistema literário de uma maneira geral. No segundo campo está a crítica das obras em si.

Pense em uma obra clássica. Não vamos entrar aqui em uma discussão sobre o termo, apesar de ela ser válida – mas pense em uma obra que lhe foi apresentada como *clássica* ou que você associe com essa palavra. Talvez algo que você tenha lido na escola. É muito provável que você tenha pensado em uma obra escrita por um autor homem – isso se deve à vários fatores, muitos dos quais já foram apresentados. Mas a questão é que também cabe à crítica literária feminista ler essas obras com novos olhos e uma nova perspectiva. É o que Simone de Beauvoir nos propõe: ler obras clássicas de um outro modo.

Essa prática nos convida não necessariamente a reformular o cânone, mas a vê-lo de outra forma. Capitu traiu Bentinho ou não? Uma das perguntas mais clássicas de nossa literatura em relação ao livro Dom Casmurro, de Machado de Assis. Mas podemos ir além: Afinal de contas, isso importa? Ou a ideia é justamente o fato de que não sabemos, mas lemos a narrativa de um homem atormentado por uma certeza que ele mesmo criou para si próprio?

4.3.3 A tradução

A tradução de obras também pode ser vista por um viés crítico e, assim como o debate anterior, também pode ser vista de, pelo menos, duas maneiras.

Por um lado, podemos ver pessoas que traduzem, agentes literários e outras pessoas envolvidas no mercado editorial, assim como pessoas que têm uma grande influência no sistema literário. Quais obras são publicadas e traduzidas? Como é feita essa escolha? O que não se traduz? Essas são perguntas que permeiam esse debate.

Por outro lado, também podemos pensar a retradução, ou seja, fazer novas traduções de obras que já foram traduzidas outras vezes, mas trazendo uma nova perspectiva crítica. A tradução não é uma tarefa neutra e perpassa um conjunto de escolhas conscientes por parte da pessoa que traduz. É o caso da tradutora americana Emily Wilson, que propôs uma nova tradução para o inglês da *Odisseia*, de Homero. É a primeira tradução da obra feita por uma mulher para o inglês e trouxe consigo várias perguntas importantes: Como as traduções anteriores trouxeram uma visão sexista da linguagem? Como o fato de a obra só ter sido traduzida por homens até então impactou a recepção da obra? (Homero, 2018).

"As (re)apropriações de obras do passado, ou provenientes de outras culturas, estão no centro dos mecanismos de reprodução ou de renovação", afirma Sapiro (2019, p. 12), e isso perpassa também as escolhas de tradução.

4.3.4 A crítica da linguagem e a criação de uma linguagem diferente

Uma crítica feita dentro da produção literária é com relação ao uso da linguagem patriarcal. Assim, muitas escritoras buscam uma linguagem que escape das estruturas que estão criticando. Em línguas com gêneros marcados, como o português ou o francês, experimentos literários que buscam uma linguagem não marcada são uma forma de fazer uma crítica da linguagem em si. Nos anos 1970, Hélène Cixous (2022) busca uma forma de sintetizar essas práticas com o termo *écriture féminine* no livro *O riso da Medusa*.

4.3.5 O movimento *#metoo* e a busca por *own voices*

O movimento *#metoo* ("eu também", em tradução livre), que começou a circular como *hashtag* (frase ou palavra antecedida do símbolo # para que postagens com um mesmo tema possam ser identificadas em redes sociais) em 2017, abriu espaço para que várias mulheres falassem abertamente e publicamente sobre episódios de assédio que sofreram ao longo da vida. Essas denúncias acarretaram vários processos e algumas prisões.

No campo literário, isso gerou um grande interesse por *own voices*, ou seja, relatos e livros escritos da perspectiva de pessoas que têm experiências de vida similares àquelas retratadas. Se determinado livro apresenta um casal homossexual, será que a pessoa que escreveu também o é? Por que não ler uma autora indiana para ler sobre a Índia, em vez de uma inglesa ou americana falando sobre o país?

Esse debate é muito pertinente para a crítica literária feminista. Por um lado, a busca por *own voices* tenta dar voz a pessoas que nem sempre tiveram tanto espaço no sistema literário e incentiva uma busca maior por diversidade. Por outro, cabe a pergunta: A ficção não é justamente o campo de exploração do outro?

Podemos relacionar esse debate com o conceito de lugar de fala da pesquisadora brasileira Djamila Ribeiro (2017), que chama atenção para a consciência que cada indivíduo deve ter de sua própria realidade e privilégios ao entrar nas lutas, propondo um espaço de respeito maior entre diferentes vozes.

4.3.6 O decolonialismo

Pesquisas recentes no campo do decolonialismo propõem uma aproximação do campo com a crítica feminista. Esse é o campo que busca uma crítica dos sistemas coloniais e as forças decorrentes dele que operam até hoje na sociedade. Aliado a isso está o aumento de interesse pelos saberes indígenas e a valorização do pensamento local em diálogo com os demais.

Para o campo literário, isso traz algumas perguntas importantes. Começando com o pensamento sobre a produção e o consumo da literatura local, em detrimento de grandes *best-sellers* internacionais, e o espaço que cada um ocupa no sistema literário local. Mas por que isso é importante? Ou qual é a diferença? Quando compramos livros, lemos e debatemos autores e autoras locais, estamos ajudando a fomentar sua produção e nos envolvendo com temas de nossa própria região. Na crítica, isso pode ter impacto na escolha de obras abordadas, mas também incentivar uma discussão maior sobre o mercado literário como um todo.

Uma das obras que discute esse tema com mais atenção é o livro *Memórias da plantação: episódios de racismo cotidiano*, da escritora Grada Kilomba (2019). A obra apresenta a normalidade do racismo no cotidiano das sociedades, principalmente no norte global, e suas diferentes manifestações, questionando o papel das sociedades coloniais na formação do racismo contemporâneo.

4.3.7 O pessoal é político

Tema principal da segunda onda feminista, nos anos 1960, a frase "o pessoal é político" nos convida a pensar experiências pessoais em um contexto social mais abrangente, pensando quais instâncias das vidas privadas das mulheres são determinadas por políticas criadas por homens. Mas como é possível aliar isso à crítica literária feminista?

Um exemplo é o livro *O acontecimento*, da autora francesa Annie Ernaux, vencedora do Prêmio Nobel de Literatura de 2022. Na obra, a autora narra uma gravidez indesejada e um aborto clandestino na Paris de 1963, quando a prática era gravemente criminalizada. Publicado pela primeira vez em 2000 e em tradução no Brasil em 2022, o livro ilustra os embates e os problemas da não legalização do aborto (Ernaux, 2022). O tema tem sido frequente nos últimos anos: foi legalizado na Argentina em 2020 e acarretou mudança da legislação sobre o tema nos Estados Unidos em 2022, o que deixou a prática mais restrita. Nesse sentido, o livro pode ser inserido no debate maior, tornando a experiência pessoal de Ernaux parte da política. Além disso, falar sobre o livro neste momento é uma forma de chamar atenção para o tema de uma maneira geral.

4.3.8 A teoria *queer*

As teorias *queer** juntam várias ideias que derivam dos estudos feministas e de gênero, mas partem de uma premissa diferente: O gênero é binário? É uma questão da desigualdade entre homens e mulheres? Aqui a crítica cai não somente no patriarcado, mas também na heteronormatividade.

Para a crítica literária, esse debate leva a questionamentos sobre a construção e a identidade de gênero das personagens, assim como a busca por marcadores *queer*, ou seja, indícios de uma identidade não heteronormativa na literatura clássica – que nem sempre teve liberdade de abordar esses temas de maneira aberta.

---

* O termo *queer*, do inglês "estranho", começou a ser usado como um termo pejorativo para homossexuais na Inglaterra. Ao longo dos anos, porém, começou a ser adotado pela própria comunidade. Hoje é usado para se referir a pessoas que não concordam com lógicas heterossexuais ou heteronormativas (Sabbag, 2022).

4.3.9 O feminismo interseccional

Uma das críticas ao próprio movimento feminista é o quanto ele considera, principalmente num primeiro momento, as mulheres brancas de classe mais elevada. A proposta do feminismo interseccional é justamente agregar debates de classe, raça, decolonialismo, gênero, entre outros, ao feminismo, acreditando que não é possível separar as categorias entre si.

No campo da crítica literária, isso também leva à busca por *own voices*, já mencionada. Leva também a perguntas sobre a acessibilidade do sistema literário para a população: O preço do livro impede qual parcela da população de ter acesso à literatura? Onde estão as bibliotecas e como se monta seu acervo? Como jovens de periferia conseguiriam publicar um livro? E pessoas não binárias? A busca aqui é por articular vários dos debates anteriores em uma mesma questão.

quatropontoquatro
A questão do gênero como categoria de análise

Apresentado tudo isso, podemos dizer que uma das maiores contribuições do pensamento feminista para a crítica literária é trazer o gênero como categoria de análise em textos, tanto na instância de pensar sua produção quanto o texto em si. A ideia de gênero como categoria de análise parte, em grande medida, do artigo "Gênero: uma categoria útil de análise histórica", publicado originalmente em 1986 pela historiadora Joan Scott, já mencionada no Capítulo 1 desta obra. Para ela, "as pesquisadoras feministas assinalaram desde o início que o estudo das mulheres não acrescentaria somente novos temas, mas que iria igualmente impor um reexame crítico das premissas e dos critérios do trabalho científico existente" (Scott, 1995, p. 73). Em outras palavras, não só a inclusão de temas, mas uma mudança de estrutura em si, o que envolve também a crítica das estruturas vigentes. Scott (1995) também afirma que o gênero ganha espaço como categoria analítica só no fim do século XX. Depois de determinar o que entende como gênero e como o trabalho com essa categoria pode ser realizado, a autora afirma:

> A exploração dessas questões fará emergir uma história que oferecerá novas perspectivas sobre velhas questões (como, por exemplo, é imposto o poder político, qual é o impacto da guerra sobre a sociedade), redefinirá velhas questões em novos termos (introduzindo, por exemplo, considerações sobre a família e a sexualidade no estudo da economia e da guerra), tornará as mulheres visíveis como participantes ativas e criará uma distância analítica entre a linguagem aparentemente fixa do passado e nossa própria terminologia. Além disso, esta nova história abrirá possibilidades para a reflexão sobre atuais estratégias políticas feministas e o futuro (utópico), pois ela sugere que o gênero deve ser redefinido e reestruturado em conjunção com uma visão de igualdade política e social que inclua não somente o sexo, mas também a classe e a raça. (Scott, 1995, p. 93)

Apesar de a autora estar pensando primariamente em trabalhos na área da história, seu comentário atingiu várias áreas da pesquisa de humanidades, incluindo a crítica literária. Mas o que significa usar o gênero como categoria de análise?

Quando se analisa determinado objeto, seja ele um momento histórico, seja um texto literário, escolhe-se prestar atenção a certos fatores do texto. No caso da literatura, em geral, fala-se de gênero textual, narrador, tempo e espaço da narrativa e assim por diante. Esses são fatores importantes na formação de um texto, mas a proposta do feminismo é pensar em como incluir o gênero como mais uma categoria de análise – e podemos pensar tanto no gênero das personagens quanto no gênero dos autores etc.

O objetivo de uma crítica literária feminista, então, é expor estereótipos e mitos machistas presentes em determinadas obras ou narrativas; entender as distorções e omissões da literatura predominada por homens; estudar a criatividade, os gêneros, os estilos, os temas, as carreiras e as tradições das mulheres; desenvolver, em termos de epistemologia, conceitos teóricos e métodos feministas de análise; examinar as formas de poder em jogo nas vidas, na literatura e na crítica feita por mulheres, atravessando psicologia e política, biologia e história cultural – e esses são só alguns exemplos!

O mais importante é que isso pode ser feito com qualquer texto, não apenas com obras escritas por mulheres ou com livros que trazem o gênero como tema ou forma importante. Obras de vários tipos podem passar pelas críticas feministas.

4.4.1 A diferença entre literatura feminina e literatura de autoria feminina ou de mulheres

Aqui cabe uma distinção importante para qualquer pessoa que pretende trabalhar com crítica literária feminista. Você sabe qual a diferença entre literatura feminina e literatura de autoria feminina? Pode até parecer que a diferença é mínima, mas, no fim das contas, não é esse o caso.

O termo *escrita feminina*, ou *écriture féminine*, em sua forma original, surgiu com o pensamento proposto pela crítica francesa Hélène Cixous (2022), em seu livro *O riso da Medusa*. Essa forma de escrita não se relaciona com o gênero de quem escreve, mas sim com uma característica da linguagem utilizada na escrita. "É um modo radical e disruptivo de escrita que se opõe ao discurso patriarcal e sua gramática rígida, seus limites e categorias, entrando no campo do imaginário, dando voz ao inconsciente e ao corpo" (Leitch et al., 2018, p. 17, tradução nossa). Assim, o termo deve ser usado para essa definição.

Já o termo *literatura feminina*, apesar de ainda ser usado, recebe muitas críticas, principalmente por dar a entender que a literatura escrita por mulheres é um gênero literário, enquanto, na verdade, autoras escrevem em vários gêneros diferentes. Além disso, o termo pode soar pejorativo.

Assim, os termos *literatura de autoria feminina* ou, ainda, *literatura de autoria de mulheres* costumam ser mais aceitos e usados hoje em dia.

Indicações culturais

BEAUVOIR, S. de. **Os mandarins**. Tradução de Hélio de Souza. 3. ed. Rio de Janeiro: Nova Fronteira, 2017. (Coleção Clássicos de Ouro).

O romance *Os mandarins*, um volume composto de mais de 700 páginas na edição indicada, foi publicado originalmente em 1954. A obra descreve a atmosfera na França no período entre os anos 1944 e 1948 – ou seja, depois da Segunda Guerra Mundial. O livro acompanha a agitação cultural e os dilemas da esquerda e foi uma obra importante do período: além de ser um dos exemplos mais conhecidos de romance existencialista, foi também vencedor do Prêmio Goncourt, um dos mais importantes da literatura francesa.

KANTOR, J.; TWOHEY, M. **Ela disse**: os bastidores da reportagem que impulsionou o #MeToo. Tradução de Débora Landsberg et al. São Paulo: Companhia das Letras, 2019.

SHE SAID. Direção: Maria Schrader. Produção: Dede Gardner e Jeremy Kleiner. Estados Unidos: Universal, 2022. 129 min.

O livro apresenta o relato da produção de uma das reportagens que deram início ao movimento *#metoo* – e como o principal embate é encontrar provas que saiam da lógica "ela disse". Em 2022, a história de como a reportagem foi feita também foi para as telonas. O filme *She Said* foi dirigido por Maria Schradar e encenado por Carey Mulligan e Zoe Kazan.

LEIA MULHERES. Disponível em: <https://leiamulheres.com.br>. Acesso em: 30 out. 2023.

O grupo Leia Mulheres, fundado por Juliana Gomes, Juliana Leuenroth e Michelle Henriques em São Paulo, no ano de 2015, a partir de um projeto da escritora Joanna Walsch, tem uma proposta simples: ler um livro de uma autora por mês e se encontrar para debatê-lo. Desde então, já se espalhou por várias cidades do país e teve um impacto importante no mercado editorial brasileiro: chamar atenção para o fato de que as editoras publicavam menos mulheres e, mesmo depois da publicação, esses livros recebiam menos atenção nas livrarias e na crítica literária. Dentro de um sistema capitalista, isso leva a um número de vendas menor e, consequentemente, menos interesse das editoras em continuarem com essas publicações. Ao trazer os livros para um espaço de debate maior, o grupo contribui com o aumento da circulação dessas obras.

MULLER, C.; BOCQUET, J.-L. **Olympe de Gouges:** feminista, revolucionária, heroína. Tradução de André Telles. Rio de Janeiro: Record, 2014.

O quadrinho apresenta a biografia de Olympe de Gouges, do seu nascimento até sua morte. Inspirada pelas ideias libertárias, Gouges aplica as noções de igualdade também para a questão de gênero, em uma época em que seu país estava em fogo com a Revolução Francesa.

O ACONTECIMENTO. Direção: Audrey Diwan. França: Wild Bunch, 2021. 100 min.

O filme *O acontecimento* foi dirigido por Audrey Diwan e adaptado do livro homônimo de Annie Ernaux. A obra narra a gravidez indesejada e o aborto ilegal realizado por uma estudante de 23 anos. Seu sentimento de solidão, a impossibilidade de falar sobre o assunto para não ter cúmplices no crime e a dificuldade de achar saídas criam uma obra angustiante.

> WOOLF, V. *Orlando*: uma biografia. Tradução de Tomaz Tadeu. Belo Horizonte: Autêntica, 2015.
>
> O romance *Orlando*, apresentado como uma biografia, descreve a vida de uma personagem inglesa que, no começo da narrativa, é um jovem de 16 anos. Orlando vive por quatro séculos, mas, depois de ser enviado como embaixador da Inglaterra para Constantinopla, se transforma em mulher. O romance quebra vários paradigmas: o de gênero literário, ao apresentar uma biografia fictícia; o do tempo, ao mostrar uma personagem com um tempo de vida inverossímil; e o de identidade sexual.

Síntese

Neste capítulo, vimos dois textos essenciais para a crítica literária feminista: *Um quarto só seu*, de Virginia Woolf, e *O segundo sexo*, de Simone de Beauvoir. As duas obras trazem uma discussão sobre a literatura no campo feminista: a primeira chamando atenção para características estruturais que fazem com que o número de mulheres escritoras publicadas seja menor; e a segunda propõe uma análise de obras literárias como parte de um argumento maior em sua obra analítica sobre a diferença entre os sexos. Além disso, apresentamos algumas das correntes principais do feminismo e o que esses pensamentos implicam na prática da crítica literária. Uma das maiores implicações, também apresentadas no capítulo, é trazer o gênero como categoria de análise de obras literárias.

Atividades de autoavaliação

1. (UEL – 2016 – Sociologia) Leia o texto a seguir.

   Inevitavelmente, nós consideramos a sociedade um lugar de conspiração, que engole o irmão que muitas de nós temos razões de respeitar na vida privada, e impõe em seu lugar um macho monstruoso, de voz tonitruante, de pulso rude, que, de forma pueril, inscreve no chão signos em giz, místicas linhas de demarcação, entre as quais os seres humanos ficam fixados, rígidos, separados, artificiais. Lugares em que, ornado de ouro ou de púrpura, enfeitado de plumas como um selvagem, ele realiza seus ritos místicos e usufrui dos prazeres suspeitos do poder e da dominação, enquanto nós, "suas" mulheres, nos vemos fechadas na casa da família, sem que nos seja dado participar de nenhuma das numerosas sociedades de que se compõe a sociedade.

   (WOOLF, V. **Trois Guinées**. Paris: Éditions des Femmes, 1997. p. 200. *apud* Bourdieu, P. A. **Dominação masculina**. 2. ed. Rio de Janeiro: Bertrand Brasil, 2002. p. 4.)

   Em sua obra, Virginia Woolf reflete sobre a condição social das mulheres. Tal condição foi historicamente abordada com base no pensamento binário, a exemplo da díade masculino-feminino, também presente na oposição entre ordem e caos, o que pode ser encontrado em diferentes culturas e no pensamento científico. O binarismo, no entanto, é uma forma de racionalização da vida social criticada por diferentes correntes teóricas.

Com base no texto e nos conhecimentos sobre as críticas ao pensamento binário aplicado às explicações das relações sociais de gênero, considere as afirmativas a seguir.

I. Nesse trecho, Virginia Woolf invoca o paradigma do construtivismo social e entende que os posicionamentos sociais das mulheres e dos homens são fruto de forças sociais que tendem a transcender as vontades individuais e a gerar opressões.

II. Para Virginia Woolf, as separações entre o mundo dos homens e o mundo das mulheres são intransponíveis, havendo correspondência real entre as representações sociais e as práticas dos sujeitos empreendidas na experiência concreta.

III. As evidências de que diferentes sociedades atribuem posição de domínio ao masculino fornecem a comprovação de que os valores culturais são determinados pelas diferenças biológicas entre os sexos, o que se expressa em uma cultura universal.

IV. Pelos exemplos históricos conhecidos, os esquemas binários de representação do masculino e do feminino produzem hierarquias entre esses dois termos, de modo a reservar um status superior aos atributos classificados como masculinos.

Assinale a alternativa correta.

a. Somente as afirmativas I e II são corretas.
b. Somente as afirmativas I e IV são corretas.
c. Somente as afirmativas III e IV são corretas.
d. Somente as afirmativas I, II e III são corretas.
e. Somente as afirmativas II, III e IV são corretas.

2. (NC-UFPR – 2017 – Copel) Quando a escritora britânica Virginia Woolf escreveu *Profissões para mulheres e outros artigos feministas*, com diversos ensaios publicados em meados de 1920 e que expõem o papel da mulher na sociedade e as dificuldades de inclusão no mercado de trabalho, a autora questionou quanto tempo ainda levaria para que uma mulher sentasse e escrevesse um livro sem encontrar barreiras em sua carreira. "E se é assim na literatura, a profissão mais livre de todas para as mulheres, que dirá nas novas profissões que agora vocês estão exercendo pela primeira vez?". A expansão da presença da mulher no mercado de trabalho cresceu desde que Virginia registrou, em suas obras, as dificuldades para uma mulher se firmar como romancista. Ainda assim, em todo o mundo, atualmente 40% das mulheres afirmam que sentem falta de igualdade de gênero, de acordo com pesquisa recente Global @dvisor, publicada pelo Instituto Ipsos.

Com base no texto, é correto afirmar:

a. O livro de Virginia Woolf destinava-se a preparar as mulheres para a profissão de romancista.
b. Virginia Woolf defendia que a profissão mais adequada para as mulheres era a literatura.
c. A situação da mulher hoje é a mesma da época em que Virginia Woolf escreveu seu livro *Profissões para mulheres e outros artigos feministas*.
d. Virginia Woolf questionava a participação das mulheres no mercado de trabalho e as aconselhava a não buscarem outras profissões, em que encontrariam ainda mais barreiras que na literatura.

e. Na época em que Virginia Woolf escreveu seu livro *Profissões para mulheres e outros artigos feministas*, as mulheres estavam começando a atuar em novos campos de trabalho.

3. (Contemax – 2019 – Prefeitura de Conceição-PB) "**O Segundo Sexo**" é um clássico publicado por Simone de Beauvoir em 1949. É uma obra seminal que estabeleceu de imediato uma discussão sobre a condição feminina e o(s) feminismo(s). No livro, a autora afirma que:

"*Ninguém nasce mulher: torna-se mulher. Nenhum destino biológico, psíquico, econômico define a forma que a fêmea humana assume no seio da sociedade; é o conjunto da civilização que elabora esse produto intermediário entre o macho e o castrado que qualificam o feminino*".

Apesar das várias polêmicas suscitadas, tem servido de referência para a maior parte dos ensaios, debates e discussões posteriores. São dois livros sobre a situação da mulher e o seu papel na sociedade. Com base no recorte do texto de Simone de Beauvoir, assinale a alternativa **CORRETA**:

a. O texto de Simone de Beauvoir é uma afirmação determinista sobre o processo de formação da mulher, que se torna plena apenas quando atinge a maturidade.

b. Segundo a perspectiva de Beauvoir, uma menina não nasce mulher, mas se torna mulher apenas quando cumprir com a perspectiva tradicional que a sociedade lhe exige.

c. Numa perspectiva histórica e apoiando-se sobre experiências vividas, Simone de Beauvoir mostra o conceito de feminilidade como uma construção cultural em um mundo dominado pelos homens.

d. Simone de Beauvoir despreza a experiência histórica quando afirma que a mulher se torna plena apenas quando cumpre com seu papel social de mãe e mantenedora dos valores da família.

e. Segundo Beauvoir, é impossível uma igualdade total entre os homens e mulheres, já que historicamente os homens conquistaram maiores espaços de poder.

4. (IF-PA – 2015) O conceito de gênero tem estimulado os estudos atuais de pesquisadores em diferentes campos de conhecimento, embora hoje sua utilização, enquanto categoria de análise, tenha pontos de divergência entre algumas pesquisadoras feministas. Elas questionam, segundo Scott (1992), que a formulação do conceito tem "despolitizado" o movimento feminista, pois gênero é um termo aparentemente neutro, desprovido de propósito ideológico imediato (ALVARES, M. L. M.; D'INCAO, M. A. A mulher existe? Uma contribuição ao estudo da mulher e gênero na Amazônia. Belém: Gepem, 1995).

Acerca do tema gênero marque a única alternativa correta.

a. Convenciona-se definir gênero como a dimensão dos atributos culturais alocados a cada um dos sexos em contraste com a dimensão anatomofisiológica dos seres humanos.

b. O conceito de gênero assinala o que vem sendo cunhado como perspectiva essencialista em oposição a uma postura marxista, que privilegia a análise em termos da distribuição do poder baseada nos papéis sexuais.

c. O conceito de gênero privilegia a dimensão da atribuição social de papéis, pretendendo descartar alusões a um atavismo biológico para explicar as feições que o feminino e o masculino assumem em múltiplas culturas.
d. Os Estudos de Gênero buscam responder as principais questões levantadas por teorias que procuram causas originais da dominação do sexo feminino pelo masculino.
e. O entendimento da palavra gênero demonstra que ela surgiu para justificar a naturalização de representações simbólicas que constituem a identidade de gênero.

5. (Enem – 2022) O número cada vez maior de mulheres letradas e interessadas pela literatura e pelas novelas, muitas divulgadas em capítulos, seções, classificadas comumente como folhetim, alçou a um gênero de ficção corrente já em 1840, fazendo parte do florescimento da literatura nacional brasileira, instigando a formação e a ampliação de um público leitor feminino, ávido por novidades, pelo apelo dos folhetins e "narrativas modernas" que encenavam "os dramas e os conflitos de uma mulher em processo de transformação patriarcal e provinciana que, progressivamente, começava a se abrir para modernizar seus costumes". No Segundo Reinado, as mulheres foram se tornando público determinante na construção da literatura e da imprensa nacional. E não apenas público, porquanto crescerá o número de escritoras que colaboram para isso e emergirá uma imprensa feminina, editada, escrita e dirigida por e para mulheres.

ABRANTES, A. Do álbum de família à vitrine impressa: trajetos de retratos (PB, 1920). **Revista Temas em Educação**, n. 24, 2015 (adaptado).

O registro das atividades descritas associa a inserção da figura feminina nos espaços de leitura e escrita do Segundo Reinado ao(à):

a. surgimento de novas práticas culturais.
b. contestação de antigos hábitos masculinos.
c. valorização de recentes publicações juvenis.
d. circulação de variados manuais pedagógicos.
e. aparecimento de diversas editoras comerciais.

Atividades de aprendizagem

Questões para reflexão

1. Como vimos no capítulo, iniciativas como o grupo de leitura Leia Mulheres são importantes para chamar atenção para diferenças estruturais, incentivar a leitura de obras de mulheres e buscar mudanças no sistema literário. Você conhece outras iniciativas, projetos ou práticas que contribuem com a crítica feminista? Apresente-as e explique de que forma contribuem com esse campo.

2. Retratos de mulheres lendo se tornou um motivo artístico comum a partir do século XIV. Basta uma pesquisa de imagens na internet para se deparar com várias delas. Pensando o que essas imagens podem representar e pesquisando exemplos, responda: Quais eram as classes sociais das mulheres retratadas? Quais eram as

condições de vida que permitiam a elas lerem? Quais são as outras implicações para uma mulher lendo? Discuta as ideias em grupo.

3. Quando cria a personagem da irmã de Shakespeare, Virginia Woolf propõe um debate sobre as possibilidades de vida que permitem a produção e a publicação de obras literárias. Por conta dessas condições, muitas autoras não receberam tanta atenção em instituições formadoras do cânone quanto autores homens. Pensando nisso, tente pesquisar autoras, nacionais ou estrangeiras, que têm obras recuperadas agora. Quando foram publicadas pela primeira vez? Por quanto tempo ficaram fora de catálogo? Quando e como foram retomadas? Como podemos ter acesso a essas obras? Debata em grupos ou com colegas de estudo.

4. Leia o seguinte trecho do ensaio *Livros e cigarros*, do escritor inglês George Orwell:

> Já disse o suficiente para mostrar que a leitura é um dos entretenimentos mais baratos. Depois de ouvir o rádio, é provavelmente o mais barato. Enquanto isso, qual é a quantia real que o público britânico gasta em livros? Não consegui descobrir um número, embora sem dúvida ele exista. Mas sei que, antes da guerra, este país publicava anualmente cerca de 15 mil livros, incluindo reimpressões e livros escolares. Se até 10 mil exemplares de cada livro fossem vendidos – essa deve ser uma estimativa alta, mesmo considerando os livros escolares – uma pessoa média só compraria, direta ou indiretamente, cerca de três livros por ano. Estes três livros juntos podem custar £1 ou até menos. (Orwell, 1946, tradução nossa)

No texto, Orwell compara os gastos médios de um inglês com cigarros e com livros, argumentando que os gastos com o primeiro são muito mais altos, para discutir sobre como o preço dos livros não era uma desculpa para não os ler. Considerando o preço médio dos livros no Brasil e o salário-mínimo do país, você acha que o comentário de Orwell se aplica a nosso contexto? Quais são os impactos disso? Discuta o tema por meio dos conceitos e das premissas da crítica literária feminista.

Atividade aplicada: prática

1. Quantas pessoas já leram textos escritos por mulheres? Ou quantas escritoras conhecem? Formulem em grupos um formulário sobre leitura de livros de escritoras. Alguns exemplos de perguntas: Qual foi o último livro de uma escritora que leu? Já recomendou o livro de uma escritora? E assim por diante. Apliquem o formulário para um grupo de pessoas (no trabalho, na família...) e discutam os resultados em turma.

um   O cânone e o polissistema: a literatura escrita por mulheres
dois   A trajetória da literatura feminina no Brasil
três   A literatura brasileira escrita por mulheres: prosa e poesia
quatro A crítica feminista e a literatura de autoria feminina
cinco A literatura feminina negra
seis   Desafios contemporâneos

CAROLINA FERREIRA

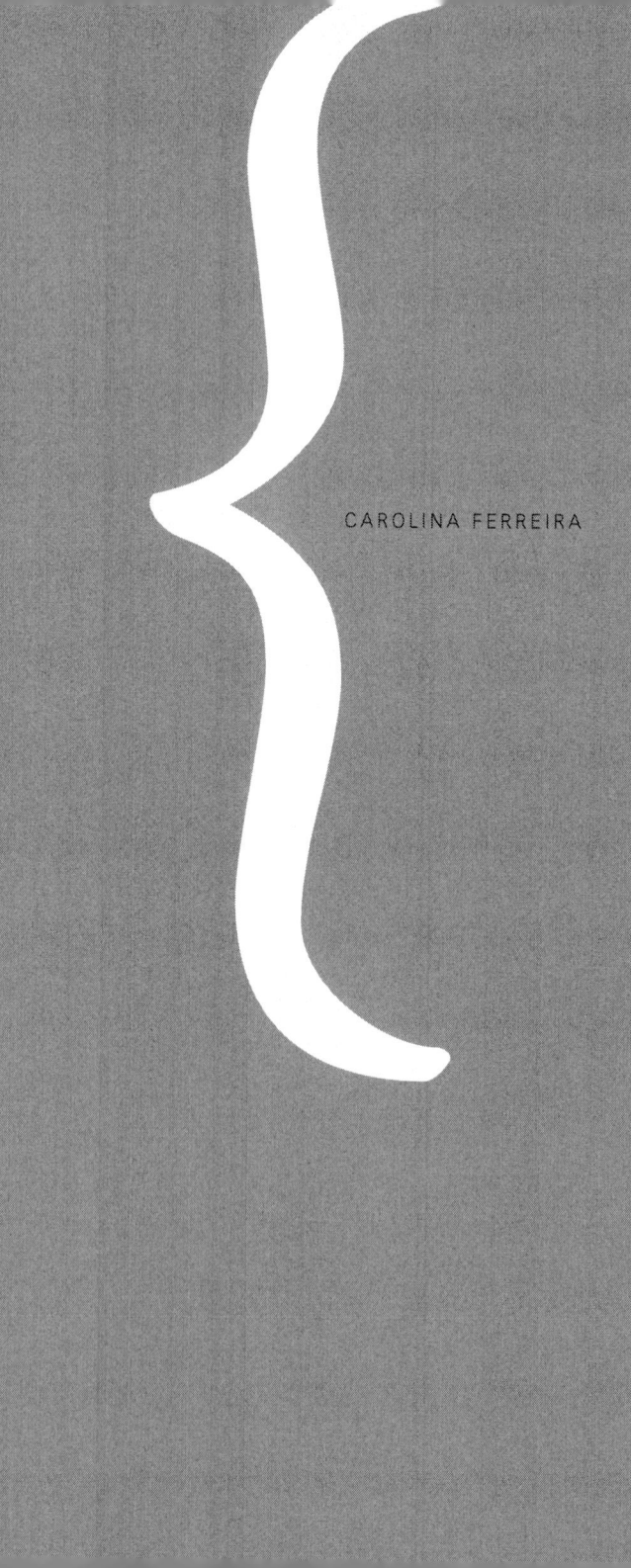

Neste CAPÍTULO, LEVANTAREMOS ALGUNS pontos de discussão em torno da literatura de autoria de mulheres negras, em especial na ampliação das chaves de leitura dos projetos estéticos dessas autoras. Nossas discussões terão como ponto de partida duas reflexões levantadas pela professora e poeta Lívia Natália*: (1) suscitar críticas em torno das políticas de citação; e (2) colocar áreas diversas do conhecimento em diálogo no intuito de expandir as possibilidades de leitura e análise dessas literaturas. Não podemos mais incorrer no erro de ler essas obras partindo dos mesmos referenciais teóricos responsáveis por sustentar o apagamento dessas narrativas.

cincopontoum
Metodologia de análise: feminismo negro, particularidade como ponto de partida

Discutir sobre os assuntos aqui propostos nos convoca também a pensar em formas de não sobrepor os projetos estéticos das autoras e suas literariedades aos aspectos meramente sociais. Como já foi dito em capítulos anteriores, o mercado editorial segue os

---

* O texto "Intelectuais escreviventes: enegrecendo os estudos literários" compõe o livro *Escrevivência: a escrita de nós – reflexões sobre a obra de Conceição Evaristo*, publicado pelo Itaú Cultural em 2020. Infelizmente o livro não se encontra disponível, mas é possível assistir às discussões em torno dos textos no canal do YouTube da organização Itaú Social, disponível em: <https://www.youtube.com/watch?v=gisQomWUvU0&skip_registered_account_check=true>. Acesso em: 4 out. 2023.

rumos ideológicos que sustentam esses silenciamentos, e a academia faz parte desse sistema, por ler essas literaturas com base em um arcabouço que as coloca em um lugar de não literatura, ou de literatura inferior perante aquelas que ocupam lugar já canonizado. Assim, ler as literaturas escritas por mulheres negras é também um lugar de questionamento desse cânone, de modo que nosso intuito é tecer reflexões e apontar alguns dos caminhos possíveis para ler, analisar e pesquisar essas obras fora do pensamento hegemônico.

Sabemos que o gesto de escrita, por si só, independentemente da questão temática, revela uma estratégia política emancipatória e de alteridade. Partir do pensamento das teóricas feministas negras pode nos auxiliar na compreensão das estratégias narrativas e enunciativas, sem incidir no erro das discussões essencialistas a respeito de questões de gênero e raça. Como já adiantamos no preâmbulo inicial deste capítulo, por meio do pensamento crítico feminista é possível alargar as noções em torno das literaturas negras escritas por mulheres negras e problematizar algumas chaves de leitura que se debruçam apenas em questões sociais e temáticas.

Para isso, vamos refletir brevemente sobre as heranças escravocratas de nosso país e de como falar de uma literatura negra nos coloca diretamente em tensão com a ideia de cânone, produzida por uma perspectiva hegemônica em que autores e autoras negros e negras não foram considerados ou lembrados depois de muitos esforços, chegando, inclusive, a ser embranquecidos para tal. Quando tratamos da autoria de mulheres negras, não podemos perder de vista o silenciamento sistêmico ao qual elas são submetidas. Se a história revela uma estrutura de poder, o que esse apagamento nos diz? Sendo o Brasil um dos países que mais recebeu pessoas escravizadas, o que a ausência dessas autoras nas discussões em torno da literatura traz à tona?

> ## Para saber mais
>
> MIRANDA, F. R. de. Corpo de romances de autoras negras brasileiras (1859-2006): posse da história e colonialidade nacional confrontada. 251 f. Tese (Doutorado em Letras) – Universidade de São Paulo, São Paulo, 2019. Disponível em: <https://teses.usp.br/teses/disponiveis/8/8156/tde-26062019-113147/pt-br.php>. Acesso em: 27 out. 2023.
>
> Para maior aprofundamento sobre a autoria de mulheres negras e refletir sobre o apagamento e a singularidade de suas obras, recomendamos a leitura da tese de doutoramento de Fernanda Rodrigues de Miranda.

Por intermédio do pensamento de feministas como bell hooks, Lélia Gonzalez e Nubia Moreira, vamos refletir não só sobre a importância da enunciação da mulher negra, mas o que esse gesto evidencia no âmbito da produção de novos mundos, em uma inscrição por meio da imaginação e do trabalho estético. A escrita afro-feminina como lugar de criação de uma textualidade em interação com histórias, desejos, resistências e insurgências, com memórias pessoais e coletivas e identidades negras e de gênero. Finalmente, destacaremos algumas autoras negras brasileiras, a fim de colocar em diálogo todos os aportes teóricos levantados.

Em uma leitura panorâmica, o pensamento da feminista negra bell hooks se concentra dentro da crítica cultural, na análise de equipamentos culturais e de processos de sujeição. Entre as metodologias de análise, ela utiliza um movimento que se faz do específico para o universal (feminismo negro), da particularidade como ponto de partida e da escrita ensaística. É com base na cultura que vamos compreender, no pensamento de hooks, as dinâmicas de significado e de organização da realidade social.

Já Lélia Gonzalez, pensadora negra brasileira importante para o movimento negro, foi responsável por cunhar a ideia de um feminismo afro-latino-americano, que tem como proposta refletir sobre as formas de dominação e resistência por meio das experiências do Brasil e de suas interseccionalidades. O pensamento de Lélia Gonzalez transita em diálogos que partem do feminismo, da psicanálise e do marxismo. A autora é parte fundamental da desconstrução essencialista da visão da experiência e do pensamento das mulheres negras – resultado de seu engajamento dentro movimento negro unificado (MNU), do movimento feminista e de sua atuação acadêmica.

Nubia Moreira compõe esse coro de vozes como uma professora e pesquisadora que dialoga com as outras duas autoras mencionadas. Seu pensamento amplia as discussões sobre o feminismo negro, não só em razão do resgate da história do movimento no Brasil, mas também pelas aproximações e diferenças que ela estabelece com os movimentos nos Estados Unidos e na Europa. Além disso, ela também pensa nas reverberações dessas discussões do feminismo no âmbito da educação.

Essas autoras contribuem para uma visão panorâmica do movimento feminista, fazendo críticas aos primeiros movimentos feministas, majoritariamente brancos, e mostrando a importância da inclusão de categorias de análise que partiram da experiência de mulheres negras

cincopontodois
O feminismo negro por bell hooks, Lélia Gonzalez e Nubia Moreira

Vamos partir do pensamento feminista negro para pensar a autoria de mulheres na literatura, pois ele nos instrumentaliza sobre os processos de representação fora da lógica de uma pretensa universalização e de um discurso narcísico.

5.2.1 bell hooks: a linguagem como lugar de luta e autorrecuperação

bell hooks (1952-2021) foi uma intelectual e escritora negra que se dedicou aos estudos culturais e à teoria feminista negra. Além de professora, escreveu poesia e livros para a infância. Seu pseudônimo é uma homenagem à bisavó (hooks, 2019b). No âmbito acadêmico, a autora radicalizou ao escrever sobre aspectos íntimos nas teorizações feministas. Ao longo de sua obra, ela problematizou questões em torno de identidade e representação, articulando a necessidade de modelos radicais de mudança social. A autora nos convoca não só a pensar os limites das alianças com pessoas brancas e homens, em razão da lógica da supremacia branca, mas também a nos avaliarmos a fim de identificar de que forma também reproduzimos aquilo que estamos denunciando. Nesse movimento do específico para o universal, a teoria *hooksiana* aponta para um exercício de autorrecuperação (hooks, 2019c).

> ## Para saber mais
>
> HOOKS, B. Erguer a voz: pensar como feminista, pensar como negra. Tradução de Cátia Bocaiuva Maringolo. São Paulo: Elefante, 2019.
>
> No ensaio "À Gloria, seja ela quem for: sobre usar um pseudônimo", disponível na obra indicada, é possível entender mais sobre o pseudônimo de bell hooks.

Vamos observar ao longo das reflexões aqui versadas que esse elemento está presente não só no feminismo negro, mas também nos projetos estéticos das autoras que analisaremos. Para hooks (2019c, p. 74-75), a linguagem é um lugar de luta:

> Estamos enraizados na linguagem, fincados, temos nosso ser em palavras. A linguagem é também um lugar de luta. O oprimido luta na linguagem para recuperar a si mesmo – para reescrever, reconciliar, renovar. Nossas palavras não são sem sentido. Elas são uma ação – uma resistência. A linguagem é também um lugar de luta.

Desse modo, o pensamento feminista, quando amplia suas discussões para a possibilidade do uso criativo das diferenças, como suscita Audre Lorde (2019), gera a possibilidade de que novas linguagens sejam criadas. Nesse contexto, a mulher negra, em especial, tem a possibilidade de se tornar sujeito sem ter sua subjetividade submetida aos regimes de violência da "outrificacação". Portanto, como sugere bell hooks (2019d), a aproximação do movimento feminista com as mulheres negras possibilitou a margem como perspectiva crítica* para a construção de um feminismo libertador.

> Para saber mais
>
> KILOMBA. G. Memórias da plantação: episódios de racismo cotidiano. Tradução de Jess Oliveira. Rio de Janeiro: Cobogó, 2019.
> Indicamos essa obra para que você possa ampliar as noções de "outrificação".

Para hooks (2019d), a teoria feminista precisa ser capaz de mostrar como as opressões se interconectam e como o hétero patriarcado capitalista branco se articula e coopta determinadas pautas em sua lógica. Assim, para ela, a possibilidade de não só teorizar, mas fazer isso esteticamente, criticamente, faz parte de uma prática cultural racial importante, já que parte de

---

* bell hooks, em seu livro *Teoria feminista: da margem ao centro* (hooks, 2019d), por meio dos eixos antissexismo, antirracismo e anticlassicismo, vai traçar uma metodologia que tenha a margem como lugar estratégico, já que, para ela, estar à margem é fazer parte do todo estando fora do corpo principal.

nossos processos de sujeição ocorrem com base nesses aparelhos culturais.

A cristalização e a manutenção da imagem das pessoas negras no lugar do outro é fruto do mecanismo do sistema de dominação racial. Por isso, o movimento feminista negro foi fundamental para trazer a diferença na pauta das reflexões e amadurecer o pensamento crítico em torno dessa ideia essencial fixa. O pensamento de hooks, articulado pelos pesquisadores Vinícius da Silva e Wanderson Nascimento (2022), conta com três questões centrais: (1) posicionalidade; (2) afetabilidade; e (3) subjetividade negra radical. Por isso, para a autora, é importante pensar a produção de um sujeito universal, que se dá na modernidade colonial por intermédio dos sistemas representacionais.

Essas questões nos apoiam nas reflexões das relações de poder que permeiam o sistema literário, principalmente por levantarem o seguinte questionamento: Em uma abordagem das relações do olhar, quem tem o direito ao olhar? É por meio desse olhar que "se produz pontos de vista e perspectivas epistemológicas em uma sociedade pautada no privilégio e ontologia visual" (Silva; Nascimento, 2022, p. 394). Portanto, essa ideia do olhar opositor, que seria a tomada de consciência desses sistemas de representação, pode nos indicar uma entrada para as literaturas em que mulheres negras se colocam como sujeitas da escrita. É preciso lembrar que essas categorias da diferença são instáveis, de modo que podemos pensar, com base nessas obras, possibilidades de construção de novas consciências das espectadoras.

Por meio dessas problemáticas em torno da representação e da diferença, vamos entender como se dão essas discussões no contexto nacional para, em seguida, traçarmos a importância dessas reflexões na ampliação das chaves de leitura das produções literárias de mulheres negras, não no intuito de sobrepor a literariedade, mas sim de, pelo texto literário, propor outras possibilidades não só de leitura, mas também pensar questões em torno da problematização das lógicas de citação.

5.2.2 O pensamento de Lélia Gonzalez e a criação de novas categorias analíticas

Lélia Gonzalez foi filósofa, antropóloga, professora, militante do movimento negro e feminista, sendo uma figura fundamental na luta contra o racismo estrutural e na articulação das relações de gênero e raça. Sua atuação no âmbito acadêmico também foi essencial e até hoje deixa seu legado, principalmente no modo como esses espaços produzem conhecimento com uma pretensa intenção de distância e universalidade (Gonzalez, 2020).

Vamos discutir, com base em suas reflexões, o lugar da mulher negra na sociedade, problematizando a falta desse protagonismo dentro dos movimentos negro e feminista. O pensamento de Lélia cria aqui um contraponto ao que discutimos anteriormente sobre bell hooks e adianta questões que são trabalhadas por Nubia Moreira, as quais veremos no tópico seguinte. Lélia também se debruçou em algumas reflexões no campo da linguagem, já que, em seu trabalho intelectual, a presença da oralidade e de um linguajar popular é evidente. Nesse contexto, vamos dialogar também com o que ela chama de *pretuguês*, uma espécie de africanização ou "crioulização" do idioma falado no Brasil

(Gonzalez, 2020). Essa questão em torno da linguagem nos ajuda a pensar a dicção presente nas obras literárias que vamos trabalhar juntos posteriormente.

É importante lembrar que as autoras aqui selecionadas trabalham com orientações teóricas distintas, mas todas com perspectivas de transformação social. Pensar a experiência de mulheres negras com base na diáspora de pensadoras que se distanciam do tempo e do espaço é algo que nos indica que, apesar das singularidades, existe uma unidade comum que as conecta.

Lélia era dona de uma sagacidade, principalmente em suas reflexões sobre a cultura e a política no Brasil e na América Latina. Entre suas elaborações, temos a noção de "amefricanidade", que ela institui como categoria para contrapor a perspectiva político-ideológica do imperialismo estadunidense (Gonzalez, 2020). Assim, ela nos leva a refletir não só sobre as particularidades desse contexto, mas também sobre a importância de que essas ideias sejam criadas – pois, como afirma bell hooks (2019a), a linguagem também sintetiza uma relação de poder.

> Os termos "afro-american" (afro-americano) e "african-american" (africano-americano) nos remetem a uma primeira reflexão: a de que só existiram negros nos Estados Unidos, e não em todo o continente. E a uma outra, que aponta para a reprodução inconsciente da posição imperialista dos Estados Unidos, que afirmam ser "A AMÉRICA". É que todos nós, de qualquer região do continente, efetuamos a mesma reprodução, perpetuamos o imperialismo dos Estados Unidos, chamando seus habitantes de "americanos"! E nós, o que somos, asiáticos? (Gonzalez, 2020, p. 74-75)

O "pretuguês" tem uma origem bastante semelhante à da "amefricanidade", em que Lélia Gonzalez procura instituir novas formas de nomear as experiências negras desde dentro, em que ela expõe a batalha discursiva, em termos de cultura brasileira, destacando a importância do negro para essa construção, além de problematizar e passar pelas questões da democracia racial e de heranças escravocratas que perpetuam esse silenciamento.

> É engraçado como eles gozam a gente quando a gente diz que é Framengo. Chama a gente de ignorante dizendo que a gente fala errado. [...] Afinal, quem é o ignorante? Ao mesmo tempo acham o maior barato a fala dita brasileira, que corte os erres dos infinitivos verbais, que condensa "você" em "cê", o "está" em "tá" e por aí afora. Não sacam que tão falando pretuguês.
>
> E por falar em *pretuguês*, é importante ressaltar que o objeto parcial por excelência da cultura brasileira é a bunda (esse termo provém do quimbundo, que, por sua vez, é justamente com o ambundo, provém de um tronco linguístico banto que "casualmente" se chama bunda). (Gonzalez, 2020, p. 90)

Lélia vai nos direcionar para pensar as formas de inscrição dessas ancestralidades nos aparelhos culturais e na linguagem. Podemos utilizar o "pretuguês" como lente, não só para refletir, por exemplo, sobre a escrita de Carolina Maria de Jesus, mas também o legado estético que essa ancestralidade inscreve nas produções literárias que vamos discutir.

Lélia Gonzalez confrontou o movimento negro para entender como a mulher negra estava pensando e participando das articulações. Também questionou a categoria de mulher presente no discurso do movimento feminista, bem como criou novas categorias metodológicas para pensar a singularidade da experiência do negro em diáspora no Brasil. Sua produção acadêmica, que tem fundamentação riquíssima e multidisciplinar, convoca-nos a pensar como temos operado em nossas intelectualidades para transgredir o pensamento hegemônico.

5.2.3 Nubia Moreira: recuperando a história de nossas mais velhas

Nubia Moreira* é doutora em sociologia e professora da Universidade Estadual do Suoeste da Bahia (UESB). Ao longo de sua carreira, tem se dedicado ao pensamento feminista negro e às relações étnico-raciais no âmbito da educação. Sua pesquisa parte do estudo do movimento de mulheres negras no Brasil, com reflexões em torno da identidade e da diferença, traçando um panorama da formação desse movimento no Brasil. Tendo como guia os itinerários do Rio de Janeiro e de São Paulo, ela retoma o período entre 1985 e 1995 (Britto, 2012; Moreira, 2018).

Como nos lembra Heloisa Buarque de Hollanda (2019), o movimento de organização feminista no Brasil se deu em pleno regime de exceção política no período do Golpe Militar em 1964 – diferentemente do movimento nos Estados Unidos – como foi

---

* Em 2011, a autora publicou o livro *A organização das feministas negras no Brasil* pela Edições UESB, mas, infelizmente, o livro encontra-se esgotado.

apresentado quando tratamos do pensamento de bell hooks –, período em que já se iniciava o movimento da crítica de mulheres negras e não brancas à perspectiva branca e liberal. Um dos aspectos que cria singularidades quando pensamos sobre o movimento no Brasil, que também é levantado pelo trabalho de Moreira, ocorre em razão desse momento inicial em que o movimento faz oposição ao governo e resulta em uma contribuição no fomento das políticas públicas.

Essa questão é tratada ao longo do trabalho da autora, fato relevante porque trata justamente desses marcos importantes em que o movimento de mulheres negras questiona o acolhimento de suas pautas dento do movimento feminista e que faz o mesmo em relação ao papel secundário a elas destinados no movimento negro. Esses esforços contribuíram para as reflexões em torno da busca de uma identidade negra feminina naquele momento, que foi importante para o desdobramento desse pensamento que amplia suas discussões por meio das noções de interseccionalidade. A autora mostra como a ideia de "igualdade" disseminada pelo feminismo branco é problematizada com a inserção das pautas das mulheres negras e faz uma breve discussão sobre a noção de identidade e diferença.

Na filosofia, em especial com Deleuze (2018), que estabelece uma reflexão em torno da diferença e da repetição, a identidade revela a prevalência de uma pretensa estabilidade dentro do pensamento ocidental. Sabemos que a ideia de outro é estabelecida nesses processos de tentativa de estabelecer aquilo que é reconhecido e legitimado. Nesse sentido, a diferença se torna esse lugar de oposição e confronto. Na metade do século XX, Deleuze e

Guattari (2011) debruçaram-se sobre esse pensamento para fazer uma crítica e revisão dos principais nomes da filosofia, sendo a repetição uma estratégia convencional de reconstituição daquilo em que é possível estabelecer uma relação de identificação; o pensamento que se torna violento, limitador, limitando e limitado.

Fazendo um breve deslocamento dessas reflexões para o campo literário, o cânone se constitui nessa ideia de essência de parâmetros e modelos ideais. Isso faz com que aquilo que se estabelece como diferente seja lido pela ótica do que foi estabelecido como igual; principalmente dentro de um pensamento hegemônico dito *universal*. Podemos resgatar essas reflexões aqui pinceladas posteriormente para depreender como elas são preciosas para serem utilizadas em possíveis entradas dentro do texto literário.

Pensando nessa relação de diferença, Moreira (2007) estabelece diálogos de singularidades e aproximações entre os feminismos britânico, norte-americano e brasileiro. Isso não só coloca em diálogo o debate anteriormente tecido com hooks (2019a), mas também reforça a importância do pensamento de Lélia Gonzalez (2020) para que criemos lentes de análise dos movimentos de maneira a não cair na universalidade, ou seja, estabelecer nossas próprias metodologias por dentro e por fora dessa lógica universalizante. Poderemos também, com base nisso, pensar nas ampliações de leitura dos projetos estéticos literários das autoras negras com o objetivo de nos debruçarmos nas estratégias enunciativas e narrativas dentro das singularidades de cada uma das obras sem um desejo de criar um rótulo único para enquadrar essas vozes. Dessa forma, a violência do pensamento hegemônico vai se evidenciando, mesmo que por vezes camuflada em uma pretensa universalização ou uma voz que se esconde em uma falsa neutralidade. Assim, podemos fazer alguns questionamentos como companheiros a partir de agora: De onde vocês falam na condição de pessoas intelectuais? Qual a singularidade histórica dessa fala? Podemos evocar novamente esses pontos ao tratarmos sobre as autoras e as obras literárias aqui selecionadas.

Nubia Moreira (2007) tem como foco adequar a problematização da igualdade à desigualdade, e não à diferença. A importância dessa proposta se dá principalmente na consolidação do movimento feminista na condição de suporte teórico analítico. Não podemos esquecer que a base do pensamento nacional, além de estar pautada em uma lógico heteropatriarcal capitalista, também tem seu passado escravocrata que impulsionou a ideia de uma pretensa democracia racial. Desse modo, a integração das mulheres negras no movimento feminista possibilitou a ampliação de uma série de debates. Segundo Moreira (2007, p. 76):

> Diferença comparece para que a relação social deva ser entendida como trajetórias contemporâneas e históricas de circunstâncias materiais e práticas culturais na quais se produzem as condições para a construção das identidades dos grupos.

> A procura por um ponto de vista que abarque a pluralidade de experiências existentes entre as mulheres negras reforça a ideia de que, a despeito das diferenças existentes entre essas mulheres, elas dividem a comum experiência de opressão segundo um lugar comum – negra – embora outros elementos como formação escolar,

capital cultural possibilitem experiências singulares em frente à opressão racista e sexista.

Nesse contexto, o movimento feminista negro contribui para outra articulação metodológica, que tem a identidade e a diferença como nortes crítico-analíticos. Dialogando com base nesse levantamento, podemos pensar nas literaturas negras que criam uma espécie de fratura dentro da literatura brasileira. Pensar a literatura negra escrita por mulheres exige uma recusa de definições teóricas que criem uma homogeneização das obras. Por isso, hoje vemos em debate por alguns escritores e escritoras negros e negras o fato de terem suas obras classificadas como *literatura negra*, porque não desejam fechar suas obras dentro de um rótulo, já que, por vezes, o que há por trás dele é uma forma de limitar o gesto de criação. Alguns críticos cometem o equívoco de encaixar as produções negras em questões meramente temáticas, de ponto de vista, linguagem etc.

cincopontotrês
Literatura escrita por mulheres negras

Uma questão que precisa nos acompanhar nas discussões do arcabouço apresentado anteriormente e do que traçamos como horizonte a partir de agora é como não cair na falácia de achar que essas narrativas são simulacro da realidade e como ter outros caminhos metodológicos que não nos levem em direção à estrutura da teoria literária hegemônica, que tem a tendência de diminuir produções de autoras negras. Discutir sobre o apagamento e o silenciamento aos quais as obras escritas por mulheres negras são submetidas e problematizar a forma como a academia e a crítica recepciona essas produções, calcadas no lugar da objetificação e da fetichização, é fundamental. Podemos aqui evocar a noção de *opacidade** proposta por Édouard Glissant (2021) para pensar que essas obras não estão escritas e, portanto, não podem ser acessadas pela lógica da transparência, a não ser por meio da violência.

Para nos ajudar a refletir sobre esse lugar da textualidade e sobre como apreender essa estética, vamos colocar o pensamento das feministas negras mencionadas anteriormente em diálogo com o conceito de "escrevivência", cunhado pela escritora intelectual negra-brasileira Conceição Evaristo. Esse conceito nos incita a voltar à imagem do termo, sendo a Mãe Preta a imagem fundante daquela que vivia dentro da casa-grande. Um corpo cerceado em suas vontades, em sua liberdade de calar, silenciar ou gritar, em uma posição servil e em um estado de obediência que contava histórias para adormecer os da casa-grande.

---

* Glissant (2021) utiliza a ideia de opacidade para indicar aquilo que escapa ao pensamento hegemônico, como algo que é construído de maneira subterrânea dentro de uma outra episteme. Deslocar essas produções para lê-las com base em referenciais hegemônicos reproduz as relações de poder que não permitem que a alteridade exista em sua plenitude.

> ## Para saber mais
>
> EVARISTO, C. Literatura negra: uma poética de nossa afro-brasilidade. Scripta, Belo Horizonte, v. 13, n. 25, p. 17-31, jul./dez. 2009. Disponível em: <http://periodicos.pucminas.br/index.php/scripta/article/view/4365>. Acesso em: 27 out. 2023.
>
> Sugerimos esse artigo para que você possa se aprofundar no pensamento da escritora Conceição Evaristo e de sua leitura sobre a literatura negra, que passa pelo ato de fazer, pensar e veicular o texto literário negro.

Nesse sentido, a concepção inicial da "escrevivência" se realiza no ato de escrita das mulheres negras "como uma ação que pretende borrar, desfazer uma imagem do passado, em que o corpo-voz de mulheres negras escravizadas tinha sua potência de emissão também sob o controle dos escravocratas" (Nunes, 2020, p. 11). Um aspecto que Conceição suscita e parece conversar com a ideia de hooks é que, no gesto da apropriação dos signos, novas linguagens são criadas como forma de sujeição (em um movimento que sempre se dá do individual para o coletivo), de celebração e de conexão da ancestralidade.

Ao enfatizar que seu exercício de criação está concentrado nas personagens negras, Conceição afirma que as poucas personagens brancas presentes em sua obra estão em lugares que historicamente estão designados para elas – em forma de denúncia – e que ela se debruça sobre as personagens negras em um gesto de humanização, dado que normalmente a literatura representa essas personagens de forma pejorativa – costumeiramente como violentas ou preguiçosas, infantilizadas ou sexualizadas (Evaristo, 2020).

Um aspecto importante para pensarmos essa noção de "escrevivência" é de que ela não parte de uma visão grafocêntrica*, de modo que precisamos alargar o que entendemos por linguagem – além de pensar nas relações de poder também presentes quando pensamos quem detém o acesso e a liberdade de criação dentro da escrita. A "escrevivência" nos apoia na leitura dessas produções quando o espaço para criação e imaginação não é tomado ou sobreposto por outro fator externo, ao passo que a inscrição desse corpo negro que enuncia é importante, além da reverberação que essa evocação da imagem da Mãe Preta gera quando a prática de escrita é executada.

A pesquisadora Fernanda Rodrigues de Miranda (2019a), em sua tese de doutoramento publicada em seguida como livro, na qual estuda romances brasileiros de autoria de mulheres negras, afirma que essas obras ainda são muito pesquisadas dentro do viés sociológico e, por isso, colocadas na posição de objeto; e, por vezes, quando olhadas pela ótica da teoria literária, vemos que os textos são tidos como produções menos literárias.

---

* Ao elaborar a noção de "escrevivência", Conceição Evaristo evoca outras formas de literatura que não aquelas já validadas pelo pensamento canônico, em que a oralidade, o ritual, a dança também são formas de "escrevivência", o que cria uma fricção com a noção da escrita que é também uma das formas de poder e controle do pensamento hegemônico.

cincopontoquatro
Literatura escrita por mulheres negras no Brasil

Quando pensamos na interação dessas literaturas com a história, resgatamos a questão do silenciamento sistemático das autoras. No gesto de escrita, essas autoras não só se autorrecuperam, mas também recuperam uma coletividade, uma vez que, pensando com uma noção de mundo afrorreferenciada, isso se torna uma das formas de inscrever esses corpos e transformá-los em sujeitos.

5.4.1 Maria Firmina dos Reis

Até aqui, você já leu o nome de Maria Firmina dos Reis algumas vezes, mas, neste momento, vamos dar atenção especial a ela, que é autora do primeiro romance da América Latina e do primeiro romance de expressão romântica*. Tome nota porque algumas informações serão relembradas.

---

* Cabe destacar que não há um consenso a respeito do pioneirismo da autora. Algumas pesquisadoras afirmam que, no mesmo período, outras autoras mulheres também publicaram. Porém, não podemos ignorar os aspectos singulares que compõem a obra de Maria Firmina dos Reis: o fato de ser uma mulher negra, no Estado do Maranhão, e que antecipa os discursos abolicionistas; além, claro, de seu trabalho estético que abordaremos ao longo deste capítulo.

Apesar de a Carta de Pero Vaz de Caminha ser considerada o primeiro texto literário brasileiro*, hoje sabemos que a produção da autora faz parte dos textos fundacionais, além de ser uma das precursoras no discurso abolicionista em sua obra, antecedendo inclusive Castro Alves. Maria Firmina dos Reis inicialmente publicava seus textos em jornais mediante um pseudônimo de *Uma Maranhense***. (Miranda, 2019b)

Para Constância Lima Duarte (2019), em seu artigo sobre a história do feminismo Brasil, a legislação é que possibilitou a abertura de escolas públicas femininas por volta de 1827; assim, com as mulheres munidas com o direito básico de ler e escrever, é que esse movimento começou a ganhar corpo e houve a possibilidade de registros dessa história serem documentados, já que temos uma sociedade grafocêntrica. Claro que precisamos resgatar o questionamento de hooks (2019a): E eu não sou uma mulher? – Afinal, quais mulheres acessaram essa educação qualificada? Essa possibilidade inicial, segundo Zahidé Muzart (citada por Duarte, 2019), pode ser lida como a gênese do feminismo do país. Com isso, podemos ampliar as possibilidades não

---

* Segundo Alfredo Bosi (2017), em *História concisa da literatura brasileira*, por não pertencer à categoria literária, alguns pesquisadores omitem a carta de Pero Vaz de Caminha por escrúpulo estético – referindo-se a José Veríssimo (1978), na obra *História da literatura brasileira*. Porém, sabemos que não se trata de um consenso, como Bosi (2017) mesmo nos revela ao falar de José de Alencar, autor do romantismo, e Mário e Oswald de Andrade, autores modernistas, que tinham essa obra como literatura.

** Somente a partir de 1861 seus textos passaram a ser assinados como *Maria Firmina dos Reis*, estratégia comum às mulheres para evitar possíveis censuras e silenciamentos.

só de leitura do texto literário, mas da própria autoria de Maria Firmina dos Reis.

> No século XIX, as mulheres que escreveram, que desejaram viver da pena, que desejaram ter uma profissão de escritoras, eram feministas, pois só o desejo de sair do fechamento doméstico já indicava uma cabeça pensante e um desejo de subversão. E eram ligadas à literatura. Então, na origem, a literatura feminina no Brasil esteve sempre ligada a um feminismo incipiente. (Muzart, citada Duarte, 2003, p. 153)

Maria Firmina dos Reis, que vem sendo resgatada na contemporaneidade, foi publicada inicialmente em 1859, mas sabemos que a sua obra permaneceu apagada por mais de um século. Em contraponto com a questão levantada anteriormente, a respeito do acesso das mulheres ao letramento, podemos refletir sobre mais uma camada da violência interseccional que mulheres negras sofrem e na qual gênero e raça são atravessados (Santos, 2018).

O primeiro trabalho estético, que pode ser lido por meio dessa inscrição do corpo de mulher negra que escreve, é o fato de o romance *Úrsula* ser composto de dois eixos narrativos. Por um lado, temos a estética romântica dando o tom da narrativa, mas, por outro, em paralelo, na opacidade (Glissant, 2021), duas vozes negras nos revelando a realidade do período escravocrata, mas que é omitida naquele período. Podemos ler essa estratégia enunciativa na chave daquilo que hooks (2019c) vai evocar ao traçar a margem como referencial metodológico.

Maria Firmina dos Reis, no início do romance *Úrsula*, parece nos indicar que a leitura de seus textos exige outro olhar para a narrativa. Temos a impressão de que a figura da narradora e da escritora se borram, em uma espécie de convocação para entrarmos fora da lógica da transparência:

> Não a desprezeis, antes amparai-a nos seus incertos e titubeantes passos para assim dar alento à autora de seus dias, que talvez com essa proteção cultive mais o seu engenho, e venha a produzir coisa melhor, ou, quando menos, sirva esse bom acolhimento de incentivo para outras, que com imaginação mais brilhante, com educação mais acurada, com instrução mais vasta e liberal, tenham mais timidez do que nós. (Reis, 2018, p. 12-13)

O romance, que tem como título o nome da protagonista Úrsula, trata da história de amor entre ela e o jovem cavaleiro Tancredo, que, durante uma viagem exaustiva, se acidenta e é encontrado por um negro escravizado chamado *Túlio*. Aqui ocorre o primeiro laço improvável da história, em que o rapaz branco se mostra sensibilizado pelo caráter e pela lealdade do jovem escravizado. Túlio leva o jovem para uma propriedade próxima ao acidente, na qual reside a bela Úrsula. Os dois jovens se apaixonam perdidamente e aqui temos o desenrolar do primeiro eixo narrativo da obra. A singularidade da obra se dá com os personagens de Túlio e da preta Susana, que criam um contraponto interessante da perspectiva de um rapaz que nasce escravizado no Brasil e da mulher que foi sequestrada na África. Duas perspectivas acerca da ideia de liberdade, ponto fundamental trabalhado pela autora na obra e que já aponta para como esse sistema escravocrata também ocorre no âmbito subjetivo. A obra se diferencia e se torna singular em razão da enunciação das personagens negras e escravizadas, que, pela primeira vez na literatura, são enunciadas e tem suas histórias narradas, podendo evidenciar os horrores da escravidão, bem com que suas subjetividades não são determinadas e não se restringem a esse período.

Se lermos o livro pela ótica da estética romântica, encontraremos todos os elementos já conhecidos: a exaltação da natureza (bucólico), a mocinha idealizada, o amor impossível etc. Porém, para alguns, pode ser considerado um mau romance em razão de seu final trágico, sem contar o modo como a história das personagens brancas é narrada de maneira quase que irrelevante, com a construção de personagens planas, com perfis físicos, atitudinais e psicológicos muito semelhantes.

Porém, quando pensamos nas estratégias narrativas operadas ao longo do romance, vemos que uma fratura nessa estética é criada pela autora. Temos uma narrativa que tem dois eixos, um com os personagens negros – Túlio, Preta Susana e Antero –, em que há a preservação da singularidade de cada um deles, sendo traçados aspectos que evidenciam sua consciência, ao contrário da representação objetificada que se fazia no século XIX; e o outro composto das personagens brancas.

Os argumentos abolicionistas são transversais à narrativa e se mostram por meio das ações que emergem da margem – o que dialoga com o que hooks (2019c) traçou como estratégia que parte da margem, em que o negro fala em primeira pessoa, algo que naquele período era inédito. A forma como a escravidão reverbera de modo singular nas personagens negras é um aspecto importante do livro. No caso de Túlio, temos essa noção de liberdade que surge da experiência de um homem que nasce e vive nesse contexto escravocrata e que se opõe, por exemplo, às experiências da Preta Susana e de Antero, os quais têm memórias anteriores a esse período. Porém, no caso de Antero, vemos a forma como essa condição afeta sua subjetividade em razão de sua dependência de álcool.

Um personagem que tem sua inescrupulosidade e violência repercutindo em todos os eixos do romance é o Comendador Fernando P., que parece ser a síntese da lógica colonialista e que insere mais uma camada inovadora do romance de Maria Firmina dos Reis naquilo que hoje lemos como interseccional. A relação do Comendador Fernando com as personagens mulheres revela, então, o lugar da opressão que elas enfrentam, mas também aponta para essa camada que a raça impõe, tirando da Preta Susana o lugar de humanidade.

Por meio dessas construções, Maria Firmina dos Reis, que, como falamos, fratura a estética romântica, rasura um dos principais aspectos dessa estética: a de uma afirmação da construção de nacionalidade idealizada. Ao trazer as memórias dos escravizados e evidenciar que esse sistema colonialista se estrutura em cima de violência e barbárie, ela provoca um dissenso na comunidade imaginada – dessa ficção que chamamos de *Brasil*, o que, segundo Fernanda Miranda (2019b), amplia para o leitor não só o repertório de imaginação, mas também do reconhecimento histórico acerca de seu próprio território.

O romance *Úrsula* é inovador por trazer questões instauradas na narrativa. Nele, os personagens negros são revelados ao longo da história em sua complexidade psicológica, em que a narradora traz a perspectiva dos escravizados nascidos na África e dos nascidos no Brasil. As personagens de Preta Susana e Túlio criam um contraponto e trazem uma série de reflexões à tona. Isso faz com que, ao avançar da história, a narrativa seja redirecionada para essas duas personagens.

Vou contar-te o meu cativeiro.

Tinha chegado o tempo da colheita, e o milho e o inhame e o amendoim eram em abundância nas nossas roças. Era um destes dias em que a natureza parece entregar-se toda a brandos folgares, era uma manhã risonha, e bela, como o rosto de um infante, entretanto eu tinha um peso enorme no coração. Sim, eu estava triste, e não sabia a que atribuir minha tristeza.

Era a primeira vez que me afligia tão incompreensível pesar. Minha filha sorria-se para mim, era ela gentilzinha, e em sua inocência semelhava um anjo. Desgraçada de mim! Deixei-a nos braços de minha mãe, e fui-me à roça colher milho. Ah! Nunca mais devia eu vê-la...

Ainda não tinha vencido cem braças do caminho, quando um assobio, que repercutiu nas matas, me veio orientar acerca do perigo iminente, que aí me aguardava. E logo dois homens apareceram, e amarraram-me com cordas. (Reis, 2018, p. 70)

Você já leu o começo deste trecho no Capítulo 1 e aqui podemos expandir a leitura um pouco mais. Já sabemos que, nesse trecho, em que a Preta Susana conta sobre os horrores da travessia do Atlântico, é a primeira vez na literatura que esse rapto é narrado. Maria Firmina dos Reis rompe com a estética da época e, dessa forma, trabalha com a questão das representações e reflexões inovadoras, que, dentro do pensamento feminista negro, é muito reivindicada pelas intelectuais. Quem são as herdeiras do legado de Maria Firmina dos Reis? E de que forma essas herdeiras, que se encontram 100 anos depois, se relacionam com a produção da autora?

> **Para saber mais**
>
> DUARTE, C. L. et al. (Org.). *Maria Firmina dos Reis*: faces de uma precursora. Rio de Janeiro: Malê, 2018.
> Confira esse livro para se aprofundar na obra da autora Maria Firmina dos Reis.

5.4.2 Carolina Maria de Jesus

Nascida em Sacramento, Minas Gerais, no ano de 1914 – 26 anos após abolição da escravatura –, Carolina mudou-se diversas vezes até chegar em São Paulo, por volta de 1937, aos 22 anos de idade. Apesar de ter estudado apenas dois anos no ensino regular – Carolina não nasceu em uma casa rodeada de livros, mas era rodeada por palavras –, pegou gosto pelos estudos e sentiu-se poderosa por identificar o nome das ruas e dos letreiros de lojas (Farias, 2018).

Embora tenha ficado publicamente conhecida em 1960, com a publicação de *Quarto de despejo: diário de uma favelada*, segundo a pesquisa de seu biógrafo, Tom Farias (2018), há registros de Carolina frequentando redações desde 1937 na tentativa de publicar seus poemas nas páginas dos jornais. Carolina teve outros três livros publicados em vida: *Casa de alvenaria* (1961), *Pedaços da fome* (1963) e *Provérbios* (1963); e outros três publicados postumamente: *Diário de Bitita* (1986), *Antologia pessoal* (1996) e *Meu estranho diário* (1996) (Farias, 2018).

Com relação ao fenômeno editorial *Quarto de despejo*, o ponto que nos interessa aqui é o quanto a editoração do livro influenciou a recepção da obra, direcionando a leitura para um viés exclusivamente social, reservando, dessa forma, à Carolina, o lugar de objeto. Além disso, apesar do lançamento oficial da obra ter ocorrido nos anos de 1960, dois anos antes já era feita a preparação para recepção da obra com aparições gradativas de Carolina na imprensa diária, fato que torna o apagamento de sua produção ao longo da história dicotômica. Assim, o resgate de sua obra e de sua imagem como intelectual e multiartista se faz necessário.

A mulher negra na sociedade, em especial nos casos como o de Carolina, que nasceu poucas décadas após a abolição da escravidão, exige que seja empreendida uma energia para sustentar autodefinições independentes das imagens de controle para ela criadas. Por isso, acreditamos que, quando se fala do ato da escrita e da produção artística, independentemente da linguagem utilizada, fala-se de uma produção que parte de uma exploração muito íntima, mesmo que o "eu", por vezes, não seja o tema central dessa produção. É preciso que a pessoa negra que produz arte ou desenvolve um pensamento intelectual enfrente a objetificação. Segundo Patricia Hill Collins (2019, p. 183), "ser capaz de usar a extensão plena da própria voz, tentar expressar a totalidade do 'eu', é uma luta recorrente na tradição das escritoras [negras]".

Carolina Maria de Jesus está inserida em um período de efervescência cultural, junto com escritores como Carlos Drummond de Andrade, Manuel Bandeira, Cecília Meireles, Clarice Lispector, Graciliano Ramos, José Lins do Rego, Jorge de Lima, Mário de Andrade, Oswald de Andrade, Monteiro Lobato, Fernando Góes, Luis Martins, Afonso Schmidt, Lino Guedes, Guilherme de Almeida e Menotti Del Picchia. Além disso, a publicação de seu livro *Quarto de despejo* aconteceu em um período de fortalecimento do movimento negro brasileiro. Em alguns trechos de *Casa de alvenaria: diário de uma ex-favelada*, de 1961, a autora cita algumas abordagens, em especial da imprensa negra paulistana do jornal *O Ébano* (Jesus, 1961).

Refletindo acerca da escrita, bell hooks (1999) discorre sobre como a vivência pessoal influencia no processo de escrita. Para ela, o lugar da escrita seria um espaço íntimo, privado e solitário, por meio do qual é possível ecoar sobre a voz interior para quebrar o silêncio e refletir sobre a pluralidade de nossas visões e vozes, em contrapartida a um mercado que, por vezes, olha para essas produções pensando apenas no lucro e em vender uma ideia de representatividade discutível. Por isso, hooks discute não só a importância da ampliação e do espaço para divulgação dessas produções pela singularidade e pela pluralidade de vozes, mas também de um mercado editorial e acadêmico que seja capaz de olhar para essas produções com um repertório que amplie as possibilidades de leitura e análise das obras. Segundo a autora,

> viemos a escrever através do sofrimento de nossos ancestrais, aqui nestes sapatos enquanto este sofrimento não nos santifica, nos lembra que a nossa é uma história literária onde mesmo a ameaça de morte não poderia silenciar nossa paixão pela palavra escrita – nosso anseio de ler, escrever, saber. (hooks, 1999, p. 245, tradução nossa)

Para hooks (1999), o uso da linguagem (seja ela qual for) é uma forma de se manter vivo, pois é por meio da palavra que é possível experienciar nosso mais profundo entendimento do que conhecemos por *intimidade*, além de ser uma das formas de nos conectarmos e conhecermos nossa comunidade e de elaborar e narrar essas memórias – um exercício que reverbera no cotidiano das pessoas negras.

O ofício da escrita, além de compartilhar dimensões e possibilidades de existências e futuros, é um lugar profundamente íntimo. bell hooks (1997) afirma que, ao escrever, é possível retornar novamente para alguns lugares que estão guardados na memória, o que pode desencadear novas memórias ante o estranhamento de uma antiga ideia, por meio de um novo olhar, além do papel político e social desse ofício, principalmente quando falamos de escritoras e escritores negros.

Dessa feita, a autobiografia de Carolina Maria de Jesus, as vivências de seu corpo de mulher negra, opera um devir por meio de sua escrita; sua arte funciona como um caminho de fuga, no qual a autora experimenta a desterritorialização do ser. Por meio de seu projeto literário e de suas experimentações multiartísticas, ela opera uma língua menor como uma estratégia de constante recriação da palavra e de si. Carolina Maria de Jesus cria um outro idioma, ao torcer a gramática branca, criando uma língua própria, que causa estranhamento na recepção inicial de sua obra, mas que hoje podemos ler como uma linha de fuga da colonialidade.

Apesar de não termos a intenção de nos aprofundarmos na análise da representação social do corpo, essa questão, nesse sistema rizomático* que aqui tecemos, comporta-se como um nódulo, sendo possível, com base nela, refletir sobre a estrutura da sociedade, uma vez que, "como qualquer outra realidade do mundo, o corpo humano é socialmente concebido" (Nogueira, 2021, p. 65).

O poder da autodefinição é fundamental para que haja resistência quando pensamos em corpos que vivem em uma vigilância. "Os estudos feministas negros apontam para uma consciência dupla nas mulheres negras, na qual elas se familiarizam com a linguagem e as maneiras de agir do opressor" (Collins, 2019, p. 114) e, ao mesmo tempo, escondem dos olhos do poder hegemônico um outro ponto de vista. Esse ato de autodefinição, inclusive, aponta para outra noção de eu, pois indica uma consciência coletiva. Não se trata de um eu que se constrói em oposição a outro, de modo que a identidade não é objetivo, e sim o ponto de partida

---

* O conceito de rizoma, desenvolvido por Deleuze e Guattari (1995), aqui é utilizado para pensar a pluralidade de formas, singularidades, de modo não hierarquizado.

do processo de autodefinição. Talvez com esse nódulo tenhamos uma possibilidade para pensar a produção de Jesus e os pontos de contato com fatores externos que se sobrepõem ao literário, mas que ampliam as possibilidades de leitura e análise do espólio da autora. Segundo Collins (2019, p. 181):

> As intelectuais negras estadunidenses há tempos exploram esse espaço privado, oculto, da consciência feminina negra, os "pensamentos íntimos" que permitem às mulheres negras a suportar e, em muitos casos, transcender os limites das opressões interseccionais de raça, classe e gênero e sexualidade. Como nós, afro-americanas, como grupo conseguimos encontrar forças para fazer frente a nossa objetificação como "mulas do mundo"?

Pra pensar Carolina Maria de Jesus pela própria, é importante que a leiamos dentro de sua complexidade. A autora, que ficou conhecida por seus diários, traçava em seu narrar a construção da imagem de uma poética ao adicionar elementos da ficção na forma como narrava o cotidiano e transformava a si e as pessoas de seu entorno em personagens, brincando com a linguagem e a metalinguística. Além disso, é importante pensar como a singularidade de Carolina Maria de Jesus é rizomática e de que forma isso se dá em sua produção. Carolina Maria de Jesus era mãe de três filhos, ouvia valsas vienenses e, por vezes, falava como se declamasse versos.

> ... Eu classifico São Paulo assim: O Palacio, é a sala de visita. A Prefeitura é a sala de jantar e a cidade é o jardim. E a favela é o

quintal onde jogam os lixos. ... A noite está tépida. O céu já está salpicado de estrelas. Eu que sou exótica gostaria de recortar um pedaço do céu para fazer um vestido. (Jesus, 2014, p. 32)

Ela era leitora de autores como Casimiro de Abreu e Gonçalves Dias. Também amava carnaval, tocava violão e cantava com os filhos. Estava o tempo todo se deslocando pela cidade, além de feito duas mudanças até chegar à cidade de São Paulo. Tinha uma imagem idealizada de poeta, com uma visão vinculada ao romantismo, e era dona de um vocabulário rebuscado rasurado pela oralidade e pela coloquialidade do cotidiano. Carolina Maria de Jesus compôs um corpo de escrita com um método bastante particular (Perpétua, 2014).

5.4.3 Eliana Alves Cruz

Eliana Alves Cruz, 200 anos depois de Maria Firmina dos Reis e 40 anos após Carolina Maria de Jesus, tem feito um trabalho muito relevante. Parte do processo da jornalista e escritora está em se debruçar em memórias familiares, sobre fatos históricos e notícias de jornais para construir suas narrativas. Podemos pensar que, assim como Maria Firmina dos Reis, Eliana não só cria camadas de complexidade para os sujeitos negros e negras, mas também cuida dos mortos, dando a eles outras narrativas além do sofrimento, criando outras possibilidades para as pessoas pretas do presente se pensarem e existirem e versarem outros futuros.

Água de barrel conta a história das mulheres negras de uma mesma família, geração após geração, por três séculos. Essas mulheres encontram no lavar, passar, enxaguar e quarar das roupas das patroas e sinhás brancas um modo de sobrevivência, desde o Brasil Colônia até o início do século XX. Damiana, personagem central para a narrativa, cansada das batalhas constantes e ininterruptamente travadas pela liberdade, se vê rodeada por sua família e se recorda dos tempos de lavadeira. O livro tem uma nota da autora, em que ela diz:

> Não queremos mais aquilo que embranquece a negra maneira de ser
>
> Não queremos mais o lento e constante apagamento da cor de terra molhada suada, encantada...
>
> Queremos os remendos dos panos, nas tramas dos anos sofridos, amados...
>
> E, acima de tudo,
>
> Apaixonadamente vividos. [...] (Cruz, 2018, p. 11)

A produção de Eliana revela que a história vigente, aquela que, por vezes, é chamada *com H maiúsculo*, trata-se de um arquivo fragmentado que sujeita determinados corpos a não humanização, os quais têm suas subjetividades violentadas e são submetidos a memórias de violência e desgraça. Assim como o faz Maria Firmina dos Reis ao narrar Túlio e Preta Susana, Eliana humaniza essas personagens, apontando que a verdadeira não humanidade daquele período são os colonizadores e o sistema colonial, que submete uma pessoa àquele regime.

Carolina Maria de Jesus é que encontra no gesto da escrita um lugar de enunciação como sujeita. Eliana Alves Cruz, ao recontar as histórias de suas ancestrais e resgatar personagens históricos, ficcionalizando suas travessias, também subverte a lógica colonial, em um processo de autorrecuperação que tem o movimento do individual para o coletivo. Assim como nos ensinou Lélia Gonzalez (2020), ao cunhar o termo *afro-latino-americano*, Eliana Alves Cruz, em um gesto também criador de categorias para pensar nossas subjetividades, cria em seu projeto estético essa possibilidade. O romance conta com uma estrutura genealógica, não só do ponto de vista familiar, mas também dos saberes africanos transplantados, que reconstroem uma ancestralidade.

Além disso, fatos históricos atravessam a narrativa ficcional, como a Sabinada, a Praieira, a proibição do tráfico negreiro, a Guerra do Paraguai, a Lei do Ventre Livre e a Lei Áurea, assim como as epidemias de cólera, de febre amarela e de varíola (Figueiredo, 2020).

O trabalho com a memória também é algo que conecta a obra das três autoras até agora apresentadas. No sentido indicado por Leda Maria Martins (2021, p. 48), da memória como conhecimento que reorganiza os repertórios históricos: "[...] o corpo alterno das identidades recriadas, as lembranças e as reminiscências, o corpus, enfim, da memória cliva e atravessa os vazios e hiatos resultantes das diásporas". Para hooks (2019b), o uso da linguagem também resulta em uma forma de se manter vivo, além de ser uma das maneiras de o sujeito negro se conectar e conhecer a própria comunidade e de elaborar e narrar essas memórias.

Síntese

Neste capítulo, conferimos o pensamento feminista negro. Optamos por esse ponto de partida por ele desestruturar uma série de noções que sustentam o pensamento hegemônico, de modo a preservar as singularidades das mulheres e suas intersecções, sem cair em um discurso essencialista de gênero. Os textos literários aqui apresentados também nos ensinaram que essas literaturas produzem, em seu interior, teorias.

Quando falamos sobre a autoria de mulheres negras e a inscrição desses corpos no momento da escrita, não podemos nos esquecer das singularidades de cada uma delas. Pensar em uma literatura negra escrita por mulheres não é cair na falácia do pretenso universalismo hegemônico, e sim entender que, dentro da singularidade delas, existem diferenças de história, trajetória, referência, trabalho estético etc.

Atividades de autoavaliação

1. bell hooks dedicou parte de seu trabalho intelectual a analisar as relações de poder e o pensamento hegemônico com aparelhos culturais e suas influências nos processos de sujeição, em especial de pessoas negras. Pensando no romance *Água de barrela*, de Eliana Alves Cruz (2018), em que a autora resgata memórias familiares por meio das histórias orais e, com base nisso, passa à pesquisa documental. Relacione o gesto de escrita desse romance com esses

processos trabalhados por hooks (2019b) à ideia de autorrecuperação e analise as afirmativas a seguir.

I. Não é possível, por meio da linguagem, disputar um espaço para reescrever, reconciliar e renovar a história e a subjetividade das pessoas negras, dado que essa mesma linguagem é uma das ferramentas para subalternização desses indivíduos.

II. Eliana Alves Cruz, ao escrever esse romance, rasura a história e humaniza não só a memória de seus antepassados, mas revela outras narrativas possíveis que não a hegemônica que subalterniza as pessoas negras.

III. A pesquisa documental feita por Eliana Alves Cruz revela que há uma história que foi apagada dos registros oficiais.

IV. Quando autoras negras criam suas próprias linguagens, elas executam um trabalho de liberdade que permite que as pessoas negras se tornem sujeitos.

Agora, marque a alternativa correta:

a. Apenas a afirmativa I é verdadeira.
b. Apenas a afirmativa II é verdadeira.
c. Apenas a afirmativa III é verdadeira.
d. São verdadeiras as afirmativas I, II e III.
e. São verdadeiras as afirmativas II, III e IV.

2. O feminismo negro surgiu formalmente em meados dos anos 1970 nos Estados Unidos e na Europa e, posteriormente, no Brasil. Com base na leitura do trabalho de Nubia Moreira, doutora em sociologia e professora da Universidade Estadual do Sudoeste da Bahia (Uesb), temos um panorama da formação do movimento

negro, em especial no Rio de Janeiro e em São Paulo. No trabalho *Feminismo negro brasileiro: igualdade, diferença e representação*, a autora afirma que:

> Diferença comparece para que a relação social deva ser entendida como trajetórias contemporâneas e históricas de circunstâncias materiais e práticas culturais na [sic] quais se produzem as condições para a construção das identidades dos grupos.
>
> A procura por um ponto de vista que abarque a pluralidade de experiências existentes entre as mulheres negras reforça a ideia de que, a despeito das diferenças existentes entre essas mulheres, elas dividem a comum experiência de opressão segundo um lugar comum – negra – embora outros elementos como formação escolar, capital cultural possibilitem experiências singulares em frente à opressão racista e sexista. (Moreira, 2007, p. 76)

Aqui ela elabora um aspecto bastante importante do feminismo negro: os marcadores sociais e suas relações, pontos que até o início desse movimento não haviam sido levados em consideração pelo movimento feminista branco. Tendo como base esse contexto da formação do feminismo negro, analise as afirmativas a seguir sobre a importância dessas reflexões de raça, gênero e classe para a análise de textos literários.

I. O feminismo negro pode instrumentalizar o processo de análise de textos literários por trazer, por exemplo, reflexões sobre a representação de mulheres negras nas narrativas e como muitas vezes essas imagens estão relacionadas a imagens de controle e reforçam estereótipos.

II. O feminismo negro é uma ferramenta crítica importante para a análise da produção ficcional de autoras negras, mas é preciso compreender que há uma diversidade nos tipos de ficção publicadas. Por isso, não é possível utilizar essa metodologia para fazer uma leitura padronizada do que essas narrativas representam ética ou esteticamente.

III. O feminismo negro não se trata de uma teoria capaz de analisar esteticamente textos literários, então não é possível utilizá-lo como referencial para tal.

IV. O trabalho ficcional de mulheres negras é importante não só porque assim elas se opõem à dominação, mas porque criam um espaço de produção criativa e outros sentidos de sujeição.

Agora, marque a alternativa correta:

a. Apenas a afirmativa I é verdadeira.
b. Apenas a afirmativa II é verdadeira.
c. Apenas a afirmativa III é verdadeira.
d. São verdadeiras as afirmativas I, II e III.
e. São verdadeiras as afirmativas II, III e IV.

3. Quando Lélia Gonzalez (2020) nomeia a língua falada cotidianamente pelas pessoas negras como "pretuguês", ela leva em conta o traço de oralidade e a influência das línguas africanas.

Com a republicação das obras de Carolina Maria de Jesus, em 2021, pela Companhia das Letras, as discussões em torno dos "erros gramaticais e ortográficos" em sua obra foram levantadas novamente. Em nota sobre essa edição, o conselho editorial afirma:

> A fim de resguardar a integridade da voz e da escrita de Carolina, esta nova edição de *Casa de alvenaria* conserva toda a diversidade de registros presente nos manuscritos, considerando-os marcas autorais imprescindíveis para a adequada recepção de sua obra. O critério básico da intervenção editorial foi, dessa forma, o de manter todas as grafias destoantes dos dicionários do início da década de 1960, quando o livro foi escrito. (Jesus, 2021, p. 3)

Com base nas questões anteriormente suscitadas, assinale a alternativa **falsa**:

a. Pensar em novas categorias analíticas para dialogar com produções que se dão fora dos termos eurocentrados é fundamental para que essas literaturas sejam lidas por um viés estético.

b. Apesar de o trabalho de todas as pessoas que escrevem e são publicadas passar por uma revisão anterior à publicação, Carolina Maria de Jesus, como uma pessoa com baixa escolaridade e que não tem domínio da norma culta, não deveria ser publicada.

c. Podemos afirmar que Carolina Maria de Jesus contava com uma dicção que Lélia Gonzalez (2020) chamou de *pretuguês*, com forte influência da oralidade com raízes em sua ancestralidade africana.

d. Podemos utilizar o "pretuguês" como lente não só para pensar, por exemplo, a escrita de Carolina Maria de Jesus, mas também no legado estético que essa ancestralidade inscreve em diversas produções literárias.

e. Quando se fala do ato da escrita e da produção artística, independentemente da linguagem utilizada, falamos de uma produção que parte de uma exploração muito íntima, mesmo que o "eu", por vezes, não seja o tema central dessa produção.

4. Relacione as colunas a seguir.

(A) Carolina Maria de Jesus	( ) Tem uma obra relevante, principalmente por ter inaugurado a enunciação do cotidiano na favela na literatura brasileira.
(B) Eliane Alves Cruz	( ) Acredita que por meio da linguagem é possível elaborar e narrar memórias ancestrais.
(C) Lélia Gonzalez	( ) Recupera a história do período colonial narrando a vida das pessoas escravizadas com base em suas vivências e, dessa forma, humaniza a vida de seus descendentes.
(D) bell hooks	( ) Cunhou o conceito de amefricanidade, que nos ajuda a pensar as influência ameríndia e africanas na cultura das américas.

Agora, marque a alternativa que apresenta a sequência correta:

a. C; A; B; D.
b. B; A; D; C.
c. D; C; A; B.
d. A; D; B; C.
e. A; B; D; C.

5. A respeito da obra *Quarto de despejo*, de Carolina Maria de Jesus, podemos afirmar:
   a. Trata-se de uma autobiografia totalmente fiel à vida da autora, não podendo ser considerada uma obra literária.
   b. Trata-se de uma obra importante por trazer representatividade para a autoria feminina, negra e de localização periférica e marginalizada.

c. Pode ser considerada um romance distópico, uma vez que narra uma situação exclusivamente fictícia de caos social.

d. Pode ser considerada uma sátira muito cômica à vida na favela em contraste com a vida nos bairros nobres da cidade de São Paulo.

e. Representa uma alegoria dos problemas sociais que ocorrem na Europa decorrentes dos preconceitos de classe e racial.

Atividades de aprendizagem

Questões para reflexão

1. Quais são as autoras negras que você conhece? De que países da África ou da diáspora elas são? Faça uma lista das autoras negras que você conhece com a seguinte organização: em que ano elas publicaram e qual seu país de origem. Em seguida, elabore um mapa de leituras e uma linha cronológica para ter a dimensão do tempo e do espaço em que elas se encontram. Após a atividade, analise os resultados e, de preferência, escolha uma pensadora feminista para embasar sua elaboração.

2. As obras de Maria Firmina dos Reis e Carolina Maria de Jesus sofreram tentativas de apagamentos. Você conhece outras autoras negras que passaram pelo mesmo processo? Faça um levantamento delas, procure descobrir se suas obras ainda são editadas ou quais foram as últimas edições em que elas estiveram disponíveis aos leitores.

3. Maria Firmina dos Reis foi uma precursora, não só pelos ideais abolicionistas presentes em suas obras, mas também por construir de maneira humanizada suas personagens negras. *Úrsula*, seu romance mais difundido, foi escrito em 1859. De que forma podemos lê-lo no presente relacionando-o com o pensamento das autoras feministas que foram apresentadas? Além disso, qual categoria de relação de marcadores sociais é articulada por Maria Firmina dos Reis ao trazer a protagonista branca e sua relação com o Comendador Fernando P., tio da protagonista?

4. Quantas autoras negras, da literatura e do pensamento crítico, você leu no último ano? Quais outras escritoras você conhece além das apresentadas ao longo do capítulo? Com base nas relações aqui estabelecidas, no pensamento crítico das feministas negras de épocas distintas e na forma como podemos, por meio do trabalho delas, ler produções literárias de escritoras que se encontram em períodos e localizações diferentes, faça o exercício de listar outras intelectuais e escritoras que poderiam compor essa constelação de mulheres negras que escrevem e pensam criticamente o mundo.

Atividade aplicada: prática

1. Pesquise autoras negras contemporâneas de editoras independentes e estabeleça relações de obra e autoria com as escritoras apresentadas no capítulo. Escolha uma dessas autoras que você pesquisou e faça a leitura de um de seus livros. Após a leitura, faça

uma resenha da obra utilizando as ideias articuladas no capítulo sobre o feminismo negro.

um O cânone e o polissistema: a literatura escrita por mulheres
dois A trajetória da literatura feminina no Brasil
três A literatura brasileira escrita por mulheres: prosa e poesia
quatro A crítica feminista e a literatura de autoria feminina
cinco A literatura feminina negra
seis Desafios contemporâneos

TAÍS BRAVO CERQUEIRA

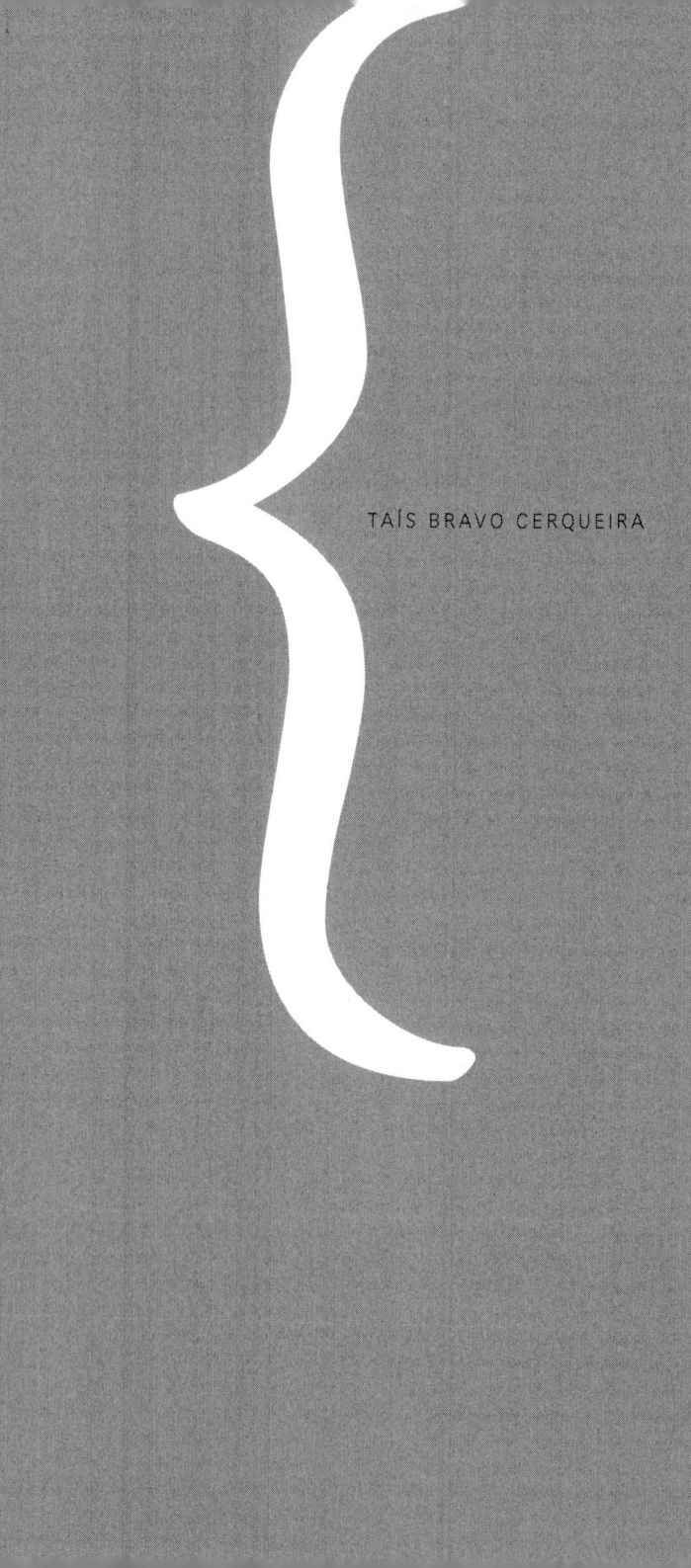

Neste CAPÍTULO, VAMOS APRESENTAR o trabalho de autoras contemporâneas que estão transformando a literatura brasileira. Para isso, na primeira parte do capítulo, consideraremos as premiações literárias como um parâmetro possível para identificar autoras que estão fabricando uma nova paisagem do cânone literário ao promover debates acerca de questões de raça, classe, sexualidade e gênero. Já na segunda parte, investigaremos, por meio da produção de poetas contemporâneas, quais procedimentos literários estão sendo criados para conceber novas imagens acerca do corpo e da sexualidade de mulheres. Por fim, na terceira parte, trataremos das maneiras pelas quais autoras contemporâneas estão desenvolvendo estratégias para enfrentar os desafios editoriais, como o uso de diferentes plataformas para divulgar seus trabalhos.

seispontoum
Reflexões iniciais

Quem são hoje as autoras contemporâneas que compõem ou comporão o cânone da literatura brasileira? Essa é uma pergunta interessante para pensarmos sobre os desafios que as escritoras enfrentam na atualidade. Para responder essa questão, acreditamos ser útil relembrar um episódio recente envolvendo a autora mineira Conceição Evaristo. Talvez você se lembre que, em 2018, ela se candidatou para concorrer a uma cadeira na Academia Brasileira de Letras (ABL). Nascida em 1946 e autora de mais de seis livros – além de inúmeras participações em revistas e antologias –, Conceição Evaristo atuou como professora universitária ao longo de sua vida e hoje é considerada uma das maiores escritoras brasileiras vivas. Em 2015, recebeu o Prêmio Jabuti na categoria *Contos e Crônicas* por seu livro *Olhos d'água* e, em 2017, sua vida e obra foram tema da 34º Ocupação do Itaú Cultural em São Paulo.

Apesar dessa sólida atuação literária, a candidatura de Conceição Evaristo à ABL é mais bem descrita como uma *anticandidatura*, já que não se deu por uma convocação de tal instituição, mas, conforme a própria escritora, em um movimento de fora para dentro, que teve a intenção de deflagrar as dinâmicas racistas, elitistas e machistas que predominam nesse espaço de legitimação. Tudo começou quando a jornalista Flávia Oliveira (citada por Campos; Bianchi, 2018) fez uma provocação, afirmando que estava "faltando preto na Casa de Machado de Assis". Na época, não havia sequer uma mulher negra entre os 39 acadêmicos que compunham as cadeiras da ABL e apenas um deles era um homem negro. Inspirada por essa fala, a pesquisadora Juliana Borges lançou nas redes sociais uma carta-manifesto sugerindo a candidatura de Conceição Evaristo à ABL. Logo, a hashtag *#ConceicaoEvaristonaABL* se espalhou e se tornou uma petição *online* assinada por mais de 40 mil pessoas (Campos; Bianchi, 2018).

Diante dessa mobilização popular, Conceição Evaristo decidiu se candidatar à cadeira 7 da ABL, mas resolveu fazer isso em seus próprios termos. Ela não compactuou com uma série de ritos e protocolos que, supostamente, devem ser cumpridos pelas pessoas que desejam receber o título de imortal da ABL. Em vez de se inserir nos eventos promovidos por essa instituição – a maioria envolvendo um alto custo financeiro – com o objetivo de se integrar a seu núcleo social e, assim, ganhar a validação de um padrinho ou uma madrinha, Evaristo optou por apenas se inscrever, com respaldo na qualidade de sua obra e na admiração de milhares de leitores.

Por esse motivo, a candidatura de Conceição Evaristo pode ser definida como anticandidatura, já que ela concorreu de modo estratégico a uma cadeira na ABL, não com o objetivo de fazer parte desse cânone, mas de apontar o racismo, o elitismo e o machismo estrutural dessa instituição, que, desde sua fundação, exclui vozes constitutivas de nossa literatura.

Neste ponto, é válido lembrar da história de Júlia Lopes de Almeida, escritora que participou ativamente da construção da ABL em 1897. Ela foi impedida de integrar a instituição por ser mulher, tendo seu marido entrado em seu lugar.

O veto à participação de mulheres na ABL só findou em 1977, com a entrada da escritora Rachel de Queiroz. Em 2018, havia somente cinco mulheres ocupando as cadeiras da ABL, e até o ano de 2022 não havia sequer uma mulher negra entre seus imortais.

A anticandidatura de Evaristo, portanto, pode indicar que ocupar o cânone é algo que interessa às escritoras contemporâneas, visto que premiações e títulos aumentam a visibilidade de seus trabalhos, fazendo com que suas obras possam ter maior circulação, ou seja, que elas possam ser lidas por mais pessoas. Porém, também é do interesse dessas escritoras questionar e denunciar os parâmetros e as estruturas retrógradas que fundamentam as instituições que legitimam quem pode integrar esse cânone.

Em outras palavras, mais do que ocupar, o que essas autoras desejam é ampliar o cânone, transformando, com suas atuações, as condições de acesso a esse espaço de poder. Ampliar o cânone significa, então, questionar e refundar seus parâmetros e estruturas. Dessa forma, é crucial apontar que talvez não seja o cânone que está abrindo espaço para a presença de mais mulheres, já que, na verdade, são as escritoras que estão trabalhando, muitas vezes coletivamente, para abrir caminhos, modificando o cenário da literatura brasileira e possibilitando que exista maior diversidade de histórias.

seispontodois
O cânone literário ocidental e a representação dos marginalizados e das minorias étnicas e sexuais

Agora que você compreendeu a complexidade que envolve disputar espaços de legitimação e de poder, podemos saber mais sobre a obra de algumas autoras brasileiras que estão mudando a cara do cânone literário.

Um evento marcante na história da literatura brasileira escrita por mulheres foi a premiação de *Amora* (2015) como melhor livro de contos no 58º Prêmio Jabuti, em 2016. Publicado pela Não Editora, *Amora* é um livro da escritora Natalia Borges Polesso, de Caxias do Sul. Não só a autora desse livro é uma mulher lésbica como também as personagens dos seus contos são mulheres que amam mulheres. Assim, ao longo de 256 páginas, o leitor é apresentado a diferentes histórias de amor entre mulheres. Os contos vão desde uma narrativa delicada conduzida pelo olhar de uma criança que está se descobrindo com uma identidade dissidente até tramas mais intensas de términos e amores não resolvidos. Além da escrita primorosa de Polesso, o que se destaca em *Amora* é a possibilidade de encontrarmos ampla representatividade, de modo a não reduzir mulheres lésbicas ou bissexuais a uma única narrativa. Em seu livro, são encontradas personagens múltiplas, deixando explícito que há muitas formas de viver o amor entre mulheres.

Em seu repertório pessoal, você já leu algo parecido com a obra de Polesso? Quantas personagens lésbicas ou bissexuais você já encontrou em suas leituras? Se pararmos para avaliar, perceberemos que não só é rara a presença de personagens LGBTQIA+ (lésbicas, gays, bissexuais, trans, *queer*, intersexo, assexual) na literatura brasileira, como personagens do gênero feminino em geral possuem uma menor representatividade.

Segundo uma pesquisa desenvolvida na Universidade de Brasília (UNB) pela professora doutora Regina Dalcastagnè (2007), menos de 40% das personagens nos romances brasileiros publicados pelas principais editoras do país entre 1990 e 2004 são do gênero feminino. No artigo *Imagem da mulher na narrativa brasileira*, Dalcastagnè (2007) demonstra que, ao longo desses 15 anos, as mulheres não representaram nem 30% do total de autoria de romances lançados pelas editoras Companhia das Letras, Record e Rocco. Tal sub-representação provoca um impacto direto na existência de personagens mulheres, em especial, na posição de protagonistas ou narradoras. Em outras palavras, a participação de escritoras mulheres é determinante para a presença de uma representatividade diversa na literatura.

> Há uma diferença significativa entre a produção das escritoras e dos escritores. Só como exemplo, em obras escritas por mulheres, 52% das personagens são do sexo feminino, bem como 64,1% dos protagonistas e 76,6% dos narradores. Para os autores homens, os números não passam de 32,1% de personagens femininas, com 13,8% dos protagonistas e 16% dos narradores. (Dalcastagnè, 2007, p. 129)

Considerando esses dados, torna-se mais concreta a relevância de uma obra em que todas as personagens são mulheres, como é o caso de *Amora*, principalmente porque essa representatividade promovida pela escrita de autoras produz personagens mais complexas e diversas. De acordo com a pesquisa de Dalcastagnè (2007, p. 130), "as mulheres constroem uma representação feminina mais plural e mais detalhada, incluem temáticas da agenda feminista que passam despercebidas pelos autores homens e problematizam questões que costumam estar mais marcadas por estereótipos de gênero". No livro de Polesso, isso pode ser comprovado pela existência de histórias atípicas no repertório da literatura brasileira, por exemplo, o conto "Vó, a senhora é lésbica?", que aborda uma relação homoafetiva entre duas mulheres na terceira idade.

Em 2018, "Vó, a senhora é lésbica?" também foi citado em uma questão do Exame Nacional do Ensino Médio (Enem), causando grande repercussão (Casarin, 2018). Se, por um lado, pessoas conservadoras e homofóbicas criticaram o uso desse texto no Enem, por outro, a presença de uma autora lésbica em uma prova que é realizada por milhares jovens brasileiros comprova que nosso cânone literário está em processo de expansão, abrindo espaço para novas vozes e realidades.

Oito anos após sua publicação no Brasil, *Amora* continua um sucesso de vendas, alcançando espaços além do panorama literário brasileiro e conquistando destaque até mesmo fora do país. Em 2020, o livro de Polesso ganhou uma tradução para o inglês, publicada pela editora Amazon Crossing, nos Estados Unidos, e foi indicado pela revista da apresentadora Oprah Winfrey como um dos 44 livros que estão mudando o cenário LGBTQIA+ nos Estados Unidos (Boll, 2020).

Apesar desse significativo alcance, se a pesquisa realizada por Dalcastagnè (2007) fosse atualizada hoje, ainda assim *Amora* não entraria nesse levantamento de dados, já que não se trata de um livro de romances, tampouco foi publicado por uma das grandes editoras do país. Os recortes estipulados por Dalcastagnè (2007) nos permitem levantar algumas questões: Será que, se investigarmos entre as editoras independentes, encontramos um número mais expressivo de publicações de autoras? E com relação ao gênero literário? É possível que existam mais mulheres publicando livros de contos ou de poesia do que romances? E se essas respostas foram positivas, o que esses dados podem nos dizer sobre a produção de escritoras no Brasil?

Considerando tais questões, talvez seja preciso elaborar novos parâmetros e critérios para buscar quem são as escritoras contemporâneas que estão expandindo os limites do cânone literário brasileiro. Um parâmetro interessante para indicar se uma autora integrará o cânone literário é o poder de influência de seus livros, isto é, o modo como sua obra se propaga, ganha leitores e inspira novas criações artísticas. Se levarmos em conta esse parâmetro, *Amora* já, com certeza, faz parte desse novo cânone formado por escritoras contemporâneas. A obra de Polesso é, inclusive, mencionada no conto "Marina", o qual foi publicado em um outro livro que vem conquistando um lugar sólido na história de nossa literatura: *Um Exu em Nova York*, de Cidinha da Silva.

Publicado em 2018 pela editora Pallas, *Um Exu em Nova York*, da escritora mineira, negra e lésbica Cidinha da Silva, recebeu o Prêmio Literário Biblioteca Nacional na categoria *contos* em 2019 (Balbino, 2019). Como Polesso, Cidinha da Silva defende uma literatura que apresenta realidades plurais sem, contudo, se confinar a um único nicho. Mais de uma vez, a autora já defendeu que seu interesse não é escrever sobre pertencer a determinada identidade, sobre ser uma mulher negra e lésbica, mas criar histórias múltiplas por meio desse lugar de fala (Ribeiro, 2017).

Nesse sentido, sua literatura se encontra com o conceito de "cuírlombismo" literário, proposto pela escritora e pesquisadora Tatiana Nascimento (2019), que defende uma literatura produzida por pessoas negras e LGBTQIA+ que não se ocupe exclusivamente de um dever de denúncia, mas que, na verdade, fabrique mundos novos, revisite mitologias, projete possibilidades de futuros. Em outras palavras, trata-se de uma escrita cuja função não é apenas denunciar opressões e violências que minorias sociais sofrem em nosso país, mas produzir novos imaginários com base nos saberes e nas vivências dessas pessoas.

Nos contos de *Um Exu em Nova York*, encontramos mulheres que amam mulheres, pessoas negras, periféricas, personagens que são sujeitos inteiros, com vidas que perpassam diferentes dimensões sociais e afetivas. Apostando em uma representatividade potente que não se esgota em si, Cidinha da Silva parece transitar por espaços, línguas e contextos sociais múltiplos. Isso é perceptível em suas referências: *Filhos de Gandhy, Martin Luther King, Oxum, Oya, Natalia Borges Polesso, Audre Lorde, makotas, ebó* e *exuzilhamento*, para citar algumas das palavras que aparecem em seu livro e estão disponíveis no glossário ao fim de *Um Exu em Nova York*. Esse vocabulário funciona como uma espécie de filiação ao indicar quais são as referências da autora. Ao citá-los, Cidinha expressa sua relação com diferentes saberes e experiências e, mais uma vez, afirma a diversidade de vidas que não podem ser restringidas a nichos identitários, pois se constituem como diferentes modos de resistência. Vidas que, por se posicionarem à margem do que é considerado universal, acumulam não só opressão, mas também potencialidades, ou seja, vidas que radicalizam o que é estar à margem (Silva, 2018).

> Como no poema, os dias mais felizes da vida brotavam como erva benfazeja. O céu ruborizou ou uma abóbora iansânico no entardecer dos dias frios. Oxum ria um riso de menina arteira. Os orixás, em festa, criaram um mundo novo, sem aquele trabalho todo que fora carregar o saco da existência. Só Exu, sábio e cético, trepado na árvore da vida, não se iludia. O trabalho apenas começava. (Silva, 2018, p. 52)

> **Para saber mais**
>
> BRAVO, T. Descolonizar a língua e radicalizar a margem. **Mulheres que Escrevem**, 29 mar. 2019. Disponível em: <https://medium.com/mulheres-que-escrevem/descolonizar-a-l%C3%ADngua-e-radicalizar-a-margem-3653704b0591>. Acesso em: 27 out. 2023.
>
> Nesse texto, é possível conferir uma resenha do livro *Um Exu em Nova York*.

Quando refletimos sobre a importância de ampliar o cânone literário brasileiro para incluir autoras que se encontram em suas margens, é também fundamental nos indagar acerca das exclusões que se dão por meio do aspecto regional. Por exemplo, quantas escritoras do norte e nordeste do país você conhece? E do centro-oeste? Uma autora que vem denunciando a desigualdade que escritoras fora do eixo sul-sudeste enfrentam para ter acesso a espaços de legitimação na literatura é Monique Malcher.

Nascida em 1988, a escritora paraense e bissexual foi a vencedora do prêmio Jabuti de 2021 na categoria *contos* com seu livro *Flor de gume*. Mesmo com sua obra figurando entre os finalistas de tal premiação, Malcher teve seu nome ignorado por diversas publicações da imprensa que divulgavam a lista de livros concorrentes ao Jabuti. Para ela, esse apagamento reflete a invisibilidade que escritoras do norte ainda hoje sofrem. Malcher também tem reagido contra a tendência de rotular obras de autoras fora do eixo sul-sudeste na condição de literatura regional, como pontua em uma entrevista: "É bastante desagradável chamarem a literatura que desenvolvo de regional. É literatura paraense, tem regionalidade, mas ela é uma literatura brasileira" (Malcher, 2022).

> **Para saber mais**
>
> MALCHER, M. Monique Malcher: "Literatura paraense é uma literatura brasileira e universal". **Brasil de Fato**, 15 jan. 2022. Entrevista. Disponível em: <https://www.brasildefato.com.br/2022/01/15/monique-malcher-literatura-paraense-e-uma-literatura-brasileira-e-universal>. Acesso em: 27 out. 2023.
> Sugerimos conferir a entrevista completa de Monique Malcher.

Defender que seus livros fazem parte da literatura brasileira é um esforço da autora para demarcar seu lugar dentro de nosso cânone literário e não deixar que sua escrita seja confinada a apenas um nicho de representatividade. Esse esforço, como estamos vendo, é bastante comum entre autoras que se encontram às margens. É interessante observar como essas escritoras estão desbravando um espaço no cânone literário em um empenho coletivo. Em busca de contribuir para uma representatividade mais expressiva de autoras paraenses na literatura brasileira, Monique Malcher organizou a coletânea *Trama das águas*, que reúne contos, poemas e crônicas de 57 autoras contemporâneas paraenses. Publicada pela Monomito Edições, a coletânea contou com um financiamento coletivo que garantiu, em menos de dois meses, o valor de R$ 16 mil reais para viabilizar sua produção (Monomito Editorial, 2020). Esse é mais um exemplo de como escritoras que ocupam as margens do cânone literário brasileiro estão produzindo estratégias para alcançar mais espaços de poder e legitimação no meio editorial.

Flor de gume, livro vencedor do Prêmio Jabuti, traz em seus contos muitos elementos da cultura paraense; entre eles, talvez o mais forte seja a presença das águas, do balanço dos barcos atravessando rios, um movimento que faz parte da vida de pessoas ribeirinhas, como as avós de Monique Malcher. Publicada pela editora Pólen, essa é uma obra que narra em prosa poética a história de personagens do gênero feminino de um mesmo núcleo familiar. Ao longo dos 37 contos, acompanhamos as narrativas de três gerações de mulheres, avós, mães e filhas (Malcher, 2020).

Em uma entrevista, Malcher afirmou que encontrou seu estilo de escrita quando abandonou "métodos prontos de escrita e a tentativa de soar como uma voz masculina" e parou de acreditar que "não poderia falar sobre certos assuntos" (Malcher, 2022). De fato, *Flor de gume* é resultado de uma escrita que não teme abordar temas difíceis, como abandono parental, violência doméstica e abuso sexual. Contudo, se as personagens desses contos passam por situações violentas, Malcher salienta que não deseja representar as mulheres como vítimas, mas como pessoas que estão enfrentando ativamente essas opressões, como é possível verificar no seguinte trecho:

> Entrava no barco como se entrasse na vida das histórias das mulheres da minha família. Mergulhava fundo na encantaria. As embarcações eram lugar estranho e ao mesmo tempo meu território. Os pés reconheciam o banzeiro e se deixavam levar. As histórias, que já circulavam ali como visagens ou bênçãos, eram minhas bem

antes da ideia de lar com quatro paredes. Os barcos eram o corpo da minha família, que construía, pintava e trabalhava neles. É preciso que se diga, sempre como empregados, nunca como patrões. (Malcher, 2020, p. 14)

Assim como o livro de Monique Malcher inova ao apresentar, com uma linguagem em prosa poética, contos que narram uma única trama sobre um mesmo núcleo familiar, *Talvez precisemos de um nome para isso*, obra da autora e tradutora carioca Stephanie Borges, destaca-se por fazer uso da poesia para escrever um longo ensaio em forma de versos. Vencedor do gênero de poesia do Prêmio Cep Nacional de Literatura, *Talvez precisemos de um nome para isso* tem o corpo como tema central, mais especificamente uma parte do corpo: o cabelo (Borges, 2019b).

Você pode se perguntar se esse não é um tema banal ou até mesmo fútil, mas, em entrevista para o *site* da Companhia Editora de Pernambuco, a autora afirmou: "Também me interessava incorporar à poesia elementos que mostrassem que não é uma questão individual, que os cabelos são aparentemente banais, mas estão presentes em mitos, rituais ou prescrições religiosa" (Borges, 2019a). Este é um dos pontos interessantes da escrita de Stephanie Borges: ao transformar o cabelo em tema de sua escrita, por meio de sua vivência como uma mulher negra, ela inicia uma pesquisa que transita por diferentes discursos, saberes e práticas. O poema de Borges realiza, então, um percurso que se estende ao longo de todo o livro, passeando entre salões de beleza de seu bairro, mitos, referências culturais, contextos políticos e históricos.

Para a autora, esse percurso se constrói "a partir da escuta, da observação, da memória e de dúvidas" que ela busca compartilhar "com outras mulheres que passaram muito tempo de suas vidas preocupadas com seus cabelos, com o que eles representavam na imagem que elas queriam construir de si mesmas" (Borges, 2019a). Há, nesse aspecto, um ponto relevante, já que, mais uma vez, vemos que a representatividade de uma autora mulher e negra promove uma escrita que dialoga diretamente com outras pessoas que podem compartilhar dessa vivência, ou seja, leitoras que até então não eram contempladas em suas realidades específicas podem, agora, se ver representadas na literatura contemporânea.

Ainda na mesma entrevista, Borges (2019a) ressalta que receber o IV Prêmio Cepe Nacional de Literatura foi um marco crucial para sua atuação como poeta e tradutora. Essa é uma premiação que tem sido importante para impulsionar o trabalho de autoras brasileiras, já que oferece um valor de R$ 20 mil reais para publicar obras inéditas de escritoras e escritores premiados. Segundo Borges (2019a), a premiação trouxe visibilidade e uma maior circulação de seu livro, já que a editora Cepe garantiu que a obra fosse distribuída de maneira ampla, chegando às livrarias e bibliotecas de todo o país, ao contrário do que acontece com editoras independentes, que "trabalham com tiragens pequenas, trabalhos quase artesanais e o resultado são edições maravilhosas, mas que às vezes acabam restritas a um público leitor de poesia já iniciado". Além disso, ela também sinaliza como essa premiação produz um impacto coletivo capaz de abrir portas para outras escritoras negras brasileiras: "receber um prêmio como esse é uma conquista individual, mas também espero que encoraje e estimule outras mulheres negras a descobrirem suas vozes, suas formas de expressão e buscarem formas de tornar esse trabalho visível" (Borges, 2019a).

> ## Para saber mais
>
> BORGES, S. Pauta da mulher negra ganha destaque no Prêmio Cepe. Cepe – Companhia Editora de Pernambuco, 18 jun. 2019. Entrevista. Disponível em: <https://www.cepe.com.br/noticias/pauta-da-mulher-negra-ganha-destaque-no-premio-cepe>. Acesso em: 27 out. 2023.
> Sugerimos conferir a entrevista completa de Stephanie Borges.

Esses são alguns exemplos de escritoras que estão ampliando o cânone literário brasileiro. Como vimos no início desta seção, os espaços de legitimação desse cânone, isto é, as instituições que determinam quais autoras e autores devem ter seus trabalhos reconhecidos e legitimados, muitas vezes, ainda operam com base em parâmetros limitados no que diz respeito à multiplicidade de gênero, raça, regionalidade, sexualidade, entre outros aspectos. Nesse sentido, é fundamental os esforços que escritoras de diferentes realidades, etnias, orientações sexuais e regiões do Brasil estão realizando não só para ocupar esses espaços de poder, mas para transformar a maneira como eles operam. Além disso, é de suma importância que as obras dessas autoras, muitas vezes publicadas por editoras independentes e de menor porte, estejam recebendo a validação de premiações que contribuem para que seus trabalhos alcancem maior público. Pouco a pouco, esses avanços promovidos coletivamente estão transformando a fotografia do cânone literário brasileiro, de modo que aquelas que escrevem às margens possam, enfim, se reconhecer nesses espaços.

seispontotrês
Estratégias narrativas para tratar do corpo e da sexualidade na literatura feminina contemporânea

Como o próprio *Talvez precisemos de um nome para isso*, livro de Stephanie Borges (2019b), indica, o corpo ocupa um lugar central de disputa discursiva na poesia contemporânea escrita por mulheres. Longe de ser uma categoria neutra, o corpo é abordado por essas poetas por meio de suas múltiplas singularidades. Assim, novas imagens sobre o corpo e a sexualidade estão sendo fabricadas por essa produção poética.

Em *Explosão feminista*, a poeta e pesquisadora Julia Klien define tal movimento formado por poetas contemporâneas como "uma poesia diferente, que surpreende, que interpela, irrita, fala o que quer, fala o que sente, o que dói, [...]" (Klien, 2018, p. 105). A ação de falar aquilo que desejam, ainda que isso possa causar incômodo ou dor, tem possibilitado que essas poetas tragam à tona temas ainda inéditos ou pouco explorados na literatura brasileira, por exemplo, situações violentas como o estupro e a lesbofobia, mas também vivências eróticas de prazer e desejo, como a masturbação e a descoberta de uma sexualidade dissidente.

Nesta seção, vamos acompanhar de perto as estratégias narrativas que tais escritoras contemporâneas estão elaborando para endereçar o corpo e a sexualidade na literatura brasileira.

Vencedor do Prêmio Rio de Literatura na categoria *poesia* em 2018, *O martelo* é um livro da jornalista, fotógrafa e escritora Adelaide Ivánova (2017), que aborda a violência sexual por uma perspectiva bastante inovadora. Dividido em duas partes, *O martelo* pode ser lido como uma narrativa contada por uma mesma voz. Ainda que existam separadamente, juntos, os poemas desse livro contam uma história, apresentam personagens e/ou eventos, como seus títulos indicam: *a visita, o urubu, o juiz, a sentença*. Em sua primeira seção, os poemas narram um processo judicial de denúncia de estupro e, na seção seguinte, relatam a experiência de uma mulher adúltera que tem seu desejo sexual frustrado. Nas palavras de Ivánova (2018): "Eu queria dar voz às duas. Uma mulher que se assume como ser sexual é condenável, assim como a estuprada é condenável". Essas duas vozes de mulheres, no entanto, podem ser interpretadas como a voz de uma única narradora, que transita entre essas duas posições.

Na primeira parte de *O martelo*, encontramos poemas que expõem como vítimas de violência sexual não são acolhidas pelas instâncias jurídicas que, supostamente, deveriam protegê-las. Pelo contrário, quando opta por denunciar o estupro, a vítima desse ato passa a responder a uma incessante necessidade de comprovar a legitimidade de seu testemunho. Também é comum que essas mulheres enfrentem situações de desamparo e sejam maltratadas pelos profissionais envolvidos nos processos de denúncia legal ao estupro.

Em *o urubu*, por exemplo, a perspectiva é a de uma mulher que se encontra deitada em uma maca enquanto corpos masculinos de médicos do Instituto Médico Legal (IML) – figuras duplamente dotadas de poder e autoridade – sobrevoam seu corpo. A execução do exame de corpo de delito é, dentro de um sistema jurídico-legal, um instrumento necessário para comprovar o testemunho de um corpo violado. Aqueles que executam esse exame, assim como outros profissionais que participam desse processo de denúncia, como advogados e juízes, raramente são preparados para prestar apoio e acolhimento às vítimas. Ao colocar em cena o exame de corpo de delito como uma paisagem poética, Ivánova apresenta como o próprio sistema jurídico-legal deslegitima a palavra da vítima, além de contribuir para que os significados daquilo que se configura como estupro e consentimento sejam continuamente questionados.

A incessante necessidade de comprovar a legitimidade do testemunho da vítima de estupro deflagra como a violência sexual está atrelada a uma rede de práticas de opressão. Infelizmente, é possível que você já tenha visto ou ouvido alguém deslegitimar ou duvidar do relato de uma vítima de abuso sexual com base em aspectos como a roupa que ela estava usando ou se havia ingerido bebidas alcoólicas. Faz parte da cultura do estupro questionar a veracidade de uma denúncia de estupro culpabilizando a vítima por aspectos supostamente condenáveis de sua conduta. Dessa forma, se uma mulher vive plenamente sua sexualidade ou gosta de se divertir bebendo com suas amigas, ela já está sob julgamento. É em resistência a esse aparato de vigilância e culpabilização das mulheres que Ivánova aposta em uma voz poética que denuncia um caso de estupro sem deixar de expressar, com humor, sua própria versão dos fatos. A narradora de O *martelo* mostra-se não só como uma vítima de violência sexual que demanda justiça, mas também como uma figura contraditória, irreverente e ainda desejante.

Em *os testículos*, Ivánova aponta como a deslegitimação da vítima está associada a um sistema que determina, apenas por um julgamento externo, aquilo que pode ser ou não considerado estupro e, consequentemente, quem pode reclamar o lugar de vítima. O intrincado jogo de palavras desse poema, cujos versos são continuamente interrompidos em cortes que costuram uma palavra na outra, nos leva até essa vertigem de se deparar com o outro lado da versão dos fatos, ou seja, de passar do lugar de vítima para o de condenável. Porém, em vez de reivindicar sua inocência anulando qualquer indício de sua própria sexualidade, a narradora opta por aproximar, pela língua, as testemunhas dos testículos, e advogar em defesa dos últimos, ou do desejo que esses ainda podem lhe provocar.

Ao delimitar a distinção inconfundível entre as palavras *estupro* e *sexo* – mantendo-as lado a lado, compartilhando o mesmo verso –, essa voz poética reclama não só a legitimidade de seu discurso, mas também de seu desejo. Se ela reconhece a experiência traumática de um estupro e é capaz de nomeá-la como tal é porque também sabe o que é uma "bela trepada". Há um conhecimento que se inscreve no corpo e que permite a essa narradora distinguir, ao contrário das testemunhas, o sexo de abuso de poder. Se um uso da linguagem patriarcal pressupõe que a vítima de estupro ocupe um lugar de trauma irrecuperável no qual seu desejo e sua sexualidade devem ser para sempre marcados ou perdidos, Ivánova cria a possibilidade de uma vítima que não abre mão de seu desejo e de seu prazer, usando-os como um conhecimento erótico que permite a própria enunciação de sua denúncia de estupro.

Em *Use o alicate agora*, a poeta santista Natasha Felix (2018) produz um erotismo insurgente que ocorre por intermédio de uma contínua tensão. Nesse livro, publicado pela Macondo Edições em 2018, encontramos uma profusão de partes do corpo que podem ser desmembradas ou arrancadas, como dedos, língua, pernas, braços, dentes e garganta. Abordando temas como sadomasoquismo e masturbação, a escrita de Felix é sugestiva e cria cenas por meio de poemas breves, com versos curtos. Assim como o corpo que é cortado em diferentes partes, sua poesia parece operar por um procedimento de recortar e colar, fazendo uso de diferentes referências de autores como Adília Lopes, Gonçalo M. Tavares e Paul B. Preciado. Outra marca estilística é a presença de personagens como j., o atirador de facas e sr. hercovitch. Entre essas personagens, há mariana, protagonista em *A domadora*:

> mariana se tranca no quarto.
>
> pensa em um homem chamado Herberto.
>
> quatro paredes turmalina
>
> parece até mentira.

> pensa em selar cavalos subir em um deles
>
> viajar até coyacán galopando
>
> foda-se
>
> todos os noticiários falarão de mariana
>
> mariana a domadora
>
> montando como ninguém,
>
> o travesseiro entre as coxas.
>
> (Felix, 2018, p. 35)

Nesse poema, o uso de verbos no presente como *tranca* e *pensa*, assim como a quebra dos versos demarcando essas ações, cria uma sequência de eventos que anunciam uma preparação erótica. Entre as coxas, um utensílio doméstico ganha um novo uso. Apesar de estar dentro de quatro paredes, Mariana é capaz de se movimentar e viajar até uma cidade do México pela forma como usa o corpo, o travesseiro e sua imaginação. Para além de compor uma imagem de masturbação feminina, tema pouco explorado na literatura brasileira escrita por mulheres, *A domadora* inova ao retratar a incitação do desejo como um gesto de imaginação por meio do verbo *pensa*, que aparece duas vezes ao longo do poema. Há nessa construção uma sugestão do poder imaginativo como uma ação erótica. A imaginação ou a capacidade de ter uma ideia também é uma imagem da série de poemas *O dildo*. Apesar do título, o dildo, objeto de estimulação sexual, não aparece no corpo dos dois poemas que compõem essa série. Ambos operam por um procedimento de listagem. O primeiro diz:

sentir sono sentir nojo

vontade de trepar

comprar abacate e alho

ter uma ideia

meu deus uma ideia

(Felix, 2018, p. 36)

A repetição dos verbos no infinitivo, *sentir, trepar, comprar*, pode sugerir uma lista de comandos ou de instruções. Contudo, a natureza desses supostos comandos se assemelha mais a uma nota mental. Uma listagem que mistura relatos de auto-observação com lembretes e cujo desfecho é um pequeno espanto. São notáveis as repetições, como as do verbo *sentir* e do substantivo *ideia*. É possível nos perguntarmos sobre o que essas duplicações – em um espaço de texto tão curto – significam e conectá-las com o verbo *pensa* que também aparece duas vezes em *A domadora*. Existiria uma separação entre *sentir* e *pensar*? E como pensar e sentir podem dar origem a uma ideia? A distância entre o primeiro verso e o segundo aponta para uma ruptura, separando a "vontade de trepar" do sono e do nojo. Após essa ruptura, desponta um salto ainda maior, uma quebra de estrofe pela qual surge uma ideia.

O poema não diz no que consiste essa ideia, mas o título indica uma pista. Essa ideia, que parece ser espantosa pela sua repetição e pelo uso da interjeição *meu deus*, surge como uma consequência da vontade. No poema seguinte dessa mesma série, encontramos uma imagem que talvez represente a concretização dessa ideia em uma prática:

> pelos dos sovacos das nádegas os pelos
> dos dedinhos pelos do buço em volta do
> mamilo
> os pelos da buceta os pelos da buceta
> pelos do cu
> pelos da barriga pelos dos joelhos das
> sobrancelhas
> chacoalhando
> 4.8 na escala richter
> de repente temos tempo pra tudo
> especialmente pra guerra
>
> (Felix, 2018, p. 37)

Aqui, Natasha Felix aposta em uma repetição radical da palavra *pelos* como uma estratégia poética para transmitir a sensação de um tremor ou vibração. É interessante também notar quais são as partes do corpo acionadas nesse poema: são os pelos "dos dedinhos pelos do buço em volta do mamilo/ os pelos da buceta os pelos da buceta", locais em que, geralmente, os pelos são malvistos ou evitados no corpo de pessoas com vagina. Além disso, esse tremor tem um efeito decisivo, como indicam os versos finais: "de repente temos tempo pra tudo especialmente para guerra". Qual seria a função de um objeto ou de uma ideia que possibilita esse tipo de efeito? O que significa ter tempo para guerra? A relação estabelecida nesse poema entre uma experiência erótica e uma situação de guerra talvez sugira que, na literatura escrita por mulheres, falar sobre o desejo é também abordar as violências e as tensões que cerceiam seus corpos, como a poeta carioca Janaína Abílio sintetiza no poema a seguir:

> em tempos de paz
>
> escrevo guerra
>
> em tempos de guerra
>
> escrevo desejo
>
> que lancem bombas
>
> botem fogo
>
> me lambam inteira
>
> (Abílio, 2019, p. 37)

Há, nesse poema, publicado no livro *e fica um gosto de cica na boca*, um jogo entre as palavras *paz*, *guerra* e *desejo* que é arrematado pela repetição do verbo *escrevo*. Aqui a escrita é uma ação executada independentemente da conjuntura em que se vive; é seu objeto que se transformará pela qualidade do tempo em que se vive. Porém, se nos tempos de paz a escrita volta-se para a guerra, nos tempos de guerra não é a paz que é retomada como objeto da escrita, e sim o desejo. Novamente, a poesia contemporânea escrita por mulheres traça um paralelo entre guerra e desejo que pode nos levar a considerar que o prazer erótico seja acionado por essas autoras como aquilo que pode sustentar seus corpos em um estado de extrema violência. Em uma conjuntura de guerra, talvez seja o desejo o que pode despertar a vontade de permanecer viva, de atravessar essas épocas, encontrar tempo e forças para enfrentar essas batalhas.

Independentemente das possíveis interpretações para essa relação entre desejo e guerra, é inegável que o corpo e a sexualidade se encontram em um estado de contínua tensão nos versos das poetas brasileiras contemporâneas. Essa tensão, contudo, não indica um impedimento ou uma interdição do desejo. Na verdade, o que essas poetas parecem afirmar é que o desejo e o prazer sobrevivem, apesar das violências e opressões às quais estão sujeitas por serem mulheres. Esse aspecto é ainda mais expressivo na poesia de autoras bissexuais ou lésbicas, como é o caso da poeta carioca Maria Isabel Iorio. Em seu livro publicado em 2019 pela editora Urutau, *Aos outros só atiro o meu corpo*, Iorio cria imagens para endereçar a sexualidade de mulheres lésbicas, como no poema intitulado "Pernas", o qual consiste em um único verso: "São fundamentais para o amor" (Iorio, 2019, p. 55). De um modo similar ao de Natasha Felix, esse poema apresenta uma construção breve e sugestiva que demanda de quem o interpreta certo saber sobre o corpo e a sexualidade. Porém, nessa obra de Iorio, também nos deparamos com um desejo que convive com uma tensão, com uma guerra à espreita. Um exemplo é o poema *Segredinho*, que inicia descrevendo práticas e saberes compartilhados entre mulheres lésbicas:

você, sapatão

não acha que o que temos

em comum é mesmo esse

sorrisinho

delicioso

no canto da boca

de quem já disfarçou muito ou

quem já precisou aprender a duração

— aqueles três segundos a mais

num olhar para saber se ela também...

(Iorio, 2019, p. 71)

Valendo-se do pronome pessoal *você*, Iorio convoca a pessoa que está lendo o poema para, então, usar como vocativo o termo *sapatão*, que, apesar de já ter sido empregado como uma expressão pejorativa, vem sendo incorporado por mulheres lésbicas como uma palavra que representa essa identidade. Dessa forma, desde o primeiro verso, demarca-se uma localização e estabelece-se uma relação: o eu-lírico do poema está em diálogo com alguém que compartilha as mesmas experiências e conhecimentos que ele. Além disso, a ideia de demarcar o que há em comum entre as pessoas que pertencem a esse grupo, isto é, as pessoas que se identificam como sapatão, anuncia a existência de uma singularidade entre elas. Se é preciso se perguntar o que essas pessoas têm em comum, é porque elas não são todas iguais. Assim, o traço que parece unir esse conjunto de pessoas é um "sorrisinho", uma marca que, ao longo do poema, vai tendo seu sentido ampliado:

quem teve que descobrir muita coisa

sozinha

ou em cima da hora num banheiro

feminino – fazendo finalmente um bom

uso dessa divisão ou de quem já quebrou

muito a cara ou enfiou

muito a cara ou que arrasta

mesmo um caminhão aquele sorrisinho você

sabe de quem sabe que estamos vibrando

mais forte ou perto e quem descobriu

que todas as cantoras da mpb são como nós mas às vezes isso é

discreto nós também já fomos

(Iorio, 2019, p. 71)

Conforme avançamos no poema, fica nítido que esse "sorrisinho" representa uma ambiguidade ou tensão. Como a expressão de um reconhecimento entre iguais, o sorrisinho guarda, ao mesmo tempo, a identificação de um estado de torpor, como o verso "de quem sabe que estamos vibrando" demonstra, mas também de situações delicadas, como a necessidade de disfarçar quem se é ou de ser discreta. A dissimulação para não revelar essa identidade sapatão é resultado de práticas de opressão e violência que coagem tais pessoas, provocando medo ou vergonha. O resultado disso é um silenciamento que, por vezes, as obriga a descobrir essa identidade em solidão, sem poder compartilhar a descoberta com outras pessoas. O sorrisinho de canto de boca, portanto, tem um significado complexo. Ao mesmo tempo em que as marcas doloridas convocam a lembrança de uma série de violências, é também por meio delas que essas mulheres lésbicas encontram meios de se reconhecer. E, se elas são capazes de se enxergarem umas nas outras, é porque não estão mais totalmente sozinhas; é porque essas práticas de silenciamento não foram efetivas em apagar suas existências. O sorrisinho, de certa forma, representa o triunfo de quem, apesar de tudo, conseguiu não só resistir, mas também desfrutar do corpo e gozar da própria sexualidade:

> de quem parece encontrou
>
> um lugar onde dormir ou perder o sono
>
> como na puberdade algumas câimbras
>
> e nenhum aviso
>
> aquelas primeiras festas onde
>
> aprendemos a conduzir
>
> o próprio peso
>
> aquele sorrisinho de quem acabou de ganhar esse
>
> corpo e quer testar
>
> e testa
>
> e testa
>
> e sabe
>
> que pode morrer por isso
>
> (Iorio, 2019, p. 72)

Os versos finais de *Segredinho* evidenciam, mais uma vez, a presença de certa tensão que permeia os corpos e a sexualidade das mulheres. Nesse caso, o sorrisinho significa, em última instância, ter a consciência de "que pode morrer por isso", de que sua sexualidade é recriminada e, ainda assim, assumir esse risco. Em outras palavras, o reconhecimento entre o eu-lírico do poema e a sapatão a quem ele se dirige se dá por um desejo que sobrevive apesar das opressões e dos cerceamentos. Mais do que denunciar a lesbofobia, o poema de Iorio produz uma imagem sobre o prazer de vivenciar plenamente a sexualidade, um prazer tão profundo que vale correr o risco de ser alvo de tais violências.

seispontoquatro
A literatura feminina no Brasil contemporâneo

Iniciamos este capítulo nos perguntando sobre quem são as escritoras que estão ampliando o cânone literário brasileiro e, ao longo das últimas páginas, percorremos um breve, mas instigante, panorama de autoras contemporâneas que estão contribuindo para que nossa literatura seja mais diversa em aspectos como sexualidade, etnia e regionalidade. Contudo, se formos nos atentar a questões editoriais, todas as obras até então citadas foram publicadas por editoras independentes, ou seja, muitas dessas autoras, apesar da relevância de seus livros, ainda ocupam as margens do mercado editorial. Há diferentes razões que explicam o fato de tais escritoras não serem publicadas pelas principais casas editoriais do país. Porém, esse dado já sinaliza um aspecto relevante no que diz respeito às dificuldades que as mulheres que escrevem enfrentam e, ao mesmo tempo, indica algumas das ações que as autoras contemporâneas estão desenvolvendo para resistir a tais desafios.

Neste ponto, torna-se interessante retomarmos a pesquisa realizada pela professora da UNB Regina Dalcastagnè (2007), que mapeou os romances publicados entre 1990 e 2004 nas três principais casas editoriais do Brasil nesse período: Companhia das Letras, Rocco e Record. Se a pesquisa de Dalcastagnè revela uma representatividade pouco expressiva de autoras dentro desse recorte, isso não significa que havia poucas mulheres escrevendo durante esses anos, mas que, talvez, elas ainda fossem invisibilizadas em espaços de legitimação como tais editoras. Sempre houve mulheres escrevendo, mas, com frequência na história de nossa literatura, elas estiveram às margens e precisaram formular estratégias para publicar seus livros e serem lidas.

Diante disso, podemos nos perguntar: Onde podemos encontrar as escritoras contemporâneas brasileiras? Será que há hoje uma mudança nesse cenário? Ou será que as escritoras contemporâneas ainda encontram dificuldades para serem publicadas? Porém, acreditamos que, diferentemente da pesquisa realizada por Regina Dalcastagnè, seja fundamental considerarmos o trabalho das editoras independentes – isto é, editoras que também estão à margem do mercado editorial – para mapear quem são as escritoras contemporâneas que estão expandindo o cânone literário. Isso se dá por uma série de motivos. Primeiramente, foi criado um número expressivo de pequenas editoras nos últimos anos e, entre elas, muitas são lideradas por mulheres. Há, ainda, uma tendência recente de editoras voltadas exclusivamente para a publicação de obras escritas por mulheres ou por pessoas dissidentes. Dessa forma, é possível afirmar que as editoras independentes estão assumindo um papel estratégico no que diz respeito ao aumento da representatividade de mulheres na literatura brasileira. Portanto, torna-se crucial considerar as atuações dessas mulheres para compreender de maneira mais ampla a presença das escritoras na literatura brasileira contemporânea.

As editoras independentes, muitas vezes, representam uma oportunidade para autoras estreantes e desconhecidas que desejam publicar seus primeiros livros. Uma escritora que construiu sua trajetória literária em colaboração com tais editoras é a carioca Eliana Alves Cruz. Seu primeiro livro, *Água de Barrela*, foi lançado pela Fundação Palmares após vencer o Prêmio Oliveira Silveira e, posteriormente, ganhou uma segunda edição pela Malê (Cruz, 2018), editora independente que busca contribuir para a diversidade no mercado editorial brasileiro e cujo foco é a literatura produzida por pessoas negras ou afrodescendentes. Foi também pela Malê que Eliana Alves Cruz lançou seu segundo livro, *O crime do cais do Valongo*, finalista do prêmio Oceanos de 2019. Em 2020, a autora publicou mais um livro, *Nada digo de ti que em ti não veja*, dessa vez pela Pallas, editora fundada em 1975 que também se dedica aos temas afrodescendentes. Recentemente, em 2022, Eliana Alves Cruz se tornou uma autora publicada por uma das maiores casas editoriais do Brasil, a Companhia das Letras, com seu romance *Solitária*. Alcançar tal posição de destaque no mercado editorial é, com certeza, um marco muito importante na carreira de uma escritora brasileira.

Contudo, isso não significa que as editoras independentes sejam apenas um meio para alcançar um objetivo maior, pelo contrário, em muitos casos, autoras escolhem se vincular a determinadas editoras independentes por compartilhar valores estéticos e políticos com elas. É o caso de Eliana Alves Cruz, que, nesse mesmo ano, também publicou um livro de contos, *A vestida*, por sua primeira editora, a Malê. Conceição Evaristo também é uma escritora que, mesmo com seu enorme sucesso, escolheu manter seus livros publicados por editoras independentes cujos projetos editoriais se dedicam a publicar pessoas negras e temáticas afrodescendentes, como a Malê e a Pallas. Portanto, é crucial não reduzir o trabalho das editoras independentes a algo de menor valor ou importância, porque elas produzem circuitos literários com base em seus princípios, localizando-se estrategicamente às margens do mercado editorial.

No artigo "Miradas femininas: reflexões sobre a atuação de editora independentes geridas por mulheres no Brasil", Karina Lima Sales (2020) analisa a atuação de três editoras independentes lideradas por mulheres e voltadas exclusivamente para a publicação de escritoras contemporâneas, a Quintal Edições, a Aliás Editora e a Editora Me Parió Revolução. Para a autora, o trabalho dessas editoras "configura-se como um ato político de resistência e enfrentamento ao *status quo*" e suas atividades devem ser compreendidas em termos de "agenciamentos que estão conectados e articulados a vários outros, gerando outros possíveis agenciamentos, em uma esfera político-cultural que pode e deve ultrapassar o âmbito do campo editorial" (Sales, 2020, p. 146). Em outras palavras, a atuação de tais editoras tem uma relevância política na medida em que possibilitam a publicação de autoras de diferentes contextos e realidades, o que, por sua vez, contribui para a ampliação da representatividade de grupos sociais que até então tinham pouca ou nenhuma visibilidade.

Um exemplo dessa produção de agenciamentos é a coletânea *Antes que eu me esqueça*, publicada em 2021 pela Editora Quintal, que reúne 50 escritoras contemporâneas lésbicas e bissexuais. Organizada pela autora paulista Gabriela Soutello, essa publicação contribui para que escritoras dissidentes tenham seus textos publicados em livro, expandindo o campo de ação delas. Porém, a existência desse livro também produz efeitos em suas possíveis leitoras e leitores, que podem, com seus textos, ter contato com a vivência dessas autoras. Nesse caso, a representatividade gera agenciamentos não só para as autoras que foram publicadas na coletânea, mas se estende a um número incontável de leitoras em potencial.

Lançada pelo coletivo Palavra Sapata em 2018, o zine *Que o dedo atravesse a cidade, que o dedo perfure os matadouros* é uma iniciativa semelhante à da coletânea *Antes que eu me esqueça*. Talvez *zine* seja um termo que você nunca leu ou escutou: zine ou fanzine são publicação produzidas de forma totalmente independente. Muitas vezes, os zines são feitos à mão ou com recursos mais acessíveis. São, portanto, uma ótima solução para autoras que desejam se autopublicar, visto que para fazer um zine não é preciso contar com a estrutura de uma gráfica ou de uma editora. No estilo faça você mesma, os zines costumam ser a primeira plataforma possível para pessoas que desejam ser lidas. No caso de *Que o dedo atravesse a cidade, que o dedo perfure os matadouros*, a produção foi resultado de um trabalho coletivo das artistas cariocas Aline Miranda, Bel Baroni e Dri Azevedo. Elas idealizaram a publicação desse zine, abriram uma chamada para receber textos de autoras lésbicas e bissexuais e foram responsáveis pela curadoria e edição desses textos. Por ser uma produção independente e artesanal, a distribuição de um zine geralmente é feita em eventos presenciais, como festas e feiras, ou seja, ativa um circuito de distribuição às margens do meio editorial.

Em quais outros circuitos, além de editoras e livrarias, podemos encontrar escritoras contemporâneas brasileiras? Em quais plataformas, além dos livros, essas autoras estão publicando seus trabalhos? Um movimento que vem se tornando cada vez mais expressivo no Brasil é o *slam*, uma espécie de batalha de poesia em que o corpo e a voz tornam-se os principais suportes de expressão artística. Talvez você já tenha ouvido falar no Slam das Minas, movimento cultural organizado e disputado apenas por mulheres e que tem representantes em diferentes regiões do Brasil. Em uma roda de *slam*, as poetas performam seus textos dentro de um tempo estimado e são avaliadas pelo público até que seja decidido quem foi a melhor *slammer* daquela disputa. É uma característica do *slam* a apresentação de textos críticos que denunciam opressões sociais, como o racismo e o machismo.

Desses espaços estão surgindo importantes autoras brasileiras, como a poeta, *slammer* e produtora cultural paulista Mel Duarte, uma das organizadoras do Slam das Minas São Paulo, que venceu, em 2016, o Rio Poetry Slam. Em 2019, ela também organizou a coletânea publicada pela editora Planeta *Querem nos calar: poemas para serem lidos em voz alta*, que reuniu textos e poemas de mulheres que participam do Slam em todo o Brasil, fazendo com que esse circuito alternativo fosse também inserido no mercado editorial hegemônico.

Ryane Leão é outra autora que vem fazendo uso de diferentes plataformas para publicar e divulgar seu trabalho. Autora dos livros *Tudo nela brilha* e *Jamais peço desculpas por me derramar*, ela iniciou sua carreira em circuitos alternativos, participando de saraus e rodas de *slam*, além de espalhar seus textos em lambe-lambes (uma espécie de pôster que é colado em espaços públicos, produzindo intervenções urbanas). Ryane também tem forte presença nas redes sociais, em especial no Instagram, plataforma que usa para divulgar seus poemas em formato de imagens e vídeos.

Como Ryane, a escritora mineira Flávia Péret também faz uso dos lambe-lambes como plataforma de publicação. Em seu projeto Uma mulher, Péret usou os lambe-lambes para espalhar frases iniciadas com a expressão *uma mulher*. Depois, essas frases foram reunidas em um livro e em um *site*[*], no qual são remanejadas, formando combinações aleatórias (Péret, 2017).

Mais uma escritora contemporânea que vem se destacando ao fazer uso de diferentes plataformas de publicação é a mineira-brasiliense Aline Valek. Autora dos romances *Cidades afundam em dias normais* e *As águas vivas não sabem de si*, ela iniciou sua

---

[*] Conheça o *site* Uma mulher. Disponível em: <http://umamulher.org>. Acesso em: 27 out. 2023.

carreira se autopublicando em zines, blogues e *newsletters* (Valek, 2022). Desde 2019, ela produz o *podcast Bobagens imperdíveis*, no qual apresenta "narrativas curtas sobre arte, literatura, linguagem, ciência, história e conversas com pessoas criativas" (Valek, 2023).

Esses são alguns ótimos exemplos de como as autoras contemporâneas estão encontrando novos suportes para a literatura brasileira, demonstrando que o livro é apenas mais uma das possíveis plataformas de expressão literária.

Indicações culturais

Caso você tenha interesse em expandir seu repertório e descobrir outras escritoras contemporâneas além das que foram mencionadas neste capítulo, vale conhecer projetos que buscam dar visibilidade à literatura escrita por mulheres, como os exemplos a seguir de boas fontes de pesquisa para ampliar as referências da literatura brasileira contemporânea escrita por mulheres.

LEIA MULHERES. Disponível em: <https://leiamulheres.com.br>. Acesso em: 4 out. 2023.

MAPA BRAVA. Disponível em: <https://www.instagram.com/mapabrava>. Acesso em: 4 out. 2023.

MAPA BRAVA. Disponível em: <https://www.mapabrava.com.br>. Acesso em: 10 maio 2023.

MULHERES QUE ESCREVEM. Disponível em: <https://medium.com/mulheres-que-escrevem>. Acesso em: 4 out. 2023.

PAPEL MULHER. Disponível em: <https://www.instagram.com/papel.mulher>. Acesso em: 4 out. 2023.

Síntese

Neste capítulo, você pôde conhecer o trabalho de autoras contemporâneas que estão transformando a literatura brasileira. Dada a atualidade desse tema, foi apresentada uma pesquisa por meio de reportagens e entrevistas em diferentes plataformas de publicação, de modo a considerar a produção literária contemporânea em sua amplitude. Na primeira parte do capítulo, consideramos as premiações literárias como um parâmetro possível para identificar autoras que estão fabricando uma nova paisagem do cânone literário ao promover debates acerca de questões de raça, classe, sexualidade e gênero; já na segunda parte, investigamos, por meio da produção de poetas contemporâneas, quais procedimentos literários estão sendo criados para conceber novas imagens acerca do corpo e da sexualidade de mulheres; por fim, na terceira parte, apresentamos as maneiras pelas quais autoras contemporâneas estão desenvolvendo estratégias para enfrentar os desafios editoriais, fazendo uso de diferentes plataformas para divulgar seus trabalhos.

Atividades de autoavaliação

1. Analise as afirmativas a seguir e marque V para as verdadeiras e F para as falsas.
    ( ) A candidatura de Conceição Evaristo à ABL se constitui como uma anticandidatura, pois a autora não deseja de fato se tornar uma imortal.

( ) Conceição Evaristo não é uma autora qualificada para se tornar uma imortal da ABL.
( ) A anticandidatura de Conceição Evaristo à ABL revela o racismo e o machismo presentes nessa instituição.
( ) Em 2018, existiam sete mulheres ocupando as cadeiras da ABL.
( ) Até 2022 não havia sequer uma mulher negra entre as imortais da ABL.

Agora, assinale a alternativa que apresenta a sequência correta:

a. F, F, F, V, V.
b. F, V, F, V, F.
c. V, V, F, F, V.
d. F, F, F, F, V.
e. F, F, V, F, V.

2. De acordo com a leitura do poema *Segredinho*, de Maria Isabel Iorio (2019), marque qual interpretação é correta:

a. A palavra *sapatão* é sempre usada como um termo pejorativo.
b. O sorrisinho evocado pela autora demonstra a superação da voz poética diante de situações de violência.
c. A necessidade de ser discreta e de esconder a própria sexualidade é fruto de um sistema de opressão.
d. A autora pressupõe que há uma identidade homogênea entre as mulheres lésbicas.
e. O poema fala sobre a importância de descobrir muita coisa sozinha

3. Aline Valek é uma autora contemporânea que:

a. venceu o Prêmio Jabuti de contos em 2016.

b. publica zines de poesia.
c. cola lambe-lambes pela cidade.
d. escreveu o romance *Solitária*.
e. faz uso de diferentes plataformas de publicação.

4. Um Exu em Nova York é:
   a. um romance escrito por Eliana Alvez Cruz.
   b. um livro de poesia escrito por Adelaide Ivánova.
   c. um livro de contos escrito por Cidinha da Silva.
   d. um *podcast* gravado por Aline Valek.
   e. uma zine publicada por Aline Miranda.

5. Monique Malcher é:
   a. uma escritora mineira que recebeu o Prêmio Jabuti na categoria *contos*.
   b. uma escritora pernambucana que venceu o Prêmio Rio de Literatura.
   c. uma escritora carioca que venceu o Prêmio Cepe de Poesia.
   d. uma escritora paraense que venceu o Prêmio Jabuti na categoria *contos*.
   e. Uma escritora paulista que venceu o Prêmio Oceanos na categoria Romance.

Atividades de aprendizagem

Questões para reflexão

1. Reflita sobre seus hábitos de leitura: Quantas autoras contemporâneas você já leu? De quais regiões do Brasil elas são? Por quais

editoras elas foram publicadas? Suas obras abordam temáticas sociais? Se sim, quais?

2. Agora, pense sobre as obras que citou na questão anterior: Quais são as diferenças entre elas? Quais são os temas abordados nesses livros? Como a realidade das autoras está ou não refletida nessas obras?

Atividades aplicadas: prática

1. Após investigar suas práticas de leitura e identificar possíveis lacunas, recorra às iniciativas indicadas neste capítulo e pesquise autoras contemporâneas que possam expandir seu repertório literário.

2. Pesquise quem foram as últimas pessoas vencedoras dos prêmios mencionados ao longo deste capítulo, identifique quais dos livros foram escritos por autoras e escolha um deles para ser sua próxima leitura.

{

considerações finais

Encerramos ESTA OBRA MAIS uma vez destacando que ela não se encerra em si, constituindo-se apenas uma das possibilidades de introdução dos estudos feministas aplicados aos estudos literários.

Desde o primeiro capítulo, foi preciso ter disposição para questionar pressupostos teóricos, de análise, correntes de pesquisa filosófica e histórica, a fim de ir além, mas sem querer superar nenhum conhecimento já produzido. Esse sentimento de ir além foi movido pelo senso investigativo, muitas vezes instigado por textos como *Um quarto só seu*, em que Virginia Woolf tem de ficcionalizar a história para descobrir escritoras perdidas em esquinas de Londres ou andando anônimas pelo mundo. Tal tipo de texto incentivou e incentiva até hoje pessoas leitoras e pesquisadoras a irem além do que parece estar definido no passado.

Aprender a pensar de maneira relacional talvez seja um dos exercícios mais interessantes na leitura de um livro como este, escrito por muitas mãos com corpos que ocupam lugares diferentes no mundo e na pesquisa.

Desse modo, esperamos que você tenha anotado muitas coisas, questionado e pensado que a dúvida é impulsionadora de diálogo. Aliás, a melhor dica é: leia e dialogue muito.

referências

ABÍLIO, J. e fica um gosto de cica na boca. Rio de Janeiro: Garupa, 2019.

ACADEMIA PARANAENSE DE LETRAS. Helena Kolody era destaque em 1960. 23 abr. 2019. Disponível em: <http://academiaparanaensedeletras.com.br/helena-kolody-era-destaque-em-1960>. Acesso em: 30 out. 2023.

ADELMAN, M. A voz e a escuta: encontros e desencontros entre a teoria feminista e a sociologia contemporânea. 2. ed. São Paulo: Blucher, 2016. Disponível em: <https://openaccess.blucher.com.br/article-list/a-voz-e-a-escuta-encontros-e-desencontros-entre-a-teoria-feminista-e-a-sociologia-contemporanea-308/list#undefined>. Acesso em: 30 out. 2023.

ADICHIE, C. N. O perigo da história única. TEDGlobal, 2009. Tradução de Erika Rodrigues. Disponível em: <https://www.ted.com/talks/chimamanda_ngozi_adichie_the_danger_of_a_single_story?language=pt>. Acesso em: 3 out. 2023.

AJZENBERG, E. A Semana de Arte Moderna de 1922. Revista de Cultura e Extensão USP, v. 7, p. 25-29, 2012. Disponível em: <https://www.revistas.usp.br/rce/article/view/46491/50247>. Acesso em: 30 out. 2023.

ALENCAR, J. de. Senhora. São Paulo: Moderna, 1993. (Coleção Travessias).

ALMEIDA, J. L. de. Memórias de Marta. Florianópolis: Mulheres; Santa Cruz do Sul: Edunisc, 2007.

ANPOLL – Associação Nacional de Pós-Graduação e Pesquisa em Letras e Linguística. A mulher na literatura: histórico. Disponível em: <https://anpoll.org.br/gt/a-mulher-na-literatura>. Acesso em: 3 out. 2023.

ARAÚJO, M. da C. P. Tramas femininas na imprensa do século XIX: tessituras de Ignez Sabino e Délia. 284 f. Tese (Doutorado em Letras) – Pontifícia Universidade Católica do Rio Grande do Sul, Porto Alegre, 2008. Disponível em: <https://tede2.pucrs.br/tede2/handle/tede/1894>. Acesso em: 19 out. 2023.

ASSIS, J. M. M. de. Dom Casmurro. Rio de Janeiro: Dialética, 2022.

BALBINO, J. Com 'Um Exu em Nova York', Cidinha da Silva ganha Prêmio Biblioteca Nacional 2019. Blog da Cidinha, 11 out. 2019. Disponível em: <http://cidinhadasilva.blogspot.com/2019/10/com-um-exu-em-nova-york-cidinha-da.html>. Acesso em: 30 out. 2023.

BANDEIRA, M. Discurso de posse. ABL – Academia Brasileira de Letras. Disponível em: <https://www.academia.org.br/academicos/manuel-bandeira/discurso-de-posse>. Acesso em: 30 out. 2023.

BARROS, J. D'A. A violência simbólica no trovadorismo das cortes medievais ibéricas (séculos XIII e XIV). Revista Investigações, v. 18, n. 1, p. 69-99, 2005. Disponível em: <https://periodicos.ufpe.br/revistas/INV/article/view/1502>. Acesso em: 30 out. 2023.

BARROS, J. D'A. Música e poder no trovadorismo ibérico do século XIII. Temas & Matizes, v. 5, n. 10, p. 37-44, jul./dez. 2006. Disponível em: <https://e-revista.unioeste.br/index.php/temasematizes/article/view/1489/1208>. Acesso em: 30 out. 2023.

BARTHES, R. O rumor da língua. Tradução de Mario Laranjeira. 2. ed. São Paulo: Martins Fontes, 2004.

BEAUVOIR, S. de. **Memórias de uma moça bem-comportada**. Tradução de Sérgio Milliet. 5. ed. Rio de Janeiro: Nova Fronteira, 2017. (Coleção Clássicos de Ouro).

BEAUVOIR, S. de. **O segundo sexo**. Tradução de Sérgio Milliet. Rio de Janeiro: Nova Fronteira, 2009. 2 v.

BEAUVOIR, S. L. B. de. Prefácio. In: BEAUVOIR, S. de. **As inseparáveis**. Tradução de Ivone Benedetti. 4. ed. Rio de Janeiro: Record, 2021.

BECK, D. Q.; GUIZZO, B. S. Estudos culturais e estudos de gênero: proposições e entrelaces às pesquisas educacionais. Holos, v. 4, p. 172-182, 2013. Disponível em: <https://www2.ifrn.edu.br/ojs/index.php/HOLOS/article/view/1597>. Acesso em: 30 out. 2023.

BENJAMIN, W. **A modernidade e os modernos**. Tradução de Heindrun Kreiger Mendes da Silva, Arlete de Brito e Tania Jatobá. Rio de Janeiro: Tempo Brasileiro, 1975.

BOLL, J. "Amora", de Natalia Polesso, é apontada como uma das obras que estão mudando o cenário LGBT+ dos EUA. **GZH Livros**, 12 abr. 2020. Disponível em: <https://gauchazh.clicrbs.com.br/cultura-e-lazer/livros/noticia/2020/04/amora-de-natalia-polesso-e-apontada-como-uma-das-obras-que-estao-mudando-o-cenario-lgbt-dos-eua-ck8qbtm9400pwo1qwif6clz8x.html>. Acesso em: 30 out. 2023.

BORGES, S. Pauta da mulher negra ganha destaque no Prêmio Cepe. **Cepe – Companhia Editora de Pernambuco**, 18 jun. 2019a. Entrevista. Disponível em: <https://www.cepe.com.br/noticias/pauta-da-mulher-negra-ganha-destaque-no-premio-cepe>. Acesso em: 27 out. 2023.

BORGES, S. **Talvez precisemos de um nome para isso**. Recife: Cepe, 2019b.

BORMANN, M. B. **Lésbia**. Florianópolis: Mulheres, 1998.

BOSI, A. **História concisa da literatura brasileira**. 51. ed. São Paulo: Cultrix, 2017.

BRANCO, L. C. **O que é escrita feminina**. São Paulo: Brasiliense, 1991.

BRASIL. Constituição (1988). **Diário Oficial da União**, Poder Legislativo, Brasília, DF, 5 out. 1988. Disponível em: <https://www.planalto.gov.br/ccivil_03/constituicao/constituicao.htm>. Acesso em: 30 out. 2023.

BRASIL. Decreto n. 21.076, de 24 de fevereiro de 1932. Diário Oficial da União, Poder Executivo, 26 fev. 1932. In: Coleção de Leis do Brasil, 1932, p. 222. v. 1. Disponível em: <https://www2.camara.leg.br/legin/fed/decret/1930-1939/decreto-21076-24-fevereiro-1932-507583-publicacaooriginal-1-pe.html>. Acesso em: 19 out. 2023.

BRASIL. Lei n. 4.121, de 27 de agosto de 1962. Diário Oficial da União, Poder Legislativo, 3 set. 1962. Disponível em: <https://www.planalto.gov.br/ccivil_03/leis/1950-1969/l4121.htm>. Acesso em: 26 out. 2023.

BRASIL. Lei n. 6.515, de 26 de dezembro de 1977. Diário Oficial da União, Poder Legislativo, 27 dez. 1977. Disponível em: <https://www.planalto.gov.br/ccivil_03/leis/l6515.htm>. Acesso em: 26 out. 2023.

BRITTO, C. C. Mulheres negras em movimento: rizomas da negritude e do feminismo? **Cadernos Pagu**, n. 38, p. 433-440, jan./jun. 2012. Disponível em: <https://www.scielo.br/j/cpa/a/8yvcRx6d7SHFGhtDy8sFztz/?format=pdf&lang=pt>. Acesso em: 30 out. 2023.

BUENO, L. **Uma história do romance de 30**. São Paulo: Edusp; Ed. da Unicamp, 2006.

CAMINHA, P. V. de. **A carta de Pero Vaz de Caminha**. Petrópolis: Vozes, 2019.

CAMPELLO, M. **Como esquecer**: anotações quase inglesas. 2. ed. Rio de Janeiro: 7 Letras, 2010.

CAMPOS, M.; BIANCHI, P. Conceição Evaristo. Intercept_ Brasil, 30 ago. 2018. Disponível em: <https://www.intercept.com.br/2018/08/30/conceicao-evaristo-escritora-negra-eleicao-abl>. Acesso em: 18 out. 2023.

CANDIDO, A. A literatura brasileira em 1972. **Revista Iberoamericana**, v. 43, n. 98, p. 5-16, 1977. Disponível em: <https://www.researchgate.net/publication/45383876_A_Literatura_Brasileira_em_197>. Acesso em: 30 out. 2023.

CANDIDO, A. et al. **A personagem de ficção**. São Paulo: Perspectiva, 1976. (Coleção Debates).

CANDIDO, A. **Literatura e sociedade**. São Paulo: Publifolha, 2000. (Coleção Grandes Nomes do Pensamento Brasileiro).

CANDIDO, A. O direito à literatura. In: CANDIDO, A. **Vários escritos**. Rio de Janeiro: Ouro Sobre Azul, 2011. p. 169-191.

CASARIN, R. Vó, a senhora é lésbica? Leia o conto que causou polêmica no Enem. **Página Cinco**, 6 nov. 2018. Disponível em: <https://paginacinco.blogosfera.uol.com.br/2018/11/06/vo-a-senhora-e-lesbica-leia-o-conto-que-causou-polemica-no-enem>. Acesso em: 30 out. 2023.

CESAR, A. C. Inéditos e dispersos. In: CESAR, A. C. **Poética**. São Paulo: Companhia das Letras, 2013. p. 47-53.

CIXOUS, H. **O riso da Medusa**. Tradução de Natália Guerellus e Raísa França Bastos. Rio de Janeiro: Bazar do Tempo, 2022.

COLLIN, L. **Inescritos**. Curitiba: Travessa dos editores, 2004.

COLLINS, P. H. **Pensamento feminista negro**: conhecimento, consciência e a política do empoderamento. Tradução de Jamille Pinheiro Dias. São Paulo: Boitempo, 2019.

CORTÊZ, N. Estas brasileiras mudaram a história. Mas você conhece a história delas? **Universa Uol**, 29 mar. 2018. Disponível em: <https://www.uol.com.br/universa/noticias/redacao/2018/03/29/estas-brasileiras-mudaram-a-historia-mas-voce-conhece-a-historia-delas.htm>. Acesso em: 30 out. 2023.

COUTINHO, A. **Introdução à literatura no Brasil**. Rio de Janeiro: Civilização Brasileira, 1959.

CRUZ, E. A. **Água de barrela**. 3. ed. Rio de Janeiro: Malê, 2018.

DALCASTAGNÈ, R. Imagens da mulher na narrativa brasileira. **O Eixo e a Roda**, v. 15, p. 127-135, dez. 2007. Disponível em: <http://www.periodicos.letras.ufmg.br/index.php/o_eixo_ea_roda/article/view/3267/3201>. Acesso em: 30 out. 2023.

DEL PRIORE, M. **Ao sul do corpo**: condição feminina, maternidades e mentalidades no Brasil Colônia. 2. ed. São Paulo: Unesp, 2009.

DEL PRIORE, M. Homens e mulheres: o imaginário sobre a esterilidade na América portuguesa. **História, Ciências, Saúde – Manguinhos**, v. 8, n. 1, p. 99-112, mar./jun. 2001. Disponível em: <https://www.scielo.

br/j/hcsm/a/hXqVNcVSDm4YC49ywxZP7vs/?format=pdf&lang=pt>. Acesso em: 30 out. 2023.

DELEUZE, G. *Diferença e repetição*. Tradução de Luiz Orlandi e Roberto Machado. São Paulo: Paz e Terra, 2018.

DELEUZE, G.; GUATTARI, F. Introdução: rizoma. In: DELEUZE, G.; GUATTARI, F. *Mil platôs*: capitalismo e esquizofrenia. Tradução de Aurélio Guerra Neto e Célia Pinto Costa. Rio de Janeiro: 34, 1995. (Coleção Trans). p. 10-36.

DELEUZE, G.; GUATTARI, F. *O anti-Édipo*: capitalismo e esquizofrenia 1. Tradução de Luiz B. L. Orlandi. Rio de Janeiro: 34, 2011. (Coleção Trans).

DORLIN, E. *Sexo, gênero e sexualidades*: introdução à teoria feminista. Tradução de Jamille Pinheiro Dias e Raquel Camargo. São Paulo: Ubu, 2021.

DUARTE, C. L. Feminismo e literatura no Brasil. *Estudos Avançados*, v. 17, n. 49, p. 151-172, dez. 2003. Disponível em: <http://www.scielo.br/scielo.php?script=sci_arttext&pid=S0103-40142003000300010>. Acesso em: 19 out. 2023.

DUARTE, C. L. Feminismo: uma história a ser contada. In: HOLLANDA, H. B. de (Org.). *Pensamento feminista brasileiro*: formação e contexto. Rio de Janeiro: Bazar do Tempo, 2019. (Coleção Pensamento Feminista, v. 2). p. 25-47.

DUARTE, J. F. Cânone. 2009. In: CEIA, C. (Coord.). *E-dicionário de termos literários*. Disponível em: <https://edtl.fcsh.unl.pt/encyclopedia/canone>. Acesso em: 5 out. 2023.

EAGLETON, T. *Teoria da literatura*: uma introdução. Tradução de Waltensir Dutra. 7. ed. São Paulo: Martins Fontes, 2010. (Coleção Biblioteca Universal).

ERNAUX, A. *O acontecimento*. Tradução de Isadora de Araújo Pontes. São Paulo: Fósforo, 2022.

EVARISTO, C. A escrevivência e seus subtextos. In: DUARTE, C. L.; NUNES, I. R. (Org.). *Escrevivência*: a escrita de nós – reflexões sobre a obra de Conceição Evaristo. Rio de Janeiro: Mina Comunicação e Arte,

2020. p. 26-46. Disponível em: <https://www.itausocial.org.br/wp-content/uploads/2021/04/Escrevivencia-A-Escrita-de-Nos-Conceicao-Evaristo.pdf>. Acesso em: 30 out. 2023.

FAEDRICH, A. Narcisa Amália, poeta esquecida do século XIX. **Soletras**, n. 34, p. 237-252, jul./dez. 2017. Dossiê: Escritores Esquecidos do século XIX. Disponível em: <https://www.e-publicacoes.uerj.br/index.php/soletras/article/view/30950>. Acesso em: 30 out. 2023.

FARIAS, T. **Carolina**: uma biografia. Rio de Janeiro: Malê, 2018.

FELIX, N. **Use o alicate agora**. Juiz de Fora: Macondo, 2018. (Coleção Lança-Perfume, v. 2).

FERNANDEZ, R. A. Percursos de uma poética de resíduos na obra de Carolina Maria de Jesus. **Itinerários – Revista de Literatura**, Araraquara, n. 27, p. 125-146, jul./dez. 2008. Disponível em: <https://periodicos.fclar.unesp.br/itinerarios/article/view/1131/919>. Acesso em: 31 out. 2023.

FIGUEIREDO, E. **Por uma crítica feminista**: leituras transversais de escritoras brasileiras. Porto Alegre: Zouk, 2020.

FLIP – Festa Literária Internacional de Paraty. **Autora homenageada 2022**: Maria Firmina dos Reis. Disponível em: <https://www.flip.org.br/flip-2022/autora-homenageada/>. Acesso em: 5 out. 2023.

FORSTER, E. M. **Aspects of the Novel**. New York: Harcourt, 1927. Disponível em: <https://www.gutenberg.org/ebooks/70492>. Acesso em: 31 out. 2023.

FOUCAULT, M. O que é um autor? In: FOUCAULT, M. **Estética**: literatura e pintura, música e cinema. Tradução de Inês Autran Dourado Barbosa. 2. ed. Rio de Janeiro: Forense Universitária, 2009a. (Coleção Ditos & Escritos, III). p. 264-298.

FOUCAULT, M. Outros espaços. In: FOUCAULT, M. **Estética**: literatura e pintura, música e cinema. Tradução de Inês Autran Dourado Barbosa. 2. ed. Rio de Janeiro: Forense Universitária, 2009b. (Coleção Ditos & Escritos, III). p. 411-422.

FUNCK, S. B. **Crítica literária feminista**: uma trajetória. Florianópolis: Insular, 2016. (Série Estudos Culturais).

GALVÃO, P. **Parque industrial**. Rio de Janeiro: José Olympio, 2006. (Coleção Sabor Literário).

GLISSANT, E. **Poética da relação**. Tradução de Marcela Vieira e Eduardo Jorge de Oliveira. Rio de Janeiro: Bazar do Tempo, 2021.

GONÇALVES, A. G. **As personagens negras no *Romanceiro da Inconfidência*: uma escritura inclusiva**. 116 f. Dissertação (Mestrado em Letras – Estudos Literários) – Universidade Federal de Minas Gerais, Belo Horizonte, 2009. Disponível em: <https://repositorio.ufmg.br/bitstream/1843/ECAP-7QBGFP/1/disserta__o_adalgimar_gomes.pdf>. Acesso em: 31 out. 2023.

GONZAGA, T. A. **Marília de Dirceu**. São Paulo: Penguin-Companhia das Letras, 2023.

GONZALEZ, L. **Por um feminismo afro-latino-americano: ensaios, intervenções e diálogos**. Rio de Janeiro: Zahar, 2020.

GUERRILLA GIRLS. **As mulheres precisam estar nuas para entrar no Museu de Arte de São Paulo?** Nova York, Estados Unidos, 1985. Português, 2017. 1 Reprod: cartaz, impressão digital sobre papel: color. Disponível em: <https://masp.org.br/acervo/obra/as-mulheres-precisam-estar-nuas-para-entrar-no-museu-de-arte-de-sao-paulo-portugues>. Acesso em: 31 out. 2023.

HISTORIOGRAFIA. Michaelis – **Dicionário brasileiro da língua portuguesa**. São Paulo: Melhoramentos, [s. d.]. Disponível em: <https://michaelis.uol.com.br/moderno-portugues/busca/portugues-brasileiro/historiografia/>. Acesso em: 19 out. 2023

HOBSBAWM, E. J. **Nações e nacionalismo desde 1780: programa, mito e realidade**. Tradução de Maria Celia Paoli e Anna Maria Quirino. Rio de Janeiro: Paz e Terra, 1990.

HOLLANDA, H. B. de. O estranho horizonte da crítica feminista no Brasil. **Nuevo Texto Crítico**, v. 7, n. 14-15, p. 259-269, jul. 1994. Disponível em: <https://muse.jhu.edu/article/491721>. Acesso em: 31 out. 2023.

HOLLANDA, H. B. de (Org.). **Pensamento feminista brasileiro: formação e contexto**. Rio de Janeiro: Bazar do Tempo, 2019. (Coleção Pensamento Feminista, v. 2).

HOMERO. **The Odyssey**. Tradução de Emily Wilson. Nova York: W. W. Norton & Company, 2018.

HOOKS, B. **E eu não sou uma mulher?**: mulheres negras e feminismo. Tradução de Bhuvi Libanio. Rio de Janeiro: Rosa dos Tempos, 2019a.

HOOKS, B. **Erguer a voz**: pensar como feminista, pensar como negra. Tradução de Cátia Bocaiuva Maringolo. São Paulo: Elefante, 2019b.

HOOKS, B. **Olhares negros**: raça e representação. Tradução de Tadeu Breda e Stephanie Borges. São Paulo: Elefante, 2019c.

HOOKS, B. **Remembered Rapture: The Writer at Work**. New York: Holt Paperbacks, 1999.

HOOKS, B. **Teoria feminista**: da margem ao centro. Tradução de Rainer Patriota. São Paulo: Perspectiva, 2019d. (Coleção Palavras Negras).

HOOKS, B. **Wounds of Passion: A Writing Life**. New York: Holt Paperbacks, 1997.

IORIO, M. I. **Aos outros só atiro o meu corpo**. Cotia: Urutau, 2019.

ÍPSILON. E, no entanto, elas escreveram. 14 nov. 2013. Disponível em: <https://www.publico.pt/2013/11/14/culturaipsilon/noticia/e-no-entanto-elas-escreveram-324110>. Acesso em: 19 out. 2023.

IVÁNOVA, A. Dois dedos de prosa sobre o livro. In: BARRETO, M. G. Um comentário inédito e quatro poemas de Adelaide Ivánova. **Ruído Manifesto**, 12 jan. 2018. Disponível em: <https://ruidomanifesto.org/um-texto-inedito-e-quatro-poemas-de-adelaide-ivanova/>. Acesso em: 31 out. 2023.

IVÁNOVA, A. **O martelo**. Rio de Janeiro: Garupa, 2017.

JESUS, C. M. de. **Casa de alvenaria**: diário de uma ex-favelada. Rio de Janeiro: Paulo de Azevedo, 1961. (Coleção Contrastes e Confrontos, v. 4).

JESUS, C. M. de. **Casa de alvenaria**: volume 1 – Osasco. São Paulo: Companhia das Letras, 2021.

JESUS, C. M. de. **Quarto de despejo**: diário de uma favelada. 10. ed. São Paulo: Ática, 2014.

KILOMBA. G. **Memórias da plantação**: episódios de racismo cotidiano. Tradução de Jess Oliveira. Rio de Janeiro: Cobogó, 2019.

KLIEN, J. Na poesia. In: HOLLANDA, H. B. de. **Explosão feminista:** arte, cultura, política e universidade. São Paulo: Companhia das Letras, 2018. p. 105-137.

KOLODY, H. **Paisagem interior.** Curitiba: Escola Técnica de Curitiba, 1941.

LEITCH, V. B. et al. (Ed.). **The Norton Anthology of Theory and Criticism.** 3. ed. New York: W. W. Norton & Company, 2018.

LEITE, M. L. M. **Uma construção enviesada: a mulher e o nacionalismo.** Belo Horizonte: Imprensa da Universidade Federal de Minas Gerais, 1984.

LISBOA, A. **Sinfonia em branco.** Rio de Janeiro: Alfaguara, 2013.

LISPECTOR, C. **A hora da estrela.** Rio de Janeiro: J. Olympio, 1977.

LISPECTOR, C. **Felicidade clandestina:** contos. Rio de Janeiro: Nova Fronteira, 1989.

LOPES, J. **A representação da mulher indígena nas cartas de José de Anchieta.** 136 f. Dissertação (Mestrado em História Ibérica) – Universidade Federal de Alfenas, Alfenas, 2019. Disponível em: <https://bdtd.unifal-mg.edu.br:8443/handle/tede/1476>. Acesso em: 31 out. 2023.

LORDE, A. **Irmã outsider: ensaios e conferências.** Tradução de Stephanie Borges. Belo Horizonte: Autêntica, 2019.

LUCENA, A. G.; COSTA, M. E. da. A personagem feminina medieval no romance *O guarani*. Anuário de Literatura, v. 16, n. 1, p. 60-71, 2011. Disponível em: <https://periodicos.ufsc.br/index.php/literatura/article/view/2175-7917.2011v16n1p60/18370>. Acesso em: 31 out. 2023.

MACEDO, J. M. de. **As vítimas-algozes:** quadros da escravidão. São Paulo: M. Claret, 2010.

MACEDO, J. M. de. **Mulheres célebres.** Rio de Janeiro: B. L. Garnier, 1878. Disponível em: <https://digital.bbm.usp.br/handle/bbm/3994>. Acesso em: 19 out. 2023.

MACHADO, G. **Poesias completas.** Rio de Janeiro: Cátedra, 1978.

MALCHER, M. **Flor de gume.** São Paulo: Pólen, 2020.

MALCHER, M. Monique Malcher: "Literatura paraense é uma literatura brasileira e universal". **Brasil de Fato,** 15 jan. 2022. Entrevista. Disponível em: <https://www.brasildefato.com.br/2022/01/15/monique-malcher-

literatura-paraense-e-uma-literatura-brasileira-e-universal>. Acesso em: 27 out. 2023.

MARCHI, T. Ana Cristina Cesar e a poesia marginal. Língua, Literatura e Ensino, v. 4, p. 385-395, ago. 2009. Disponível em: <https://revistas.iel.unicamp.br/index.php/lle/article/view/762>. Acesso em: 31 out. 2023.

MARDER, H. Virginia Woolf: a medida da vida. Tradução de Leonardo Fróes. São Paulo: Cosac Naify, 2011.

MARQUES, A. S. A mulher nos sermões do P. António Vieira. Máthesis, n. 2, p. 121-141, 1993. Disponível em: <https://revistas.ucp.pt/index.php/mathesis/article/view/3700>. Acesso em: 31 out. 2023.

MARTIN, C. Uma rara visão de liberdade. In: REIS, M. F. dos. Úrsula. 3. ed. Rio de Janeiro: Presença, 1988. p. 9-14.

MARTINS, L. M. Performances do tempo espiralar: poéticas do corpo-tela. Rio de Janeiro: Cobogó, 2021.

MCLUHAN, M.; FIORE, Q. El medio es el masaje: un inventario de efectos. Traduccione de León Mirlas. Barcelona: Paidós, 1969.

MEIRELES, C. Romanceiro da Inconfidência. Rio de Janeiro: Nova Fronteira, 1989.

MELO, R. B. de. Sorrisos e prantos. Florianópolis: Mulheres; Porto Alegre: Movimento, 1998.

MELO, T. B. de. Os haicais e a lírica contemporânea da poetisa Alice Ruiz. Hon No Mushi – Estudos Multidisciplinares Japoneses, v. 4, n. 7, p. 40-50, 2019. Disponível em: <https://www.periodicos.ufam.edu.br/index.php/HonNoMushi/article/view/6418>. Acesso m: 31 out. 2023.

MENDES, A. de M. A escrita de Maria Firmina dos Reis na literatura afrodescendente brasileira: revisitando o cânone. Lisboa: Chiado, 2016.

MIRANDA, F. R. de. Corpo de romances de autoras negras brasileiras (1859-2006): posse da história e colonialidade nacional confrontada. 251 f. Tese (Doutorado em Letras) – Universidade de São Paulo, São Paulo, 2019a. Disponível em: <https://teses.usp.br/teses/disponiveis/8/8156/tde-26062019-113147/pt-br.php>. Acesso em: 27 out. 2023.

MIRANDA, F. R. de. Silêncios prEscritos: estudo de romances de autoras negras brasileiras (1859-2006). Rio de Janeiro: Malê, 2019b.

MONOMITO EDITORIAL. Trama das águas: o encontro de autoras paraenses. Catarse, 2020. Disponível em: <https://www.catarse.me/tramadasaguas>. Acesso em: 31 out. 2023.

MORAES, M. L. Q. de. Prefácio. In: WOLLSTONECRAFT, M. Reivindicação dos Direitos das Mulheres. Tradução de Ivania Pocinho Motta. São Paulo: Boitempo, 2016. p. 7-16.

MOREIRA, N. R. A organização das feministas negras no Brasil. 2. ed. Vitória da Conquista: Edições UESB, 2018.

MOREIRA, N. R. **O feminismo negro brasileiro:** um estudo do movimento de mulheres negras no Rio de Janeiro e São Paulo. 121 p. Dissertação (Mestrado em Sociologia) – Universidade Estadual de Campinas, Campinas, 2007. Disponível em: <https://hdl.handle.net/20.500.12733/1604282>. Acesso em: 3 out. 2023.

MORICONI, I. Ana C.: o sangue de uma poeta. [S.l.]: e-Galáxia, 2016.

MORRISON, T. **A origem dos outros:** seis ensaios sobre racismo e literatura. Tradução de Fernanda Abreu. São Paulo: Companhia das Letras, 2019.

MULLER, C.; BOCQUET, J.-L. **Olympe de Gouges:** feminista, revolucionária, heroína. Tradução de André Telles. Rio de Janeiro: Record, 2014.

MUZART, Z. L. Sob o signo do gótico: o romance feminino no Brasil, século XIX. Veredas – Revista da Associação Internacional de Lusitanistas, Santiago de Compostela, v. 10, p. 295-308, dez. 2008. Disponível em: <https://revistaveredas.org/index.php/ver/article/view/142>. Acesso em: 31 out. 2023.

NASCIMENTO, T. Cuírlombismo literário: poesia negra LBGBTQI – desorbitando o paradigma da dor. São Paulo: N-1 Edições, 2019.

NOGUEIRA, I. B. A cor do inconsciente: significações do corpo negro. São Paulo: Perspectiva, 2021.

NUNES, I. R. Sobre o que nos move, sobre a vida. In: DUARTE, C. L.; NUNES, I. R. (Org.). Escrevivência: a escrita de nós – reflexões sobre a obra de Conceição Evaristo. Rio de Janeiro: Mina Comunicação e Arte, 2020. p. 10-24. Disponível em: <https://www.itausocial.org.br/wp-content/uploads/2021/04/Escrevivencia-A-Escrita-de-Nos-Conceicao-Evaristo.pdf>. Acesso em: 30 out. 2023.

OLIVEIRA, L. S. de; OLIVEIRA, L. A. O silenciamento literário das mulheres brasileiras. Interdisciplinar – Revista de Estudos em Língua e Literatura, São Cristóvão, v. 11, ano 5, p. 145-156, jan./jun. 2010. Dossiê: Estudos de gênero – da estética às questões afro-brasileiras. Disponível em: <https://periodicos.ufs.br/interdisciplinar/article/view/1262>. Acesso em: 31 out. 2023.

ORWELL, G. Books vs. Cigarettes. London: Tribune, 1946. Disponível em: <https://orwell.ru/library/articles/cigar/english/e_cigar>. Acesso em: 31 out. 2023.

PENGUIN RANDOM HOUSE. Hogarth: An Adventurous New Fiction List Taking Inspiration from the Past. Disponível em: <https://www.penguin.co.uk/company/publishers/vintage/hogarth>. Acesso em: 31 out. 2023.

PÉRET, F. Mulheres que Escrevem entrevista: Flávia Péret. Mulheres que Escrevem, 18 dez. 2017. Entrevista. Disponível em: <https://medium.com/mulheres-que-escrevem/mulheres-que-escrevem-entrevista-fl%C3%A1via-p%C3%A9ret-85be131466e9>. Acesso em: 31 out. 2023.

PERPÉTUA, E. D. A vida escrita de Carolina Maria de Jesus. Belo Horizonte: Nandyala, 2014.

PERSEPHONE BOOKS. Disponível em <https://persephonebooks.co.uk>. Acesso em: 31 out. 2023.

PESSOA, V. Apagamento de mulheres na literatura: o caso de uma maranhense. São Paulo: Gota, 2022.

PIACESKI, D. P. F. Maria Valéria Rezende: colorindo invisíveis por meio da literatura. Revista Crioula, n. 24, p. 250-267, 2019. Dossiê n. 24: Gênero e sexualidade nas literaturas de língua portuguesa. Disponível em: <https://www.revistas.usp.br/crioula/article/view/160624>. Acesso em: 31 out. 2023.

PUJOL, A. A carne, de Júlio Ribeiro. In: RIBEIRO, J. **A carne**. São Paulo: Ateliê, 2002. (Coleção Clássicos Ateliê). p. 323-335.

REIS, L. J. de M. Gênero e o esquecimento de autoras mulheres. **Ars Historica**, n. 19, p. 226-243, jul./dez. 2019. Disponível em: <https://revistas.ufrj.br/index.php/ars/article/view/46717>. Acesso em: 31 out. 2023.

REIS, M. F. dos. **Úrsula e outras obras**. Brasília: Edições Câmara, 2018. (Série Prazer de Ler, n. 11).

RIBEIRO, D. **O que é lugar de fala?** Belo Horizonte: Letramento; Justificando, 2017. (Coleção Feminismos Plurais, v. 1).

RIBEIRO, J. A carne. São Paulo: Teixeira & Irmão Editores, 1888. Disponível em: <https://digital.bbm.usp.br/handle/bbm/6683>. Acesso em: 31 out. 2023.

RIBEIRO, M. **Trinta e oito e meio**. Rio de Janeiro: Língua Geral, 2014.

RUIZ, A. **Pelos pelos**. São Paulo: Brasiliense, 1984. (Série Cantadas Literárias).

SABBAG, D. M. A. Palavra da Semana #51: Queer, termo que conta uma história de sofrimento e preconceito, mas também de resistência. **Jornal da USP**, São Paulo, 1º jul. 2022. Podcast. Disponível em: <https://jornal.usp.br/podcast/palavra-da-semana-51-queer-termo-que-conta-uma-his toria-de-sofrimento-e-preconceito-mas-tambem-de-resistencia/> Acesso em: 31 out. 2023.

SABINO, I. **Mulheres ilustres do Brasil**. Florianópolis: Mulheres, 1996.

SALES, K. L. Miradas femininas: reflexões sobre a atuação de editoras independentes geridas por mulheres no Brasil. **Linguagem em (Re)vista**, Niterói, v. 15, n. 30, p. 146-166, ago./dez. 2020. Disponível em: <http://www.filologia.org.br/linguagememrevista/30/07.pdf>. Acesso em: 28 abr. 2023.

SANTOS, M. C. dos. **Intelectuais negras**: prosa negro-brasileira contemporânea. Rio de Janeiro: Malê, 2018.

SAPIRO, G. **Sociologia da literatura**. Tradução de Juçara Valentino. Belo Horizonte: Moinhos; Contafios, 2019. (Coleção Pensar Edição, v. 3).

SARLO, B. **Tempo passado**: cultura da memória e guinada subjetiva. Tradução de Rosa Freire d'Aguiar. São Paulo: Companhia das Letras; Belo Horizonte: UFMG, 2007.

SCHMIDT, R. T. Cânone, valor e a história da literatura: pensando a autoria feminina como sítio de resistência e intervenção. **El Hilo de la Fábula**, Santa Fé, v. 10, p. 59-72, dez. 2012. Disponível em: <https://lume.ufrgs.br/handle/10183/184829>. Acesso em: 5 out. 2023.

SCHMIDT, R. T. Na literatura, mulheres que reescrevem a nação. In: HOLLANDA, H. B. de (Org.). **Pensamento feminista brasileiro**: formação e contexto. Rio de Janeiro: Bazar do Tempo, 2019. (Coleção Pensamento Feminista, v. 2). p. 65-79.

SCHMIDT, R. T. Uma voz das margens: do silêncio ao reconhecimento. In: REIS, M. F. dos. **Úrsula**. Porto Alegre: Zouk, 2018. p. 13-24.

SCOTT, J. Gênero: uma categoria útil de análise histórica. **Educação & Realidade**, v. 20, n. 2, p. 71-99, jul./dez. 1995. Tradução de Guacira Lopes Louro. Disponível em: <https://seer.ufrgs.br/index.php/educacaoerealidade/article/view/71721>. Acesso em: 19 out. 2023.

SCOTT, J. Gênero: uma categoria útil para análise histórica. In: HOLLANDA, H. B. de (Org.). **Pensamento feminista**: conceitos fundamentais. Rio de Janeiro: Bazar do Tempo, 2019. (Coleção Pensamento Feminista, v. 1). p. 49-80.

SCOTT, J. W. Multiculturalism and the Politics of Identity. **October**, v. 61, p. 12-19, 1992.

SILVA, C. da. **Um Exu em Nova York**. Rio de Janeiro: Pallas, 2018.

SILVA, J. N. de S. e. **Brasileiras célebres**. Brasília: Senado Federal, 2004. Disponível em: <https://www2.senado.leg.br/bdsf/handle/id/188343>. Acesso em: 19 out. 2023.

SILVA, T. M. G. da. Trajetória da historiografia das mulheres no Brasil. **Politeia – História e Sociedade**, Vitória da Conquista, v. 8, n. 1, p. 223-231, 2008. Disponível em: <https://periodicos2.uesb.br/index.php/politeia/article/view/3871/3181>. Acesso em: 31 out. 2023.

SILVA, T. T. da (Org.). **Identidade e diferença:** a perspectiva dos estudos culturais. Tradução de Tomaz Tadeu da Silva. 3. ed. Petrópolis: Vozes, 2009. (Coleção Educação Pós-crítica).

SILVA, V. R. C. da; NASCIMENTO, W. F. do. Para além das oposições binárias: oposicionalidade, afetabilidade e subjetividade negra radical em bell hooks. Abatirá, v. 3, n. 5, p. 380-402, jan./jun. 2022. Disponível em: <https://www.revistas.uneb.br/index.php/abatira/article/view/14452>. Acesso em: 31 out. 2023.

SOARES, J. T. L. **Resíduos do amor medieval em Marília de Dirceu, de Tomás Antônio Gonzaga.** 148 f. Dissertação (Mestrado em Letras) – Universidade Federal do Ceará, Fortaleza, 2015. Disponível em: <https://repositorio.ufc.br/handle/riufc/15779>. Acesso em: 31 out. 2023.

SOUZA, D. S. de. **A cidade das damas e seu tesouro:** o ideal de feminilidade para Cristina de Pizán na França do início do século XV. 141 f. Dissertação (Mestrado em História) – Universidade Federal do Paraná, Curitiba, 2013. Disponível em: <https://acervodigital.ufpr.br/handle/1884/29997>. Acesso em: 31 out. 2023.

SZABO, G. **O que eles falaram sobre elas, o que elas disseram sobre si:** uma análise da representação feminina em cinco obras literárias brasileiras da década de 1950. 196 f. Tese (Doutorado em Letras) – Universidade Federal do Paraná, Curitiba, 2019. Disponível em: <https://acervodigital.ufpr.br/handle/1884/69645?show=full>. Acesso em: 19 out. 2023.

TAMANINI, P. A. Helena Kolody: a poeta-teóloga dos versos simples. **Teoliterária**, v. 5, n. 10, p. 205-229, 2015. Disponível em: <https://revistas.pucsp.br/index.php/teoliteraria/article/view/23929>. Acesso em: 31 out. 2023.

THIENGO, M. O perfil de mulher no romance *Senhora*, de José de Alencar. Travessias, Cascavel, v. 2, n. 2, p. 1-17, 2008. Disponível em: <https://e-revista.unioeste.br/index.php/travessias/article/view/3016>. Acesso em: 31 out. 2023.

VALEK, A. Autora. Set. 2022. Disponível em: <https://www.alinevalek.com.br/blog/quemsou>. Acesso em: 10 jul. 2023.

VALEK, A. Bobagens imperdíveis. Disponível em: <https://www.alinevalek.com.br/blog/bobagens-imperdiveis>. Acesso em: 10 jul. 2023.

VERÍSSIMO, J. História da literatura brasileira. Rio de Janeiro: LTC, 1978.

WILSON, E. O castelo de Axel: estudos sobre a literatura imaginativa de 1870 a 1930. Tradução de José Paulo Paes. 2. ed. São Paulo: Companhia das Letras, 2004.

WOOLF, V. Três guinéus. Tradução de Tomaz Tadeu. Belo Horizonte: Autêntica, 2019.

WOOLF, V. Um quarto só seu. Tradução de Júlia Romeu. Rio de Janeiro: Bazar do Tempo, 2021.

{

bibliografia comentada

DELAP, L. **Feminismos:** uma história global. Tradução de Isa Mara Lando e Laura Teixeira Motta. São Paulo: Companhia das Letras, 2022.

Essa obra busca apresentar uma história do feminismo com um formato alternativo e mais inclusivo do que o clássico modelo das ondas feministas. Para isso, propõe uma divisão por temas: sonhos, ideias, espaços, objetos, visuais, sentimentos, ações e canções. Dentro de cada tema, apresenta iniciativas políticas, movimentos, obras e referências de vários lugares e momentos da história.

DORLIN, E. **Sexo, gênero e sexualidades:** introdução à teoria feminista. Tradução de Jamille Pinheiro Dias e Raquel Camargo São Paulo: Ubu, 2021.

Livro altamente indicado para quem quer se aprofundar nas pesquisas de gênero, pois apresenta um panorama da definição e como diferentes linhas de pensamento e produção de conhecimento lidam com as noções de gênero, sexo e sexualidade. Também se dedica a explicar a relação entre feminismo e epistemologia.

GONZALEZ, L. Por um feminismo afro-latino-americano: ensaios, intervenções e diálogos. Rio de Janeiro: Zahar, 2020.

Essa obra é fundamental por colocar o pensamento feminista afro-latino-americano de Lélia Gonzalez novamente em circulação. Reúne um panorama interessante de seu pensamento, que debate um período importante da história brasileira, inserindo pautas de pessoas negras no Brasil, países da América Latina e Caribe em perspectiva.

HOKI, L. Tríbades, safistas, sapatonas do mundo, uni-vos: investigações sobre a poética das lesbianidades. São Paulo: Margem da Palavra, 2021.

Finalista do prêmio Jabuti, essa publicação compartilha a pesquisa da escritora, artista e pesquisadora Leiner Hoki acerca de imagens de lesbianidade. O livro apresenta diferentes materiais, de poemas a filmes, passando pelas artes plásticas e fotografias, Hoki apresenta como artistas mulheres que estão fabricando imagens dissidentes com base em suas sexualidades, amores e formas de vida.

HOLLANDA, H. B. de (Org.). Pensamento feminista: conceitos fundamentais. Rio de Janeiro: Bazar do Tempo, 2019. (Coleção Pensamento Feminista, v. 1).

HOLLANDA, H. B. de (Org.). Pensamento feminista brasileiro: formação e contexto. Rio de Janeiro: Bazar do Tempo, 2019. (Coleção Pensamento Feminista, v. 2).

HOLLANDA, H. B. de (Org.). **Pensamento feminista hoje**: perspectivas decoloniais. Rio de Janeiro: Bazar do Tempo, 2020. (Coleção Pensamento Feminista, v. 3).

HOLLANDA, H. B. de (Org.). **Pensamento feminista hoje**: sexualidades no Sul global. Rio de Janeiro: Bazar do Tempo, 2020. (Coleção Pensamento Feminista, v. 4).

A pesquisadora Heloisa Buarque de Hollanda é uma das pioneiras na pesquisa feminista e, nesses quatro volumes, com mais de mil páginas, executa o esforço de reunir alguns dos textos mais importantes do pensamento feminista em toda sua interedisciplinaridade instigante.

HOOKS, B. **Olhares negros**: raça e representação. Tradução de Stephanie Borges. São Paulo: Elefante, 2019.

Esse livro compila ensaios críticos da autora sobre raça e representação, em que ela elabora reflexões sobre as relações de poder e de subjetividade de pessoas negras e a branquitude, sobretudo com base nos aparelhos culturais, como literatura, música, televisão e cinema.

MIRANDA, F. R. **Silêncios prEscritos**: estudo de romances de autoras negras brasileiras (1859-2006). Rio de Janeiro: Malê, 2019.

O livro é resultado da tese de doutorado da autora, configurando-se um trabalho relevante para a teoria literária. A autora faz um resgate de autoras negras de diferentes épocas, algumas mais conhecidas e outras cuja obra não está mais em circulação, discutindo, por meio de seus projetos estéticos, diálogos e singularidades.

NASCIMENTO, T. **Cuírlombismo literário**: poesia negra LBGBTQI – desorbitando o paradigma da dor. São Paulo: N-1 Edições, 2019.

Nessa publicação independente, a poeta, pesquisadora e tradutora Tatiana Nascimento propõe uma reflexão sobre o trabalho literário de pessoas negras LGBTQIA+ e acerca de um certo olhar crítico que confina tais produções em um paradigma da dor. Com base no pensamento da autora, é possível perceber como essa poesia dissidente assume mais do que uma função de denúncia, uma vez que mobiliza e produz novas possibilidades de existência.

SOUZA, F. da S. Olhares sobre a literatura afro-brasileira. Salvador: Quarteto, 2019.

Essa obra discute, entre muitos pontos, alguns aspectos da produção de autores negros e da recepção de suas obras no sistema literário, estabelecendo um trânsito e um diálogo entre América e África. Um trabalho de extrema importância para o estudo das literaturas negras.

respostas

um

Atividades de autoavaliação

1. b
2. c
3. d
4. e
5. d

Atividades de aprendizagem

Questões para reflexão

1. Esse exercício funciona como o início de uma trajetória de reflexão para perceber como o sistema literário opera. O interessante de se criar um mapa sobre quem e como se lê é que a pessoa passa a se questionar mais sobre seu próprio repertório, compreendendo que também faz parte do sistema. Ainda, é um exercício interessante para que a pessoa perceba por

que o público leitor lê menos mulheres e valoriza tanto a ideia de cânone, entendendo como este último se consolida.
2. Esse exercício se relaciona com o anterior na medida em que propõe que a pessoa crie seu próprio repertório crítico. O importante no exercício é a percepção de autonomia, da não necessidade de ler e estudar apenas o cânone. Além disso, com essa prática, a pessoa torna-se apta a questionar não apenas a ausência e a presença de escritoras, mas também como são lidas, mediadas e recebidas pela crítica literária.

dois
Atividades de autoavaliação
1. c
2. d
3. d
4. a
5. d

Atividades de aprendizagem
Questões para reflexão
1. A sugestão é buscar na biblioteca alguns dos livros de autoria feminina citados ao longo do capítulo e observar os prefácios para verificar o posicionamento das autoras.
2. A intenção é que o(a) estudante solte a imaginação e indique como escreveria o prefácio de seu próprio livro.

três

Atividades de autoavaliação

1. d
2. b
3. a
4. a
5. b

Atividades de aprendizagem

Questões para reflexão

1. O(A) estudante deve refletir sobre a defasagem que ainda permanece no mercado editorial quando se trata de literatura de autoria de mulheres.
2. O(A) estudante deve responder quais foram as principais rupturas e permanências entre os períodos moderno e pós-moderno.
3. O(A) estudante deve se voltar à literatura quinhentista e refletir sobre a presença da mulher nesse meio: como ela ocorria; a falta de registro etc.

quatro

Atividades de autoavaliação

1. b
2. e
3. c
4. a
5. a

Atividades de aprendizagem

Questões para reflexão

1. É importante que ocorra a identificação de práticas diferentes, independentemente de seu tamanho ou sua abrangência, e que sejam articuladas com os conceitos e as discussões apresentados ao longo do capítulo.

2. Alguns temas importantes: a ascensão da imagem da leitora está atrelada à ascensão do romance como gênero literário e da burguesia como classe social – nesse contexto, as filhas da burguesia e as jovens esposas já sabiam ler e tinham tempo para ler romances, que se tornaram uma forma mais popular de entretenimento –; a imagem da mulher lendo se tornou então um ideal de consumo, que era ter bens suficientes para manter filhas e esposas em casa lendo e com roupas caras. Os retratos são, então, símbolos de posição social, sendo possível discutir como essa imagem está presente até hoje nas redes sociais e quais são suas implicações contemporâneas.
3. É importante discutir questões como cânone e quais são os potenciais motivos para a maneira com que as obras em questão circularam.
4. Para responder à questão, é possível consultar pesquisas como retratos da leitura e dados sobre o perfil econômico da população no Instituto Brasileiro de Geografia e Estatística (IBGE) ou demais fontes, assim como pensar o preço do livro e a acessibilidade a bibliotecas. Com base nisso, cabe trazer a relação com os temas apresentados no capítulo.

cinco

Atividades de autoavaliação

1. e
2. c
3. b
4. d
5. b

Atividades de aprendizagem

Questões para reflexão

1. Essa atividade é importante para ilustrar as possíveis lacunas e instigar a busca ativa por novas autoras.

2. Essa atividade colabora para que o(a) estudante busque autoras que talvez não sejam mais publicadas ou não são tão lidas pelo grande público.
3. O(A) estudante precisa articular a resposta por meio do pensamento feminista negro, o que significa a enunciação de pessoas negras dentro do romance *Úrsula*, além de conseguir identificar a visada interseccional que a protagonista suscita.
4. O objetivo da questão é levar o(a) estudante a refletir sobre a importância da ampliação de seus referenciais de intelectuais e de escritoras negras, além de apontar para a possibilidade de ampliação das discussões aqui elaboradas pelos nomes que já conhece ou que sejam levantados para leituras futuras.

seis
Atividades de autoavaliação
1. e
2. c
3. e
4. c
5. d

Atividades de aprendizagem
Questões para reflexão
1. A ideia é promover a reflexão sobre a quantidade e as características de autoras contemporâneas que podem passar despercebidas durante a leitura, além de fazer com que o leitor tenha mais consciência sobre essas informações e procure percebê-las com mais atenção em leituras futuras.
2. A ideia é promover a reflexão sobre obras de autoras contemporâneas, considerando particularidades e diferenças.

{

sobre as autoras

Emanuela Siqueira é doutora e mestre em Estudos Literários pela Universidade Federal do Paraná (UFPR), pesquisando crítica literária feminista e estudos feministas da tradução; e graduada em Letras/Inglês e respectivas literaturas. É tradutora desde 2008, mediadora de leitura, crítica literária e professora de cursos livres.

Gabriela Szabo é mestre e doutora em Estudos Literários pela Universidade Federal do Paraná (UFPR), debruçando-se sobre a análise das representações das personagens femininas na literatura brasileira na década de 1940; especialista em Ensino da Literatura Brasileira e Língua Portuguesa pela Universidade Tecnológica Federal do Paraná (UTFPR); e graduada em Letras Português/Inglês pela Pontifícia Universidade Católica do Paraná

(PUCPR). Atualmente, é professora de Língua Portuguesa no Instituto Federal do Paraná (IFPR) e ilustradora de livros infantis.

Daniele Santos é doutora em Literatura pela Universidade Federal do Paraná (UFPR), estudando o experimentalismo no Paraná por meio da ótica de Valêncio Xavier e Paulo Leminski; mestre em Estudos Linguísticos pela Universidade Tecnológica Federal do Paraná (UTFPR), refletindo sobre o simbolismo no Paraná; e graduada em História e em Letras pela Pontifícia Universidade Católica do Paraná (PUCPR) e pela UTFPR, respectivamente. Atualmente é professora efetiva do Estado do Paraná e busca demonstrar como a literatura não canônica é fundamental para o estudo das Letras.

Gisele Eberspächer é doutoranda e mestre em Estudos Literários pela Universidade Federal do Paraná (UFPR); especialista em Comunicação, Cultura e Arte pela Pontifícia Universidade Católica do Paraná (PUCPR); e graduada em Jornalismo e em Letras pela mesma instituição. Começou a traduzir obras de H. P. Lovecraft em 2014 e, desde então, traduz textos jornalísticos e literatura do inglês e do alemão, passando por autoras como as austríacas Ingeborg Bachmann, Elfriede Jelinek e Ida Pfeiffer e a inglesa Jen Campbell. Publicou a tradução da peça *O Presidente*, de Thomas Bernhard – feita em parceria com Paulo Rogério Pacheco, pela Editora UFPR –, do romance *O passageiro*, de Ulrich Alexander Boschwitz, e da peça *O que aconteceu após Nora deixar a Casa de Bonecas, ou Pilares das Sociedades*, de Elfriede Jelinek. É crítica literária desde 2012.

Carolina Ferreira é mestre pelo Programa de Literatura e Crítica Literária da Pontifícia Universidade Católica de São Paulo (PUC-SP), estudando a poética de Carolina Maria de Jesus. Atua como gerente de projetos em diversidade e inclusão, como professora de cursos livres e autora de conteúdo didático. É pesquisadora do Grupo de Pesquisa de Literaturas e Ancestralidades Negras (GPLAN) da PUC-SP. Dedica-se a investigar as poéticas negras na literatura e na arte contemporânea e, mais recentemente, literaturas negras de infância e juventude. É coautora de livro.

Taís Bravo Cerqueira é mestre em Ciência da Literatura pela Universidade Federal do Rio de Janeiro (UFRJ); e bacharel em Filosofia pela Universidade Federal Fluminense (UFF). Atua como escritora, profissional do texto e pesquisadora, sendo uma das criadoras da iniciativa Mulheres que Escrevem. Também atua como professora de escrita criativa em oficinas e cursos livres. Atualmente, seu tema de pesquisa é a poesia brasileira contemporânea escrita por mulheres e pessoas dissidentes. É autora de livros.

Impressão:
Agosto/2024